Workbook
to accompany

Puntos de partida

AN INVITATION TO SPANISH
SIXTH EDITION

Alice A. Arana
Formerly of Fullerton College

Oswaldo Arana
Formerly of California State University, Fullerton

Boston   Burr Ridge, IL   Dubuque, IA   Madison, WI   New York   San Francisco   St Louis
Bangkok   Bogotá   Caracas   Kuala Lumpur   Lisbon   London   Madrid   Mexico City
Milan   Montreal   New Delhi   Santiago   Seoul   Singapore   Sydney   Taipei   Toronto

McGraw-Hill Higher Education

A Division of The McGraw-Hill Companies

This is an book.

Workbook to accompany
Puntos de partida: An Invitation to Spanish

Published by McGraw-Hill, an imprint of The McGraw-Hill Companies, Inc., 1221 Avenue of the Americas, New York, NY 10020. Copyright © 2001, 1997, 1993, 1989, 1985, 1981 The McGraw-Hill Companies, Inc. All rights reserved. No part of this publication may be reproduced or distributed in any form or by any means, or stored in a data base or retrieval system, without the prior written permission of The McGraw-Hill Companies, Inc., including, but not limited to, in any network or other electronic storage or transmission, or broadcast for distance learning.

2 3 4 5 6 7 8 9 0 QPD QPD 0 9 8 7 6 5 4 3 2 1

ISBN 0-07-238258-9

Editor-in-chief: *Thalia Dorwick*
Executive editor: *William R. Glass*
Development editor: *Max Ehrsam*
Senior marketing manager: *Nick Agnew*
Project manager: *Christina Gimlin*
Production supervisor: *Tracey Knapp*
Compositor: *York Graphic Services, Inc.*
Typeface: *Palatino*
Printer: *Quebecor Printing Dubuque, Inc.*
Illustrators: *David Bohn, Rick Hackney, and Lori Heckelman*

Grateful acknowledgment is made for use of the following material:
Realia and cartoons: *Page 32 Cambio 16; 90 Ministerio del Interior, Spain; 168 Sony España; 189 ALI Press Agency, Brussels; 195 Reprinted with the permission of La Opinion; 228 Banco Hispano Americano.*

http://www.mhhe.com

Contents

To the Instructor

This Workbook is designed to accompany *Puntos de partida: An Invitation to Spanish,* Sixth Edition, published by the McGraw-Hill Companies, Inc., 2001. As in the fifth edition, the Workbook offers a variety of written exercises to reinforce the vocabulary and structures presented in the main text. In most chapters, the exercises progress from mechanical, fill-in exercises and response based on word cues or pictures to free response and guided composition. For ease of identification, most exercises appear under the same headings as in *Puntos de partida.* Once a section from the textbook has been introduced the instructor can assign the same section in the Workbook with the assurance that no new vocabulary or structures from later sections of that chapter will be encountered.

This edition of the Workbook has two new features.

- **Panorama cultural** corresponds to the new cultural section found in the textbook. Here students are assessed on their comprehension of the cultural content.
- Every chapter also includes a new section called **Póngase a prueba**. In this section, instructors will recognize the **Pruebas cortas** from the previous edition. Preceding this feature, however, we have included a short quiz called **A ver si sabe...**, which focuses on some of the most mechanical aspects of the language-learning process—memorization of verb structures, vocabulary, and syntax. By taking this quiz, the students can evaluate their knowledge of the most basic aspects of the language before they move on to the **Prueba corta**, where they will complete a test based on more contextual sentences.

In addition to the new sections, the sixth edition has retained all of the features that have proven successful in the previous editions.

- Most exercises are not only contextualized but also personalized, thereby highlighting the importance of context, meaning, and personal experience in the process of language study.
- Almost all grammatical concepts and many vocabulary exercises are introduced with a recognition exercise in which students are asked to react to a series of statements, all of which model the new grammatical concept or vocabulary. For example, students may be asked to indicate whether the statements are true or false for them or to identify how often they perform an action. In this way, students are engaged in using the new material before having to generate it actively in written form.
- All recognition exercises and personalized exercises are marked with a symbol (❖) to indicate that no answers are provided. Instructors may wish to use the personalized exercises to evaluate how well students have understood new concepts being taught.
- The section **Mi diario** appears at the end of each chapter. Its purpose is to encourage students to write freely about their own experiences, applying the material they have been studying in that chapter. For example, in **Capítulo 2**, on the family, the student is asked to write a description of a favorite relative; in **Capítulo 6**, on food, the student is asked to write about his or her most and least favorite foods; and so on. The purpose of this section is to encourage students to write as much as they can without worrying about errors. The instructor *should not grade or correct* this section but rather react to the *content* of what the student has written. It is recommended that students keep their **Diario** in bluebooks, which are easy to carry around. As students acquire more language and vocabulary, it is expected that their entries will become more lengthy than at the beginning of the course.
- All art and realia are functional; that is, they serve as stimuli for answering questions or creating a narrative.

- Some chapters contain brief reading selections. Some selections are adaptations of magazine or newspaper articles. Others are based on personal experiences or oral traditions. All of these selections are followed by comprehension questions and sometimes serve as the basis for short paragraphs or compositions.
- Translation exercises have been further reduced in number in response to instructors' concerns about their appropriateness. Nevertheless, the authors of the Workbook believe, from years of practical classroom experience, that there is a benefit to be derived from patterned translation exercises at the first-year level. These drills help students focus on a particularly troublesome structure of syntax. For these drills, a model in Spanish is frequently provided.
- Answers are provided at the back of the Workbook so that students may check their own work. Although some instructors believe that students simply copy answers when they are available, the authors of the Workbook believe that much is to be gained by asking students to correct their own work. If students are asked to make corrections in another color, instructors can easily tell which students are copying answers. In addition, since answers are not given for all exercises and activities, there is still ample opportunity to monitor students' work and progress.
- Instructors may wish to note, in particular, the constant review/re-entry sections in all chapters.

The **Un poco de todo** section recombines and re-enters the structures and vocabulary presented in the chapter.

¡Recuerde!, a brief review section that appears in many chapters, focuses on similarities between a previously learned grammatical item and the new structure being introduced. These exercises take the form of guided translations, fill-ins, transformation drills, and so on.

Finally, **¡Repasemos!** sections review structure and vocabulary from preceding chapters. These exercises are usually guided compositions, although there are reading selections and some tense transformation or paragraph completion. The answers to the **¡Repasemos!** sections appear only in the Instructor's Manual. Thus, **¡Repasemos!** exercises may be used for evaluation purposes—written at home and subsequently graded by the instructor.

The authors would like to express their deep appreciation to Thalia Dorwick for her continued leadership and guidance in this project. We especially want to express our gratitude to Dr. William R. Glass, whose insightful comments on previous editions have helped to develop and strengthen this manual. Finally, we would like to thank Ina Cumpiano and especially Max Ehrsam, who came in at a critical point and helped in the final editing of this workbook.

To the Student

Welcome to the Workbook that accompanies *Puntos de partida: An Invitation to Spanish,* Sixth Edition, the textbook you are using in your beginning Spanish class. Because the Workbook is coordinated with the textbook section by section, you will find it easy to use.

Here are some features of the Workbook that you will want to keep in mind as you work with it.

- In each section of the Workbook, the first exercise is generally mechanical in nature. As you do this exercise, you should focus primarily on providing the correct forms: the right form of a new verb tense, the correct adjective ending, the exact spelling of new vocabulary, and so on. The exercises that follow will require more thought and comprehension. They will frequently ask you to use material that you have learned previously, and will often give you the chance to express yourself in Spanish. As you write your answers to all exercises, read aloud what you are writing. Doing so will help you to remember the new vocabulary and structures.

- Note that an **Answer key** is provided at the back of the Workbook. It contains model answers for all exercises and activities except those marked with the symbol (❖); these are more open-ended or personalized. In addition, no answers are provided for the **¡Repasemos!** exercises that come toward the end of each chapter. We recommend that you check your answers for each exercise before proceeding to the next one. Use a colored pencil or pen to write in your corrections so that they stand out. This will make studying for quizzes and exams more efficient, because you will be able to easily spot your previous mistakes. Resist the temptation to merely copy the correct answers, even if you are in a hurry or late doing your homework. If you copy consistently, you will fall farther and farther behind in the course because you will not really be learning the new material.

- One of the repeating features of the Workbook chapters is called **Mi diario** (*My Diary*). Its purpose is to encourage you to write freely in Spanish (as much as you can) about your own opinions and experiences, using the vocabulary and structures you are currently studying, without worrying about making errors. Your instructor will read your diary or journal entries and react to them, but he or she will not grade or correct them. It is a good idea to buy a separate notebook or bluebook in which to write **Mi diario** entries. By the end of the year, you will find that you are writing more and with greater ease in Spanish, and your notebook or bluebook will have a wonderful record of the progress you have made in your study of Spanish.

We sincerely hope that beginning Spanish will be a satisfying experience for you!

Alice A. Arana
Oswaldo Arana

About the Authors

Alice A. Arana is Associate Professor of Spanish, Emeritus, at Fullerton College. She received her M.A.T. from Yale University and her Certificate of Spanish Studies from the University of Madrid. Professor Arana has taught Spanish at the elementary and high school levels, and has taught methodology at several NDEA summer institutes. She is coauthor of the first edition of *A-LM Spanish,* of *Reading for Meaning—Spanish,* and of several elementary school guides for the teaching of Spanish. In 1992, Professor Arana was named Staff Member of Distinction at Fullerton College and was subsequently chosen as the 1993 nominee from Fullerton College for Teacher of the Year. In 1994, she served as Academic Senate President.

 Oswaldo Arana is Professor of Spanish, Emeritus, at California State University, Fullerton, where he has taught Spanish American culture and literature. He received his Ph.D. in Spanish from the University of Colorado. Professor Arana has taught at the University of Colorado, the University of Florida (Gainesville), and at several NDEA summer institutes. He served as a language consultant for the first edition of *A-LM Spanish,* and is coauthor of *Reading for Meaning—Spanish* and of several articles on Spanish American narrative prose.

 The Aranas are coauthors of the Workbook to accompany *¿Qué tal? An Introductory Course,* Fifth Edition (McGraw-Hill, 1999).

Primera parte

Saludos y expresiones de cortesía

A. Saludos. Greet the following people in an appropriate manner.

1. a classmate, at any time of day _____

2. la señora Alarcón, at 9:30 P.M. _____

3. el señor Ramírez, at 2:00 P.M. _____

4. la señorita Cueva, at 11:00 A.M. _____

¡RECUERDE! (*REMEMBER!*)

¿Tú o (*or*) usted?

1. What form do you use when speaking to a professor?   tú ☐   usted ☐

2. What form do you use when speaking to another student?   tú ☐   usted ☐

3. To ask a classmate his or her name, say: ¿ _____?

4. To ask your instructor his or her name, say: ¿ _____?

B. ¡Hola, Carmen! On your way to class, you meet Carmen, a student from Spain, and exchange greetings with her. Complete the brief dialogue.

USTED: Hola, Carmen, ¿_____[1]?

CARMEN: Bien, gracias. ¿_____[2]?

USTED: Regular.

CARMEN: Adiós, _____[3] mañana.

USTED: Adiós, Carmen. _____[4].

C. Diálogo. Complete the following dialogue between you and your Spanish instructor. Since the term has just begun, your instructor has not yet learned your name. Be sure to use your own name and that of your instructor in the appropriate blanks.

USTED: _____[1] noches, profesor(a) _____. ¿Cómo

_____[2]?

PROFESOR(A): Bien, _____[3]. ¿Cómo _____[4]?

USTED: _____[5] (*your name*).

PROFESOR(A): Mucho _____[6].

USTED: _____[7].

D. Situaciones. What would you say in the following situations?

1. usted
2. usted
3. usted

1. _____

2. _____

3. _____

Now give at least one appropriate response to item 1.

4. _____

El alfabeto español

A. El alfabeto español. Answer the following questions about the Spanish alphabet.

1. What are the two letters in the Spanish alphabet that are not found in the English alphabet?

   _____ _____

2. What letter in the Spanish alphabet is never pronounced? _____

B. ¿Cómo se escribe... ? (*How do you write . . . ?*) Write only the name of the underlined letter.

   MODELO: ¿Se escribe <u>J</u>osé con (*with*) ge o con jota? → Con *jota*.

1. ¿Se escribe <u>g</u>eneral con ge o con jota? Con _____.

2. ¿Se escribe Oli<u>v</u>ia con be o con ve (uve)? Con _____.

3. ¿Se escribe e<u>x</u>perto con equis o con ese? Con _____.

4. ¿Se escribe Pére<u>z</u> con ese o con zeta? Con _____.

5. ¿Se escribe <u>c</u>ómo con zeta o con ce? Con _____.

6. ¿Se escribe opt<u>i</u>mista con i o con i griega? Con _____.

7. ¿Se escribe <u>h</u>asta con o sin (*without*) hache?_____ _____.

❖C. ¿Cómo se llama usted? Spell your complete name in Spanish.*

   MODELO: Me llamo Juan Martínez. → Jota -u -a -ene, eme- a -ere- te- i acentuada- ene- e -zeta

   Me llamo _____

---

*Exercises marked with this symbol (❖) do *not* have answers at the back of the Workbook.

Los cognados

❖**A. Pronunciación.** Read aloud the following pairs of words. The stressed syllable is italicized. Note how the stress shifts in most of the Spanish words.

ENGLISH	SPANISH		ENGLISH	SPANISH
1. *nor*mal	nor-*mal*	7.	materia*lis*tic	ma-te-ria-*lis*-ta
2. e*mo*tional	e-mo-cio-*nal*	8.	*ter*rible	te-*rri*-ble
3. *el*egant	e-le-*gan*-te	9.	res*pon*sible	res-pon-*sa*-ble
4. *cru*el	cru-*el*	10.	*val*iant	va-*lien*-te
5. su*pe*rior	su-pe-*rior*	11.	*hor*rible	ho-*rri*-ble
6. opti*mis*tic	op-ti-*mis*-ta	12.	im*por*tant	im-por-*tan*-te

B. Los cognados

❖**Paso 1.** Scan the following excerpt from an ad, then underline all the cognates and other words that look familiar to you.

La calidad empieza con una actitud

A pesar de ser una compañía pequeña, Luna Defense Systems en Baldwin Park, California, posee uno de los sistemas de control de calidad más sofisticados del mundo. Pero Al Luna, presidente y fundador, no depende sólo de máquinas. Él cree que la calidad empieza con una mentalidad positiva. Por lo tanto, concentra una gran parte de su tiempo desarrollando esta actitud en sus empleados.

Paso 2. Based on your understanding of the ad, check the box for either **cierto** (*true*) or **falso** (*false*). ¡OJO! The sentences can help you understand a little more about the ad.

		C	F
1.	Luna Defense Systems is a company located in the United States.	☐	☐
2.	This company has one of the most sophisticated quality control systems in the world.	☐	☐
3.	Al Luna is just one of the company's employees.	☐	☐
4.	At Luna, quality control depends principally on the fine machinery they use.	☐	☐
5.	At Luna, quality depends on the positive mental attitude of the employees.	☐	☐

¿Cómo es usted?

❖**A. Adjetivos.** Read aloud the following adjectives, then choose those that best describe you and use them to complete the sentence. Remember to use the **-o** ending if you are male and the **-a** ending if you are female.

ambicioso/a, artístico/a, atlético/a, cínico/a, cómico/a, estudioso/a, extraordinario/a, extrovertido/a, generoso/a, impulsivo/a, práctico/a, romántico/a, serio/a, sincero/a, tímido/a

Yo soy _____, _____, _____ y _____.

B. ¿Qué opina usted? (*What do you think?*) Describe the following people by using appropriate adjectives from the preceding list and from the list in **Los cognados** in your textbook.

1. Gloria Estefan es _____, _____ y _____.

2. Enrique Iglesias es _____, _____ y _____.

3. Madonna es _____, _____ y _____.

4. Sammy Sosa es _____, _____ y _____.

5. David Letterman es _____, _____ y _____.

❖**C. Mi mejor amigo/a** (*My best friend*). Tell your best friend what you think he/she is like. What verb form will you use with **tú: soy, eres, es**?

Tú _____ _____, _____ y _____.

Spanish in the United States and in the World

A. Match the geographical area of the United States with the largest Spanish-speaking group(s) that has (have) settled in each area.

Northeast _____

Southwest _____

Southeast _____

a. Central Americans
b. Cubans
c. Mexicans
d. Puerto Ricans

❖**B.** Do you know people who have come from Spanish-speaking countries? Which countries?

_____

Segunda parte

Más cognados

Categorías. Identify the category to which each of the following cognates belongs, using these sentences as a guide, according to the model. Be sure you know the meaning of the categories before you begin the exercise.

Es un lugar (animal, deporte, instrumento musical).
Es una nación (emoción, persona, cosa, comida, bebida).

MODELO: Un teléfono *es una cosa.*

1. Una limonada _____.

2. Un museo _____.

3. Portugal _____.

4. Una motocicleta _____.

5. Una trompeta _____.

6. Una cebra _____.

7. El tenis _____.

8. Un estudiante _____.

9. Un tomate _____.

10. El terror _____.

Los números 0–30; **hay**

A. ¿Cómo se escribe? Write out the numbers that have been omitted from this calendar page.

DICIEMBRE						
L	**M**	**M**	**J**	**V**	**S**	**D**
	1	2	3	4	5	¹1
7	8	9	10	²2	12	13
14	³3	⁴4	17	18	19	20
21	⁵5	23	24	25	⁶6	27
28	29	⁷7	31			

1. _____
2. _____
3. _____
4. _____
5. _____
6. _____
7. _____

B. Cantidades (*Quantities*). Write out the numbers indicated in parentheses. Remember that the number **uno** changes to **un** before a masculine noun and to **una** before a feminine noun.

1. (1) _____ clase (*f.*)
2. (4) _____ dólares
3. (7) _____ días
4. (13) _____ personas
5. (11) _____ señoras
6. (1) _____ estudiante (*m.*)
7. (20) _____ señoras
8. (23) _____ personas
9. (26) _____ clases
10. (21) _____ señores (*m.*)
11. (21) _____ pesetas (*f.*)
12. (30) _____ estudiantes

C. Problemas de matemáticas. Complete each equation, then write out the missing numbers in each statement.

1. $14 + \_\_\_\_ = 22$ Catorce y _____ son veintidós.
2. $15 - 4 = \_\_\_\_$ Quince menos cuatro son _____.
3. $2 + 3 = \_\_\_\_$ Dos y tres son _____.
4. $8 + \_\_\_\_ = 14$ Ocho y _____ son catorce.
5. $13 + \_\_\_\_ = 20$ Trece y _____ son veinte.
6. $15 + 7 = \_\_\_\_$ Quince y siete son _____.
7. $\_\_\_\_ - 3 = 27$ _____ menos tres son veintisiete.

❖D. Preguntas (*Questions*). Answer the following questions that a friend has asked about your university.

1. ¿Cuántas clases de español I hay? _____

_____

2. ¿Cuántos estudiantes hay en tu (*your*) clase de español? _____

_____

3. ¿Y cuántos profesores hay en el Departamento de Español? _____

4. ¿Hay clase de español mañana? _____

5. ¿Hay un teatro en la universidad? _____

Gustos y preferencias

A. Gustos y preferencias. Imagine that you are asking your instructor and several classmates whether they like the following things. Form your questions by combining phrases from the first column with items and activities in the other two. Then write the answers you think they *might* give.

le gusta	la música jazz	esquiar
te gusta	el chocolate	beber café
(no) me gusta	el programa «Who Wants To Be A Millionaire?»	estudiar
		jugar a la lotería / al tenis / al fútbol

1. —Profesor(a), ¿_____?

    —Sí (No), _____.

2. —Profesor(a), ¿_____?

    —Sí (No), _____.

3. —_____, ¿_____?
      (classmate's name)

    —Sí (No), _____.

4. —_____, ¿_____?

    —Sí (No), _____.

5. —_____, ¿_____?

    —Sí (No), _____.

6. —_____, ¿_____?

    —Sí (No), _____.

❖**B. Diálogo.** You meet another student who asks you the following questions. Write your answers in Spanish.

ESTUDIANTE: ¿Eres estudiante?

USTED: _____.

ESTUDIANTE: ¿Cómo te llamas?

USTED: _____.

ESTUDIANTE: ¿Cómo se llama tu (*your*) profesor(a) de español?

USTED: _____.

ESTUDIANTE: ¿Cómo es él/ella? ¿impaciente? ¿inteligente? ¿cómico/a? ¿serio/a? ¿ ?

USTED: _____.

ESTUDIANTE: ¿Te gusta la clase?

USTED: _____.

Lectura: El mundo hispánico (Parte 1)

A. Naciones hispánicas. Fill in the names of the Hispanic countries that are missing from the world map. Copy the names from the list on the right. Consult the map on page 12 of your text if you need help.

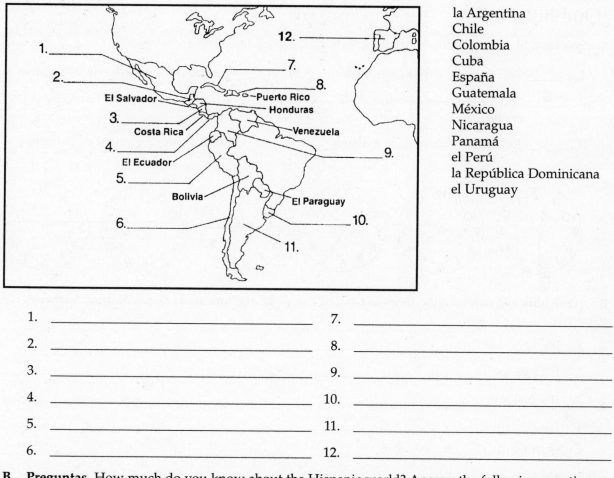

la Argentina
Chile
Colombia
Cuba
España
Guatemala
México
Nicaragua
Panamá
el Perú
la República Dominicana
el Uruguay

1. _____	7. _____
2. _____	8. _____
3. _____	9. _____
4. _____	10. _____
5. _____	11. _____
6. _____	12. _____

B. Preguntas. How much do you know about the Hispanic world? Answer the following questions with a word or phrase based on the reading selection, page 20 in your textbook.

1. ¿Dónde está Nicaragua? _____

2. ¿Cuál es la capital de Cuba? _____

3. ¿Cuáles son dos naciones hispánicas que están en el Mar Caribe? _____

    _____

4. ¿En cuántas naciones de Sudamérica se habla español? _____

5. ¿En qué país (*country*) de Sudamérica se habla portugués? _____

6. ¿Cuántos millones de habitantes hay en el Perú? _____

7. ¿Bogotá es la capital de qué nación? _____

8. ¿Cuáles son las dos naciones que forman la Península Ibérica? _____

_____

Tercera parte

¿Qué hora es?

A. Son las... Match the following statements with the clock faces shown below.

1. _____ Son las cinco y diez de la tarde.

2. _____ Son las diez menos veinte de la noche.

3. _____ Es la una y cuarto de la mañana.

4. _____ Son las once y media de la mañana.

5. _____ Son las cuatro menos cuarto de la tarde.

6. _____ Son las nueve y veinte de la noche.

a.   b.   c.   d.   e.   f.

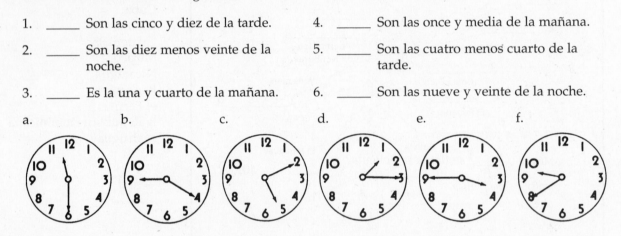

B. ¿Qué hora es? Write out the times indicated. Use **de la mañana**, **de la tarde**, or **de la noche**, as required.

1. It's 12:20 A.M. _____

2. It's 1:05 P.M. _____

3. It's 2:00 A.M. _____

4. It's 7:30 P.M. _____

5. It's 10:50 A.M. _____

6. It's 9:45 P.M. _____

7. It's 1:30 A.M. _____

¡OJO!

In Spain, as in most of Europe, times in transportation schedules are given on a 24-hour clock. A comma is often used instead of a colon.

Convert the following hours from the 24-hour system to the A.M./P.M. system.

a. 16,05 = _____   b. 20,15 = _____   3. 22,50 = _____

Palabras interrogativas

A. Palabras interrogativas. Complete the sentences with the most appropriate interrogative word or phrase from the following list. In some cases more than one answer is possible. Write your answers in the spaces on the right. To use this exercise for review, cover the answers with a piece of paper.

¿A qué hora?	¿Cuándo?	¿Dónde?
¿Cómo?	¿Cuánto?	¿Qué?
¿Cuál?	¿Cuántos?	¿Quién?

1. ¿_____ es por el libro (*for the book*)? ¿Tres o cuatro dólares?   _____

2. ¿_____ es la clase de historia? ¿a la una o a las dos?   _____

3. Buenos días, señor Vargas. ¿_____ está usted hoy?   _____

4. ¿_____ es la capital de la Argentina? ¿Buenos Aires o Lima?   _____

5. ¿_____ estudias (*do you study*), en casa (*at home*) o en la biblioteca (*library*)?   _____

6. —¿_____ es usted? —Soy María Castro.   _____

7. ¿_____ es el examen, hoy o mañana?   _____

8. ¿_____ es esto? ¿una trompeta o un saxofón?   _____

B. El Cine Bolívar. Your friend asks you some questions about a movie (**una película**) at the Cine Bolívar. Use an appropriate interrogative phrase to complete each of his questions.

AMIGO: ¿_____[1] se llama la película?

USTED: *Casablanca.*

AMIGO: ¿_____[2] es el actor principal?

USTED: Humphrey Bogart.

AMIGO: ¿_____[3] es la película?

USTED: Es romántica.

AMIGO: ¿_____[4] es por la entrada (*for the admission*)?

USTED: Cinco dólares.

AMIGO: ¿_____[5] está el Cine Bolívar?

USTED: Está en la Avenida Bolívar.

AMIGO: ¿_____[6] es la película?

USTED: A las siete de la tarde.

AMIGO: ¿_____[7] hora es ahora?

USTED: Son las cinco y cuarto.

1. _____

2. _____

3. _____

4. _____

5. _____

6. _____

7. _____

Lectura: El mundo hispánico (Parte 2)

Un poco de (*A little bit of*) **geografía.** Match these geographical names with the category to which they belong.

1. _____ los Andes
2. _____ Titicaca
3. _____ Cuba
4. _____ el Amazonas
5. _____ Yucatán

a. una cordillera
b. una isla
c. un lago
d. una península
e. un río

Póngase a prueba

A ver si sabe...

A. ¿Cómo es usted? (*What are you like?*) Fill in the blanks with the appropriate form of **ser**.

1. yo _____
2. tú _____
3. usted, él, ella _____

B. Saludos y expresiones de cortesía. Complete the following phrases.

1. To a friend: ¡_____! ¿Qué tal?

2. Fill in the blanks with the correct form of **bueno**.

   _____ días. _____ tardes. _____ noches.

3. To ask a classmate her name, you say: ¿Cómo _____?

4. The responses to **muchas gracias** are: _____ *or* _____.

C. Gustos (*Likes*) **y preferencias.** Fill in the blanks with the appropriate word(s).

1. ¿Te _____ el chocolate?
2. No, no _____.

D. ¿Qué hora es?

1. To ask what time it is, you say: ¿_____?

2. To answer, use: _____ la una (y cuarto, y media) *or* _____ las dos (tres, etcétera).

E. Palabras interrogativas. Write the appropriate interrogative word. Be sure to write accent marks and question marks.

1. Where? _____
2. How? _____
3. When? _____
4. Who? (*singular*) _____
5. What? _____
6. Why? _____

Prueba corta

Conteste en español.

1. Ask your instructor what his or her name is. _____
    _____

2. Ask the student next to you what his or her name is. _____
    _____

3. What do you say when someone gives you a gift? _____

4. How does that person respond? _____

5. Tell your best friend what he or she is like. Use at least three adjectives.
    _____

6. Ask your instructor if he or she likes **el jazz.** _____
    _____

7. Ask a classmate if he or she likes **el chocolate.** _____
    _____

8. Write out the numbers in the following series: tres, _____, nueve, _____,
    _____, dieciocho, _____, veinticuatro, veintisiete, _____.

9. Express 11:15 P.M. in Spanish: _____

Punto final

❖Mi diario

It is a good idea to have a separate notebook for your **diario** entries. Before you begin writing, reread the pages about **Mi diario** in To the Student (page vii). Include at least the following information in your first entry.

*   First, write today's date in numerals. Note that in Spanish the day comes first, then the month, and finally the year. Thus, 8/9/02 is September 8, 2002.
*   Now greet your diary as you would a friend and introduce yourself.
*   Write down what time it is. (Write out the hour.)
*   Describe your personality, using as many adjectives as you can from pages 8–9 of **Ante todo.**
*   List two things you like (or like to do) and two things you do *not* like (or do not like to do).

CAPÍTULO **1**

Vocabulario: Preparación

En la clase; ¿Dónde? Lugares en la universidad; ¿Qué? Cosas; ¿Quién? Personas

A. Identificaciones. Identify the person, place, or objects shown in each drawing.

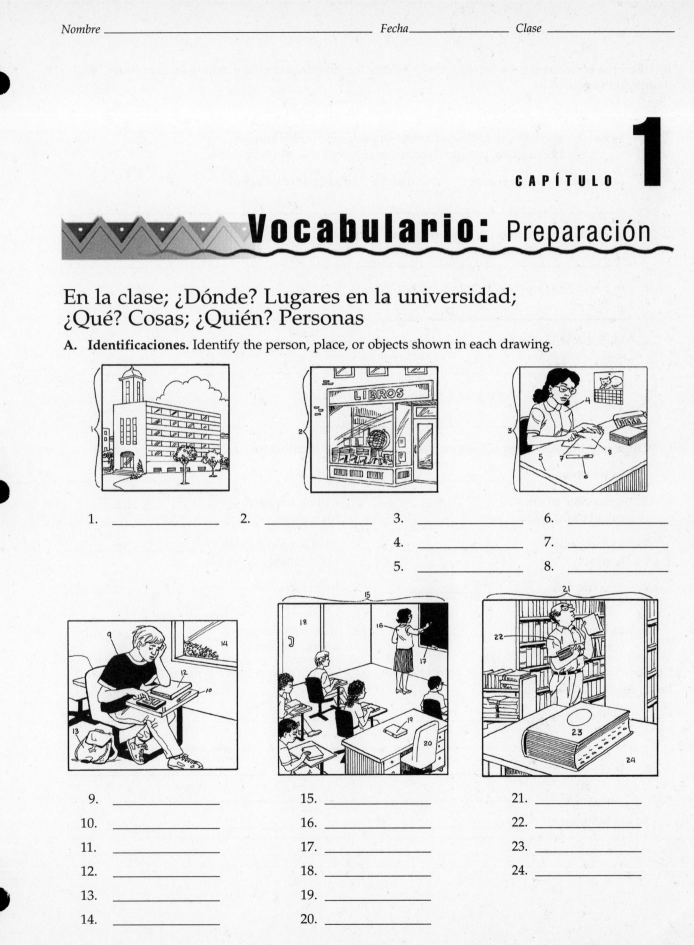

1. _____ 2. _____ 3. _____ 6. _____

4. _____ 7. _____

5. _____ 8. _____

9. _____   15. _____   21. _____

10. _____   16. _____   22. _____

11. _____   17. _____   23. _____

12. _____   18. _____   24. _____

13. _____   19. _____

14. _____   20. _____

B. ¡Busque el intruso! (*Look for the intruder!*) Write the item that does not belong in each series of words and explain why.

   Categorías posibles: un lugar, una cosa, una persona

   MODELO: el bolígrafo / el estudiante / el profesor / el hombre →
   El bolígrafo, porque (*because*) es una cosa. No es una persona.

   1.   la consejera / la profesora / la calculadora / la compañera de clase

   _____

   2.   la residencia / la librería / la biblioteca / la mochila

   _____

   3.   el papel / el lápiz / el hombre / el bolígrafo

   _____

   4.   el diccionario / el libro / el cuaderno / el edificio

   _____

   5.   la bibliotecaria / la cafetería / la biblioteca / la oficina

   _____

C. Objetos y lugares. What objects or places do the following phrases describe?

   1.   to write with   _____   6.   to sit on   _____

   2.   a machine to do   _____   7.   a book required   _____
        calculations with   for a class

   3.   to carry your   _____   8.   a book used to look   _____
        books in   up meanings of words

   4.   to write on   _____   9.   to put in your   _____
        with chalk   notebook

   5.   to write on   _____   10.   where students   _____
        (furniture)   attend classes

❖**D. Asociaciones.** What persons or objects do you associate with the following places? (List as many items as you can for each place.)

   1.   la librería: _____

   _____

   2.   la clase de español: _____

   _____

   3.   la biblioteca: _____

   _____

Las materias

A. Materias. What classes would you take if you were majoring in the following areas? Choose your classes from the list on the right.

1. Matemáticas y administración de empresas

   a. _____

   b. _____

   c. _____

   d. _____

2. Lenguas y literatura

   a. _____

   b. _____

   c. _____

Astronomía
Biología 2
Gramática alemana
Cálculo 1
Contabilidad (*Accounting*)
La novela moderna
Química orgánica
Antropología
Francés 304
Sociología urbana
Trigonometría
Sicología del adolescente
Física
Computación

3. Ciencias sociales

   a. _____

   b. _____

   c. _____

4. Ciencias naturales

   a. _____

   b. _____

   c. _____

   d. _____

❖**B. ¿Qué estudias?** (*What are you studying?*) Write about the courses you need or like or do not like to study by combining phrases from the two columns.

Necesito estudiar
(No) Me gusta estudiar

japonés, chino, inglés, ruso, español, italiano
cálculo, computación, contabilidad
historia, ciencias políticas
biología, química
sicología

MODELO: Necesito estudiar inglés.

1. _____

2. _____

3. _____

❖**C. Anuncios.** Look at these ads for tutoring services from a Spanish newspaper. Copy the names of six subjects that you recognize. Try to find at least three that are different from those given in your textbook.

1. _____

2. _____

3. _____

4. _____

5. _____

6. _____

PRÁCTICAS administrativas, mecanografía, taquigrafía, matemáticas, física y química (FP-2), contabilidad (gradua-do social), matemáticas financieras y comerciales, contabilidad analítica y financiera. Technical School. Real, 36-2 La Coruña (981) 221886. **MATEMÁTICAS,** física, química, biofísica, bioquímica, bioestadística, orgánica, físico-química, selectividad. COU, BUP. Telfs. (981) 253943 - 251297

C.E.T.: Ingeniería, arquitectura, económicas, empresariales, químicas, farmacia, informática.

Pronunciación: Diphthongs and Linking

A. Vocales. Complete the sentences.

1. Spanish has _____ (*number*) vowels.

2. The strong vowels are _____.

3. The weak vowels are _____.

4. A diphthong consists of one _____ vowel and one _____ vowel,

   or two successive _____ vowels pronounced in the same syllable.

B. Diptongos. Underline the diphthongs in the following words.

1. es-tu-dian-te
2. dic-cio-na-rio
3. puer-ta

4. cua-der-no
5. bi-lin-güe
6. gra-cias

7. es-cri-to-rio
8. sie-te
9. seis

Minidiálogos y gramática

1. Identifying People, Places, and Things • Singular Nouns: Gender and Articles

A. ¿*El o la*? Escriba el artículo definido apropiado, **el** o **la**.

1. _____ tarde
2. _____ libertad
3. _____ nación

4. _____ profesor
5. _____ día
6. _____ mujer

7. _____ clase
8. _____ hombre

B. ¿*Un o una*? Escriba el artículo indefinido apropiado, **un** o **una**.

1. _____ diccionario
2. _____ universidad
3. _____ lápiz

4. _____ dependienta
5. _____ día
6. _____ mochila

7. _____ mesa
8. _____ papel

C. Una cuestión de gustos. Indicate how you feel about the following places or things. Remember to use the article **el** or **la**.

MODELO: programa «Sixty Minutes» → (No) Me gusta el programa «Sixty Minutes».

1. clase de español _____

2. universidad _____

3. música de Bach _____

4. Mundo de Disney _____

5. limonada _____

6. comida (*food*) mexicana _____

7. física _____

8. programa «Friends» _____

2. Identifying People, Places, and Things • Nouns and Articles: Plural Forms

A. Singular → plural. Escriba la forma plural.

1. la amiga _____

2. el bolígrafo _____

3. la clase _____

4. un profesor _____

5. el lápiz _____

6. una extranjera _____

7. la universidad _____

8. un programa _____

B. Plural → singular. Escriba la forma singular.

1. los edificios _____

2. las fiestas _____

3. unas clientes _____

4. unos lápices _____

5. los papeles _____

6. las universidades _____

7. unos problemas _____

8. unas mujeres _____

C. Daniel, un estudiante típico. ¿Qué hay en el escritorio de Daniel? Use el artículo indefinido.

MODELO: Hay un radio en el escritorio.

1. _____

2. _____

3. _____

¿Qué necesita Daniel? (*What does Daniel need?*)

4. Necesita _____.

5. _____

6. _____

7. _____

❖¿Y qué necesita usted?

8. Necesito _____.

3. Expressing Actions • Subject Pronouns; Present Tense of **-ar** Verbs; Negation

A. Los pronombres personales. What subject pronouns would you use to speak *about* the following persons?

1. your female friends _____
2. your brother _____
3. yourself _____
4. your friends Eva and Jesús _____
5. your male relatives _____
6. you and your sister _____

B. Más sobre (*about*) **los pronombres.** What subject pronouns would you use to speak *to* the following persons?

1. your cousin Roberto _____
2. your friends (*m.*) _____ _____
                      (*in Spain*)   (*in Latin America*)
3. your instructors _____
4. the store clerk _____
5. your friend _____ _____
                    (*in Spain*)   (*in Latin America*)

C. En la universidad. Describe what the following people are doing, using the verbs given. Not all verbs will be used.

bailar
cantar
hablar
pagar
tocar
tomar
trabajar

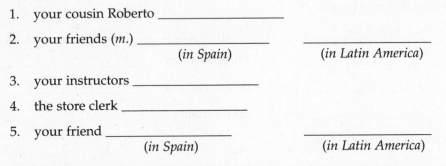

1. *En el bar:* Yo _____ por teléfono. Madonna _____ en la televisión y Jaime y Ana _____. Tomás y Carlos _____ cerveza y Carlos _____ las bebidas[a]. El mesero[b] _____ mucho.

   [a]*drinks*   [b]*waiter*

buscar
escuchar
necesitar
pagar

2. *En el laboratorio de lenguas:* María y yo _____ la lección de español. Luis

_____ el casete #2. Él _____ preparar la lección de francés.

desear
enseñar
estudiar
practicar
regresar

3. *En la clase:* La profesora Cantellini _____ italiano, y los estudiantes

_____ y _____ mucho. A las nueve y media, ella

_____ a su^a oficina.

^a*her*

❖4. Now write three sentences that describe what you and your friends do on a typical weekend. Use only verbs that you have studied so far. (Use **nosotros** forms.)

En un fin de semana típico, _____

_____

_____

D. Preguntas. Answer the questions with real information. Use subject pronouns to replace nouns. Note that the subject follows the verb in questions.

MODELO: ¿Cantan o estudian Uds.? → Nosotros estudiamos.

1. ¿Baila o canta Ricky Martin?

_____

2. Wynton Marsalis, ¿toca la guitarra o la trompeta?

_____

3. En clase, ¿desean Uds. cantar o escuchar?

_____

4. Por la noche, ¿estudia Ud. en la biblioteca o en casa?

_____

5. ¿Toma Ud. Coca-Cola o cerveza?

_____

6. ¿Y sus (*your*) amigos?

_____

7. ¿Practican Uds. español o francés?

_____

E. ¡No, no! Correct the following statements by making them all negative. Use subject pronouns in your answers. Then write two sentences telling about things *you* do *not* do. Use only verbs that you have studied so far.

1. Shaquille O'Neal trabaja en una oficina.

    _____

2. Gloria Estefan canta en japonés.

    _____

3. Tomamos cerveza en la clase.

    _____

4. La profesora regresa a la universidad por la noche.

    _____

5. Los estudiantes bailan en la biblioteca.

    _____

6. Enseño español.

    _____

❖7. _____

❖8. _____

NOTA COMUNICATIVA: THE VERB **estar**

¿Dónde están todos ahora? Tell where you and your classmates are. Form complete sentences by using the words provided in the order given.

MODELO: Ud. / cafetería → Ud. está en la cafetería.

1. Raúl y Carmen / oficina _____

2. yo / biblioteca _____

3. tú / clase de biología _____

4. Uds. / laboratorio de lenguas _____

    _____

F. ¿Dónde están y qué hacen (*what are they doing*)? Complete las oraciones con el verbo apropiado de la lista.

bailar
cantar
escuchar
estar
tocar
tomar

1. Mis (*My*) amigos y yo _____ en una fiesta.

2. José, Elena, Roberto y Carmen _____ .

3. Isabel y Julio _____ «La bamba».

4. Yo _____ la guitarra.

5. Pablo _____ cerveza y

    _____ la música.

4. Getting Information • Asking Yes/No Questions

A. Preguntas. Use the following phrases to form questions you could use to get information about your classmates.

MODELO: necesitar la calculadora ahora → ¿Necesitas la calculadora ahora?

1. trabajar por la noche

   _____

2. mirar telenovelas (*soap operas*) con frecuencia

   _____

3. tomar café por la mañana

   _____

4. desear tomar una Coca-Cola ahora

   _____

B. De compras (*Shopping*). Martín necesita comprar unos libros. Conteste las preguntas según el dibujo (*according to the drawing*).

1. ¿Dónde compra libros Martín? _____

2. ¿Hay libros en italiano en la librería? _____

3. ¿Qué otras cosas hay? _____

   _____

4. ¿Cuántos libros compra Martín? _____

5. ¿Hablan alemán la dependienta y Martín? _____

6. ¿Paga Martín doce dólares? _____

Un poco de todo

A. Situaciones. You and your friend have just met Daniel, a new student at the university. It is about half an hour before class. He asks you the following questions. Answer them in complete sentences.

1. ¿Estudian Uds. español? _____

2. ¿Quién enseña la clase? _____

3. ¿Cuántos estudiantes hay en la clase? _____

4. ¿Te gusta la clase? _____

5. ¿El profesor/la profesora habla inglés en la clase? _____

6. ¿Uds. necesitan practicar en el laboratorio todos los días? _____

   _____

7. ¿A qué hora es la clase? _____

B. ¿Qué hay? Escriba una pregunta con las palabras indicadas.

MODELO: diccionario / escritorio → ¿Hay un diccionario en el escritorio?

1. programa interesante / televisión _____

2. problemas / pizarra _____

3. mochila / silla _____

4. residencia / universidad _____

5. cuadernos / ¿ ? _____

Panorama cultural: Los hispanos en los Estados Unidos

¿Cierto o falso?	C	F
1. Hay más de 30 millones de hispanos en los Estados Unidos.	☐	☐
2. La palabra **hispánico** se refiere a la raza o grupo étnico.	☐	☐
3. César Chávez fue (was) líder de los trabajadores agrícolas.	☐	☐
4. César Chávez se graduó (graduated) en la Universidad de Stanford en 1962.	☐	☐

Póngase a prueba

A ver si sabe...

A. Gender and Articles. Escriba el artículo apropiado.

DEFINITE ARTICLES (*the*)   INDEFINITE ARTICLES (*a, an, some*)

    SINGULAR   PLURAL   SINGULAR   PLURAL

1. *m.* _____ _____   3. *m.* _____ _____

2. *f.* _____ _____   4. *f.* _____ _____

B. Present Tense of -*ar* verbs. Escriba la forma correcta del verbo **buscar.**

1. yo _____   4. nosotros/as _____

2. tú _____   5. vosotros/as _____

3. Ud., él, ella _____   6. Uds., ellos, ellas _____

C. Negation. Place the word **no** in the appropriate place.

1. Yo _____ deseo tomar _____ café.

2. _____ hablamos _____ alemán en la clase.

Prueba corta

A. Dé el artículo definido.

1. _____ papel   4. _____ libro de texto   7. _____ lápices

2. _____ mochila   5. _____ nación

3. _____ universidad   6. _____ días

B. Dé el artículo indefinido.

1. _____ librería   4. _____ problema   7. _____ mujer

2. _____ señores   5. _____ clase

3. _____ hombres   6. _____ tardes

C. Complete las oraciones con la forma apropiada de un verbo de la lista.

       enseñar, estudiar, hablar, necesitar, practicar, regresar, tocar

1. Los estudiantes _____ en la biblioteca.

2. Yo _____ español en el laboratorio de lenguas.

3. En la clase de español (nosotros) no _____ inglés.

4. ¡Alberto es fantástico! _____ el piano como (*like*) un profesional.

5. La profesora García _____ ciencias naturales.

6. Perdón, señor. (Yo) _____ comprar un diccionario.

7. ¿A qué hora _____ el consejero a su (*his*) oficina?

Punto final

❖¡Repasemos!

A. **¿Cómo se dice en español?** Siga (*Follow*) el modelo. Use un verbo conjugado + un infinitivo.

MODELO: I need to study. → Necesito estudiar.

1. I want to work. _____

2. We need to work. _____

3. We need to buy a dictionary. _____

4. We need to pay for the dictionary. _____

5. He needs to look for some books. _____

B. **En la cafetería.** En español, por favor. Escriba en otro papel.

ANA: Hi, Daniel! How are you?
DANIEL: Fine, thanks. (At) What time are you going (returning) home today?
ANA: At two o'clock. I work at four.
DANIEL: How many (**¿Cuántas**) hours do you work today?
ANA: Six. And tonight (**esta noche**) I need to study. Tomorrow there is an exam in (**un examen de**) history.
DANIEL: Poor thing! (**¡Pobre!**) You work a lot.
ANA: Well, I need to pay for my (**mis**) books and the registration fee. See you tomorrow.
DANIEL: Good-bye. See you later.

❖Mi diario

Write the date first. (*Remember:* In Spanish the day comes first, then the month: 29/9/02.) Write about yourself. Be sure to write in complete sentences. Include the following information:

- your name and where you are from
- how you would describe yourself as a student (**Como estudiante, soy...**); review the cognates in **Ante todo** if you need to
- the courses you are taking this term (**este semestre/trimestre**) and at what time they are given
- the school materials and equipment that you have (**tengo...**) and those you need
- what you like to do (**me gusta...**) at different times of the day (**por la mañana, por la tarde, por la noche**).

Limit yourself to vocabulary you have learned so far. Do *not* use a dictionary!

CAPÍTULO 2

Vocabulario: Preparación

La familia y los parientes; Las mascotas

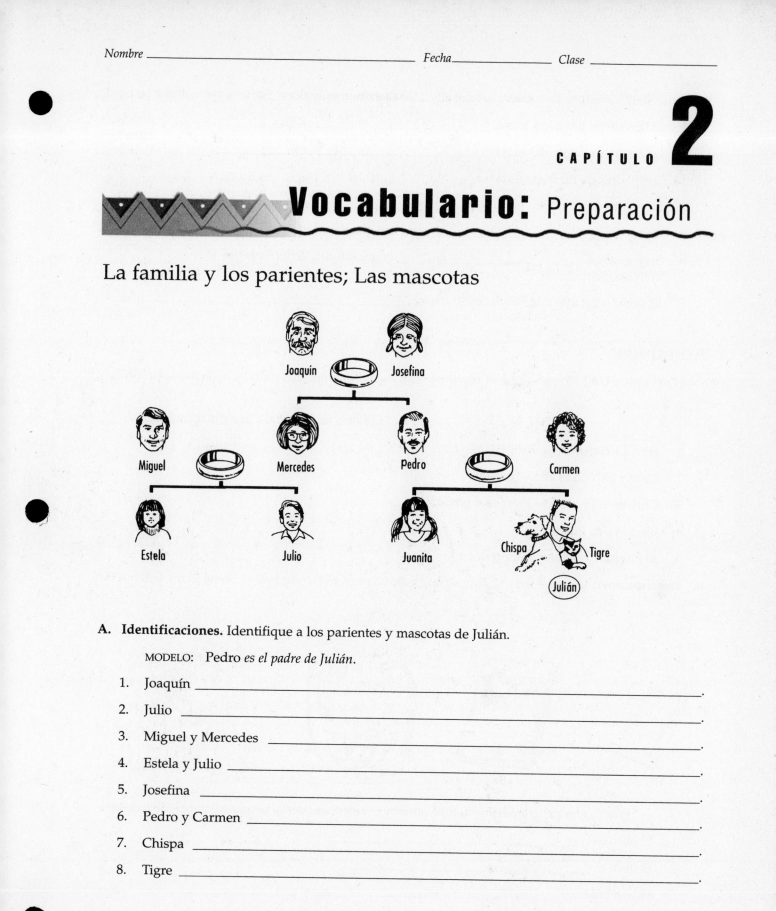

A. Identificaciones. Identifique a los parientes y mascotas de Julián.

MODELO: Pedro *es el padre de Julián.*

1. Joaquín _____.

2. Julio _____.

3. Miguel y Mercedes _____.

4. Estela y Julio _____.

5. Josefina _____.

6. Pedro y Carmen _____.

7. Chispa _____.

8. Tigre _____.

B. ¿Qué son? Complete the sentences logically. Use each item only once. Some items will not be used.

1. El hijo de mi hermano es mi _____.

2. La madre de mi primo es mi _____.

3. Los padres de mi madre son mis _____.

4. La madre de mi madre es mi _____.

5. Yo soy la _____ de mis abuelos.

6. Hay muchos _____ en mi familia. Tengo seis tíos y veintiún primos.

7. El perro o gato de una familia es su (*their*) _____.

abuela
abuelos
hermana
hermano
mascota
nieta
padres
parientes
sobrino
tía

Adjetivos

❖**A. ¿Qué opina Ud.?** Do you agree or disagree with the following statements? Check the appropriate box.

	ESTOY DE ACUERDO	NO ESTOY DE ACUERDO
1. David Letterman es cómico.	☐	☐
2. Danny DeVito es alto y delgado.	☐	☐
3. Christina Aguilera es morena y gorda.	☐	☐
4. Brad Pitt es guapo.	☐	☐
5. El Parque Yosemite es impresionante.	☐	☐

B. Descripciones. Describe the drawings using adjectives from the list below. Some items will not be used.

1.   2.   3.   4.

gordo, grande, guapo, joven, listo, moreno, nuevo, pequeño, perezoso, trabajador, viejo

1. El libro es _____ y _____.

2. El libro es _____ y _____.

3. El hombre es _____, _____ y _____.

4. El hombre es _____, _____ y _____.

C. ¿Cómo son Ricardo y Felipe? Ricardo is the opposite of Tomás, and Felipe is the opposite of Alberto. What are Ricardo and Felipe like?

1. Tomás es alto, guapo, tonto y perezoso, pero Ricardo es _____,

   _____, _____ y _____.

2. Alberto es casado, joven, antipático y rubio, pero Felipe es _____,

   _____, _____ y _____.

D. ¿Qué opina Ud.?

Paso 1. ¿Cómo son estas personas famosas? Escriba todos los adjetivos apropiados.

1. Billy Crystal es _____.

2. Arnold Schwarzenegger es _____.

3. Madonna es (¡OJO! Remember to use the **-a** ending.) _____

   _____

4. Gloria Estefan es (¡OJO!) _____.

❖**Paso 2.** Now write sentences that describe a male friend, a male member of your family, or your favorite male actor.

1. ¿Quién es? _____

2. ¿Cómo es? _____

   _____

Los números 31–100

A. Situaciones. You've been asked to make a list of some equipment and supplies in the university library. Write out the numbers. ¡RECUERDE! (*Remember!*) **Uno** becomes **un** before a masculine noun and **una** before a feminine noun.

1. 100 _____ discos compactos

2. 31 _____ computadoras

3. 57 _____ enciclopedias

4. 91 _____ diccionarios

5. 76 _____ escritorios

❖**B. ¿Cuántos años tienen?** (*How old are they?*) Complete las oraciones con información acerca de (*about*) su (*your*) familia o amigos: **padre, madre, abuelo/a, amigo/a, ¿ ?**

1. Mi _____ tiene _____ años.

2. Mi _____ tiene _____ años.

3. Mi _____ tiene _____ años.

4. Y yo tengo _____ años.

1. Miguel Martín Soto married Carmen Arias Bravo. Thus, their daughter Emilia's legal name is
   a. Emilia Soto Bravo
   b. Emilia Martín Bravo
   c. Emilia Martín Arias
   d. Emilia Soto Arias
2. Ángela Rebolleda Castillo married César Aragón Saavedra. Their son Francisco's name, therefore, is
   a. Francisco Castillo Saavedra
   b. Francisco Aragón Rebolleda
   c. Francisco Saavedra Castillo
   d. Francisco Rebolleda Saavedra

C. Anuncios personales. Lea (*Read*) los anuncios y corrija (*correct*) los comentarios falsos.

| Profesor, 48 años, rubio, guapo. Me gusta el ciclismo, la música clásica. Tel: 2-95-33-51, Luis | Ejecutivo, Banco Internacional, 32 años, graduado en MIT, soltero, delgado. Aficiones: basquetbol, viajar, bailar, ciencia ficción. Tel: 9-13-66-42, Carlos | Secretaria ejecutiva bilingüe, alta, morena, 28 años. Me gusta la playa, el *camping*, la comida francesa. Tel: 7-14-21-77, Diana |

1. Diana es joven y rubia. _____

2. Luis tiene cincuenta y ocho años. _____

3. Carlos es casado y gordo. _____

4. A Luis le gusta escuchar la música rock. _____

5. El teléfono de Diana es el siete, cuarenta, veintiuno, setenta y siete. _____

Pronunciación: Stress and Written Accent Marks (Part 1)

Circle the letter of the correct answer.

1. A word that ends in **-n, -s,** or a vowel is normally stressed on
   a. the next-to-last syllable   b. the last syllable
2. A word that ends in any other consonant is normally stressed on
   a. the next-to-last syllable   b. the last syllable

El acento. Underline the stressed vowel in each of the following words.

1. doctor
2. mujer
3. mochila
4. actor
5. permiso
6. posible
7. general
8. profesores
9. universidad
10. Carmen
11. Isabel
12. biblioteca
13. usted
14. libertad
15. origen
16. animal

Minidiálogos y gramática

5. Expressing *to be* • Present Tense of **ser**; Summary of Uses

A. Estudiantes españoles. Muchos estudiantes en la universidad son de España. Imagínese que Ud. es uno de ellos. Jorge es de Madrid. ¿De dónde son los otros estudiantes? Use la forma apropiada de **ser**.

Yo _____¹.
            (Barcelona)

Miguel y David _____².
            (Valencia)

Tú _____³.
            (Granada)

Nosotros _____⁴.
            (Sevilla)

Uds. _____⁵.
            (Toledo)

Vosotras _____⁶.
            (Burgos)

❖**B. ¿De dónde son?** Indicate what state (or country, if appropriate) the following people are from. Use the correct form of **ser**.

1. Yo _____.

2. Mi mejor (*best*) amigo/a _____.

3. Mi profesor(a) de español _____.

4. Muchos estudiantes en mi clase _____.

C. Regalos. Imagine that you are giving presents to the following people. Justify each choice of presents by using one of these phrases. Add other details if you wish.

es gordo/a   necesitan comprar un televisor nuevo
le gusta la música clásica   tienen (*they have*) cuatro niños

MODELO: diccionario bilingüe / Alberto →
         El diccionario bilingüe es para Alberto. Es estudiante de lenguas.

1. programa de «Weight Watchers» / Rosie O'Donnell _____

_____

2. casa grande / los señores Walker _____

_____

3. dinero / mis padres _____

_____

4. discos compactos de las sinfonías de Haydn / mi hermano Ramón _____

_____

D. ¿De quién son estas cosas? Ask Jorge to whom the following things belong. Then write Jorge's response.

Sr. Ortega

MODELO: UD.:   ¿De quién es el cuaderno?
          JORGE: Es del Sr. Ortega.

1.

la profesora

UD.: _____

JORGE: _____

2.

Cecilia

UD.: _____

JORGE: _____

3.

Sr. Alonso

UD.: _____

JORGE: _____

4.

Sres. Olivera

UD.: _____

JORGE: _____

❖**E. ¿Qué opina Ud.?** Answer the following questions from your own point of view.

1. ¿Es necesario practicar en el laboratorio todos los días? _____

_____

2. ¿Es importante estudiar lenguas extranjeras? _____

_____

3. ¿Es práctico estudiar matemáticas? _____

_____

4. ¿Es difícil (*difficult*) hablar español en clase? _____

_____

6. Expressing Possession • Possessive Adjectives (Unstressed)

¡RECUERDE!

Uso de la preposición **de** para expresar posesión.

¿Cómo se dice en español?

MODELO: It's Raúl's family. → Es la familia de Raúl.

1. She's Isabel's sister. _____

2. They're Mario's relatives. _____

3. They're Marta's grandparents. _____

A. ¿Cómo es su vida (*life*)**?** Escoja (*Choose*) la forma correcta del adjetivo posesivo, y luego (*then*) complete la oración con todos los adjetivos apropiados.

1. Mi/Mis familia es _____.

   grande, mediana (*average*), pequeña, pobre, rica

2. Nuestra/Nuestro universidad es _____.

   grande, moderna, nueva, pequeña, vieja

3. Muchos de mi/mis amigos son _____.

   casados, estudiosos, listos, perezosos, trabajadores

4. El coche de mi/mis padres es _____.

   grande, nuevo, pequeño, viejo

5. Mi/Mis clases son _____.

   aburridas (*boring*), grandes, interesantes, pequeñas

6. La madre de mi/mis mejor (*best*) amigo/a es _____.

   alta, baja, delgada, generosa, gorda, morena, rubia, simpática

B. Hablando (*Speaking*) **de la familia.** Answer affirmatively, using a possessive adjective.

MODELO: ¿Son ellos los hijos de tu hermana? → Sí, son sus hijos.

1. ¿Es ella la suegra de su hija? _____

2. ¿Es Carlos el hermano de Uds.? _____

3. ¿Son ellos los padres de tu novia? _____

4. ¿Son Uds. los primos del padre? _____

5. ¿Es Carmen la sobrina de tu mamá? _____

6. ¿Eres el nieto / la nieta de los señores? _____

7. Describing • Adjectives: Gender, Number, and Position

A. María Gabriela. The following sentences describe some aspects of the life of María Gabriela, a student from Argentina. In each item, scan through the adjectives to see which ones, by *form* and *meaning*, can complete the sentences. Write the appropriate ones in the space provided.

1. La ciudad de Buenos Aires es _____.

   bonita, corta, grande, interesante, largo, pequeños

2. Los compañeros de María Gabriela son _____.

   amable, casado, delgados, jóvenes, simpáticos, solteras

3. Su amiga Julia es _____.

   delgada, gordo, importantes, nervioso, pequeña, trabajadora

4. Sus profesoras son _____.

   altas, impacientes, inteligentes, morena, perezosos, simpáticos

B. Opiniones. Scan the survey, **Lo que opinan unos de otross**[a], then fill in the blanks with adjectives that correspond to the percentage of Spaniards who felt Americans had those qualities. ¡OJO! Use the plural form of the adjectives. Remember that adjectives ending in **-ista** have only two forms, singular and plural.

Entre los españoles el...

1. 2% piensa que (*thinks that*) los norteamericanos tienen alto nivel moral y que son

   _____.

2. 9% piensa que son idealistas y

   _____.

3. 15% piensa que son

   _____.

4. 29% piensa que son

   _____ y

   _____.

5. 48,7% piensa que son

   _____.

6. 55% piensa que son

   _____.

LO QUE OPINAN UNOS DE OTROS[a]	
	%
¿Cómo piensan los españoles que son los norteamericanos?	
Materialista	55
Con complejo de superioridad	48,9
Racista	48,7
De mentalidad imperialista	44
Práctico y realista	29
Inteligente	19
Trabajador	15
Simplista	9
Idealista	9
Con sentido del humor	3
Alto nivel moral	2
Generoso	2
(*El % total es de 285/300 debido a que el 5 por 100 no respondió y cada encuestado debía haber dado tres respuestas.*)	

[a]Lo... *What Some People Think about Others*

❖**C.** **¿Y qué opina Ud.?** Conteste en español.

1. Los norteamericanos son _____.

2. Los estudiantes de esta clase son _____.

3. Mi profesor(a) de _____ es _____.

4. Mi mejor (*best*) amigo/a es _____.

5. Y yo soy _____.

D. **Personas, cosas y lugares internacionales.** Complete the following sentences with the appropriate adjective of nationality.

1. Berlín es una ciudad _____.

2. El Ferrari es un coche _____.

3. Ted Kennedy es un político _____.

4. Londres (*London*) es la capital _____.

5. Guadalajara es una ciudad _____.

6. Shakespeare y Charles Dickens son dos escritores _____.

7. París y Marsella son dos ciudades _____.

E. **En busca de...** (*In search of . . .*) Describe what you or your friends are looking for by inserting the adjectives given in parentheses *in their proper position* in these sentences. Be sure that the adjectives agree with the nouns they modify.

1. Ana busca coche. (italiano, otro) _____

   _____

2. Buscamos motocicleta. (alemán, uno) _____

   _____

3. Paco busca las novelas. (francés, otro) _____

   _____

4. Busco el drama *Romeo y Julieta*. (grande, inglés) _____

   _____

5. Jorge busca esposa. (ideal, uno) _____

   _____

8. Expressing Actions • Present Tense of -er and -ir Verbs; More About Subject Pronouns

A. En el centro estudiantil (*student union*). Use los verbos indicados para describir las acciones de los estudiantes.

beber Coca-Cola
comer mucho
escribir una carta
estudiar francés
leer un periódico
mirar un vídeo

1. _____
2. _____
3. _____
4. _____
5. _____
6. _____

❖**B. ¿Y Ud.?** Now imagine that you are at the student union. Write two more sentences telling what you and your friends usually do (or do not do) there. Remember to use the **nosotros** form.

1. _____
2. _____

C. Una carta de Ramón. Ramón y Pepe son dos hermanos mexicanos. Ahora viven en California. Complete el comienzo (*beginning*) de una carta que escribe Ramón a su familia en Morelia, México.

Queridos[a] padres:

Pepe y yo _____[1] (vivir) bien aquí en California, en la casa de una señora muy sim-

pática. Yo _____[2] (asistir) a clases cinco días a la[b] semana. Mis clases son difíciles,

pero los profesores son buenos. En la clase de inglés _____[3], _____[4]

y _____[5] (*nosotros:* hablar, leer, escribir). Todos los días _____[6]

(*nosotros:* aprender) algo nuevo. Sin embargo[c], hay estudiantes que[d] nunca _____[7]

(abrir) los libros para estudiar[e].

Pepe y yo _____[8] (comer) en la cafetería estudiantil por la mañana. Por la

noche _____[9] (*nosotros:* deber) regresar a casa porque la señora nos[f]

_____[10] (preparar) la comida. ¡Es muy amable!

[a]*Dear* [b]*a... per* [c]*Sin... However* [d]*who* [e]*para... to study* [f]*for us*

❖**D. Ud. y sus amigos.** Tell about what you and your friends do or do not do. Form complete sentences by using one word or phrase from group A and one from group B. Be sure to limit yourself to writing only those things you have learned how to say in Spanish. Use the **nosotros** verb form.

MODELO: comer → A veces comemos en la cafetería. Casi nunca comemos en casa.

A. nunca, casi nunca, a veces, con frecuencia, todos los días
B. asistir, beber, deber, estudiar, leer y escribir, practicar, trabajar

1. _____
2. _____
3. _____
4. _____
5. _____

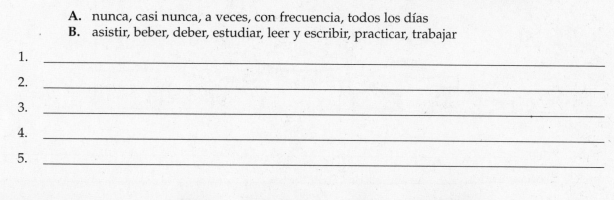

Un poco de todo

❖**A. La escena** (*scene*) **universitaria.** Imagine that you have just returned home after your first few weeks at the university. Describe the people, places, and things you have seen. Form complete sentences by using one word or phrase from each column. Make five sentences with nouns from the second column and two with nouns that you supply. Watch out for agreement of adjectives! Do not use the same adjective more than once.

	laboratorio de lenguas		nuevo / viejo
mi	edificios		simpático / amable / antipático
mis	estudiantes		pequeño / grande / enorme
el	biblioteca	(no) es	tonto / inteligente
la	coche de mi amigo	(no) son	alto / bajo
los	clases		feo / bonito
las	profesores		joven / viejo
	¿ ?		interesante
			¿ ?

1. _____
2. _____
3. _____
4. _____
5. _____
6. _____
7. _____

B. ¿Qué hacen (*are doing*) **estas personas?**

1. Ana _____.

2. Gloria y Carlos _____.

3. Tomás _____.

4. El Sr. García _____.

5. Mi mamá _____.

6. Mi hermana Isabel _____.

7. Nuestro primo Miguel _____.

8. Yo _____.

Panorama cultural: México

¿CIERTO O FALSO?

	C	F
1. La UNAM es la famosa Universidad de Guanajuato.	☐	☐
2. La UNAM es del año (*dates from the year*) 1551 (mil quinientos cincuenta y uno).	☐	☐
3. Tenochtitlan era (*was*) la capital del imperio mixteca.	☐	☐

4. El muralismo desea enseñar cultura contemporánea. ☐ ☐

5. La población mexicana es una mezcla (*mixture*) de dos razas: la indígena
y la blanca. ☐ ☐

6. Hay un mural de José Clemente Orozco en los Estados Unidos. ☐ ☐

Póngase a prueba

A ver si sabe...

A. Present Tense of *ser*. Match the following statements with the uses of **ser** given in the right-hand column.

1. Lola es de Puerto Rico.

2. La carta es para mi madre.

3. Los papeles son del profesor.

4. Alicia es mi prima.

a. _____ With **para,** to tell for whom or what something is intended.

b. _____ With **de,** to express possession.

c. _____ With **de,** to express origin.

d. _____ To identify people and things.

B. Possessive Adjectives (Unstressed). Express the following possessive adjectives and nouns in Spanish.

1. my brother _____

2. her uncle _____

3. our grandparents _____

4. their house _____

C. Adjectives: Gender, Number, and Position. Complete las siguientes tablas (*following charts*).

1. Escriba la forma correcta del adjetivo **casado**.

   a. hermana _____

   b. primos _____

2. Escriba la forma **plural** de los adjetivos.

   a. grande _____

   b. sentimental _____

3. Complete la tabla con la forma correcta de los adjetivos de nacionalidad.

FEMININE SINGULAR	mexicana		
MASCULINE SINGULAR			
FEMININE PLURAL			epañolas
MASCULINE PLURAL		franceses	

D. Present Tense of *-er* and *-ir* Verbs. Complete la tabla con la forma correcta de los verbos.

	leer		escribir
yo	_____	tú	_____
nosotros	_____	ella	_____
vosotros	_____	Uds.	_____

Prueba corta

A. Escriba la forma apropiada del verbo **ser**.

1. La mochila no _____ nueva.

2. Yo _____ de los Estados Unidos.

3. Burgos y Toledo _____ ciudades viejas y fascinantes.

4. ¿Tú _____ de México?

5. El profesor y yo _____ de California.

B. Complete las oraciones con el adjetivo posesivo apropiado.

La madre de _____[1] (*my*) sobrino Mauricio se llama Cecilia. Ella es

_____[2] (*my*) cuñada. _____[3] (*My*) hermanos Enrique y Luis son

solteros. El padre de Cecilia se llama Marco; _____[4] (*her*) madre se llama Elena.

Elena y Marco son italianos, pero viven en México. Ellos piensan (*They think*) que

_____[5] (*our*) cultura es muy interesante. Todos _____[6] (*their*) nietos

son mexicanos. ¿De dónde es _____[7] (*your*) familia?

C. Complete the following sentences with the adjective of nationality that corresponds to the country in parentheses.

    MODELO: Marta es *mexicana*. (México)

1. Paolo es un estudiante _____. (Italia)

2. París es una ciudad _____. (Francia)

3. El Volkswagen es un coche _____. (Alemania)

4. Diane y Margaret son dos mujeres _____. (Inglaterra)

D. Complete las oraciones con la forma correcta del verbo apropiado de la lista.

    asistir, beber, comprender, escuchar, estudiar, hablar, leer, recibir, vender

1. Nosotros no _____ mucho cuando la profesora _____ rápidamente (*quickly*).

2. ¿(Tú) _____ música mientras (*while*) (tú) _____?

3. Mi padre nunca _____ la sección de deportes del periódico.

4. ¿Siempre _____ Uds. los libros al final del semestre?

5. Mi hermana siempre _____ muchos regalos y tarjetas (*cards*) el día de su santo.

6. Yo no _____ café por la noche.

7. Nosotros _____ a esta clase todos los días.

Punto final

❖¡Repasemos!

A. La familia Rivera. Answer these questions about the Rivera family in complete sentences. You will need to invent information about several of the characters.

Palabras útiles: el ama de casa (*housewife*)

1. ¿Cuántas personas hay en la familia Rivera?

   _____

2. ¿De dónde son los padres?

   _____

3. ¿Dónde trabaja el padre ahora? ¿y la madre?

   _____

4. ¿Qué estudia el hijo mayor (*oldest*)? ¿Cuántos años tiene él? ¿Cómo es él?

   _____

   _____

5. ¿Quién es la otra señora? ¿Cuántos años tiene? ¿Cómo es?

   _____

6. ¿Cómo son el coche y la casa, y de quién(es) son?

   _____

   _____

B. ¿Cómo son? Now, on a separate sheet of paper, write a descriptive paragraph about the Rivera family by combining your answers and using connecting words such as **y**, **pero**, **por eso**, **porque**, **también**, and **aunque** (*although*). Try to be as creative as possible in adding details.

❖Mi diario

Write a description of your favorite relative. Include the following information.

- name
- relationship to you
- age (**Tiene _____ años.**)
- where he/she is from
- what he/she does for a living
- appearance
- personality

Use all the adjectives you can! Refer to the vocabulary list in your textbook, page 68, for additional adjectives.

CAPÍTULO 3

Vocabulario: Preparación

De compras: La ropa

A. La ropa. Identifique la ropa que llevan estas personas. Use el artículo indefinido.

1. a. _____
   b. _____
   c. _____
   d. _____
   e. _____
   f. _____
2. a. _____
   b. _____
   c. _____
   d. _____
   e. _____

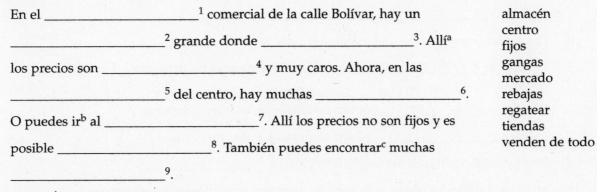

B. De compras en México. Imagine that you are studying in Puebla, México. You ask your friend Rosa about where and how to shop. Complete her answer with the appropriate items from the list on the right.

En el _____[1] comercial de la calle Bolívar, hay un

_____[2] grande donde _____[3]. Allí[a]

los precios son _____[4] y muy caros. Ahora, en las

_____[5] del centro, hay muchas _____[6].

O puedes ir[b] al _____[7]. Allí los precios no son fijos y es

posible _____[8]. También puedes encontrar[c] muchas

_____[9].

[a]*There* [b]*puedes... you can go* [c]*find*

almacén
centro
fijos
gangas
mercado
rebajas
regatear
tiendas
venden de todo

C. ¿Qué opina Ud.? Complete la narración en español. Use estas palabras: **algodón**, **lana**, **seda**.

1. La ropa interior de _____ es más fresca que (*cooler than*) la de nilón.

2. Las _____ de _____ son elegantes y bonitas.
        (*ties*)

3. Los _____ y las _____ de _____ son caros y abrigados (*warm*).
      (*sweaters*)   (*skirts*)

D. Preguntas. Imagine that you are talking with a friend, trying to confirm some information. Change the following statements into *questions* with tag phrases.

    MODELO: Nunca usas botas. → Nunca usas botas, ¿verdad?

1. Necesitas comprar ropa nueva. _____

2. Buscas una camisa de seda. _____

3. No trabajas esta noche. _____

4. No necesito llevar corbata. _____

5. Esta chaqueta es perfecta. _____

¿De qué color es?

A. ¿De qué color es? Complete the sentences with the correct form of the words from the list on the right. Adjectives are given in the masculine singular form. Be sure to make the adjectives agree with the nouns they are describing. Some words can be used more than once.

1. Las plantas son _____.

2. La bandera (*flag*) mexicana es _____, _____ y
                     (*green*)   (*white*)

   _____.
      (*red*)

3. La bandera de los Estados Unidos es _____,

   _____ y _____.

4. La naranja (*orange*) es _____ y el limón es _____.

5. La ropa de _____ verticales es buena para las personas gordas.

6. El color _____ es una combinación de blanco y negro.

7. El color _____ es una combinación de rojo y azul.

8. El color tradicional para las bebés (*baby girls*) es _____.

9. Muchos hombres hispanos usan ropa de color oscuro (*dark*): azul, negro, gris y

   _____.

10. ¡No debes (*You shouldn't*) llevar una camisa de _____ con tus pantalones de rayas! ¡Es una combinación fatal!

amarillo
anaranjado
azul
blanco
cuadros
gris
morado
pardo
rayas
rojo
rosado
verde

❖**B.** **Mi estilo personal.** ¿Qué ropa usa Ud. en estos lugares? Mencione los colores, cuando sea (*whenever it is*) posible.

Palabra útil: la sudadera (*sweatshirt*)

1. En la universidad: _____

_____

2. En una cena (*dinner*) elegante: _____

_____

3. En la playa (*beach*): _____

Más allá del número 100

A. Los números. Write the following numbers in Arabic numerals.

1. ciento once _____

2. cuatrocientos setenta y seis _____

3. quince mil setecientos catorce _____

4. setecientos mil quinientos _____

5. mil novecientos sesenta y cinco _____

6. un millón trece _____

B. ¿Cuánto cuesta? Ernesto has been asked to compare the prices of some items in Spain and Mexico for his economics class. Here is his list. Write out the amounts in Spanish. ¡RECUERDE! Make the necessary agreement with the nouns **nuevos pesos** or **pesetas** when writing out the numbers 200–900 and the final digit 1: **ochocientos veintiún nuevos pesos**, but **ochocientas veintiuna pesetas**.

1. En España, por un televisor pequeño pagan 18.600 pesetas. _____

_____

En México pagan 1.050 nuevos pesos. _____

_____

2. En España, por un refrigerador pagan 72.961 pesetas. _____

_____

En México pagan 4.221 nuevos pesos. _____

_____

3. En España, por un carro elegante pagan 3.600.500 pesetas. _____

_____

En México pagan 210.700 nuevos pesos. _____

_____

Pronunciación:

¡RECUERDE!

Circle the letter of the correct answer.

1. A word that ends in **-n**, **-s**, or a vowel is normally stressed on
   a. the next-to-last syllable   b. the last syllable
2. A word that ends in any other consonant is normally stressed on
   a. the next-to-last syllable   b. the last syllable
3. Any exception to these rules will require a written accent on the stressed
   a. consonant   b. vowel

A. Las vocales acentuadas. Underline the stressed vowel in each of the following words.

1. doctor	6. permiso	11. universidad	16. López
2. mujer	7. posible	12. Bárbara	17. Ramírez
3. mochila	8. Tomás	13. lápices	18. biblioteca
4. inglés	9. general	14. Carmen	19. sicología
5. actor	10. profesores	15. Isabel	20. usted

B. ¿Acento escrito (*written*) o no? The following words are stressed on the underlined syllables. If a written accent is required, add it above the stressed vowel.

1. ex-<u>a</u>-men	4. bo-<u>li</u>-gra-fo	7. <u>Pe</u>-rez
2. lu-<u>gar</u>	5. <u>jo</u>-ven	8. e-di-<u>fi</u>-cios
3. ma-<u>tri</u>-cu-la	6. sen-ti-men-<u>tal</u>	9. a-le-<u>man</u>

Minidiálogos y gramática

¡RECUERDE!

Formas de **este**

Escriba la forma apropiada: **este, esta, estos, estas.**

1. _____ (*This*) color está de moda este año.

2. _____ (*These*) colores son feos.

3. Me gusta _____ (*this*) camisa blanca.

4. No me gustan _____ (*these*) camisas de cuadros.

---

9. Pointing Out People and Things • Demonstrative Adjectives

A. ¿Este, ese o aquel? Complete las oraciones con la forma correcta de **este**, **ese** o **aquel**. Complete la última oración con su preferencia.

Ud. necesita comprar un coche. ¿Cuál le gusta más?

_____[1] coche es muy viejo; _____[2] coche es muy grande; _____[3] coche es fantástico, pero también es muy caro. Pienso comprar _____[4] coche porque

_____.

B. ¿De quién son? You and a friend are trying to sort out to whom the following items belong. Answer your friend's questions with the appropriate demonstrative adjective.

Note: **Aquí** (*Here*) and **allí** (*there*), like **este** and **ese** suggest closeness to, or distance from, the speaker.

MODELO: Aquí hay unos zapatos. ¿Son de Pablo? → Sí, estos zapatos son de Pablo.
Allí veo (*I see*) una bolsa. ¿Es de Chela? → Sí, esa bolsa es de Chela.

1. Aquí hay una chaqueta. ¿Es de Miguel?

_____

2. Allí veo unos calcetines. ¿Son de Daniel?

_____

3. Allí veo un impermeable. ¿Es de Margarita?

_____

4. Aquí hay unos guantes. ¿Son de Ceci?

_____

5. Aquí hay un reloj. ¿Es de Pablo?

_____

6. Allí veo unos papeles. ¿Son de David?

_____

10. Expressing Actions and States • **tener**, **venir**, **preferir**, **querer**, and **poder**; Some Idioms with **tener**

A. Diálogo

Paso 1. Complete the following dialogue between you and a friend to make plans to go to a movie.

—¿_____[1] (*Tú:* Querer) ir al cine[a] esta noche?

—Hoy no _____[2] (*yo:* poder) porque _____[3] (tener) que estudiar

para un examen de sicología. _____[4] (Preferir) ir mañana.

—Bien. Entonces[b] _____[5] (*yo:* venir) por ti[c] mañana a las siete y media. No

_____[6] (*yo:* querer) llegar tarde.

[a]ir... *to go to the movies* [b]*Then* [c]por... *for you*

Paso 2. Now rewrite the same dialogue, replacing **yo** with the **nosotros** form and **tú** with the **Uds.** form. (Replace **por ti** with **por Uds.**)

_____

_____

_____

_____

_____

B. Luis habla con su compañero Mario. Complete el diálogo entre (*between*) Luis y Mario.
¡OJO! / / indica una oración nueva.

LUIS: ¿a qué hora / (tú) venir / universidad / mañana?

_____

MARIO: (yo) venir / 8:30 / / ¿Por qué?

_____

LUIS: ¿(yo) poder / venir / contigo[a]? / / no / (yo) tener / coche

_____

MARIO: ¡cómo no[b]! / / (yo) pasar / por ti[c] / 7:30 / / ¿(tú) tener / ganas / practicar / vocabulario ahora?

_____

_____

LUIS: no / / ahora / (yo) preferir / comer / algo[d] / / ¿(tú) querer / venir? / / (nosotros) poder / estudiar / para / examen / después[e]

_____

_____

MARIO: bueno / idea / / (yo) creer / que / Raúl y Alicia / querer / estudiar / con nosotros

_____

_____

[a]*with you* [b]¡cómo... *of course!* [c]por... *for you* [d]*something* [e]*later*

C. Conclusiones personales. Conteste con un modismo con **tener**.

1. Cuando Ud. trabaja toda la noche, ¿qué tiene en la mañana?

   _____

2. Si Ud. quiere aprender, ¿qué tiene que hacer (*do*)?

   _____

3. Si Ud. se encuentra con (*run into*) un hombre con revólver, instintivamente, ¿qué tiene Ud.?

   _____

   _____

4. Ud. necesita llegar a la oficina a las dos. Si son las dos menos uno, ¿qué tiene Ud.?

   _____

5. Si Ud. dice (*say*) que Buenos Aires es la capital de la Argentina, ¿qué tiene Ud.?

   _____

   _____

11. Expressing Destination and Future Actions • Ir; ir + a + Infinitive; The Contraction al

A. Una fiesta familiar. Complete las oraciones con la forma apropiada del verbo **ir**.

Muchas personas van a ir a una fiesta. Toda la familia de Ana _____[1]. Los tíos y los

abuelos de Julio _____[2] con los padres de Ana. Tú _____[3] también,

¿verdad? Miguel y yo _____[4], pero yo _____[5] a llegar tarde.

B. El cumpleaños (*birthday*) de Raúl. Using **ir + a** + an infinitive, indicate what the following people are going to do for Raúl's birthday.

   MODELO: La fiesta es este sábado. → La fiesta va a ser este sábado.

1. Eduardo y Graciela buscan un regalo. _____

   _____

2. David y yo compramos las bebidas (*drinks*). _____

   _____

3. Todos van a la fiesta. _____

4. Ignacio y Pepe vienen con nosotros. _____

   _____

5. Por eso necesitamos tu coche. _____

6. Desgraciadamente (*Unfortunately*) Julio no prepara la comida. _____

   _____

C. Situaciones. Imagine that a friend of yours has made the statements listed below. Form a response using **vamos a** + one of the phrases from the following list. In each case you will be suggesting that you and your friend do something together: "Let's _____."

MODELO: Este diccionario es malo. → Vamos a comprar otro.

mirar en el Almacén Juárez, descansar ahora, estudiar esta tarde, buscar algo más barato, comprar otro

1.   Mañana vamos a tener examen. _____

2.   En esta tienda no venden buena ropa. _____

3.   Los precios aquí son muy caros. _____

4.   No tengo ganas de trabajar más hoy. _____

Un poco de todo

A. Un almacén español. Complete las oraciones según el anuncio. Escriba todos los precios en palabras.

Palabras útiles: el bañador chico = un traje de baño para chico (*young male*), estampado (*printed*), liso (*plain*), la manga (*sleeve*), los pendientes (de) oro (*gold earrings*), la piel (*leather*)

¡OJO! The ad comes from Spain. When writing prices, remember to make the agreement in the hundreds digit with the noun **pesetas**.

SEÑORAS	HOMBRES	JUVENIL	NIÑOS	COMPLEMENTOS
Blusas estampadas y lisas ~~1.475~~ pts. **2.995** pts.	Camisa sport lisa y fantasía ~~3.475~~ pts. **2.595** pts.	Camiseta chico ~~1.295~~ pts. **995** pts.	Pantalón bermudas de 4 a 10 años ~~1.795~~ pts. **995** pts.	Zapato Sra. en piel y piso suela ~~5.975~~ pts. **3.995** pts.
Camisetas lisas y fantasía ~~2.475~~ pts. **1.495** pts.	Pantalón sport varios modelos ~~5.975~~ pts. **3.995** pts.	Bañador chico ~~2.995~~ pts. **1.995** pts.	Camiseta manga corta, varios colores, de 4 a 13 años ~~995~~ pts. **595** pts.	Bolso piel ~~6.995~~ pts. **4.995** pts.
Bañadores lisos y estampados ~~5.975~~ pts. **2.995** pts.	Pantalón baño liso y fantasía ~~2.975~~ pts. **1.995** pts.	Camiseta chica ~~1.995~~ pts. **1.395** pts.	Maillot baño lycra de 4 a 13 años ~~2.175~~ pts. **1.395** pts.	Reloj pulsera de prestigiosas marcas ~~9.990~~ pts. **5.995** pts.
Bikinis fantasía, varios modelos ~~4.675~~ pts. **2.995** pts.	Polo piqué manga corta ~~3.995~~ pts. **2.595** pts.	Bañador chica ~~2.995~~ pts. **1.995** pts.	Pantalón bermudas baño estampado de 4 a 13 años ~~1.395~~ pts. **895** pts.	Pendientes oro 18 k. ~~14.500~~ pts. **9.950** pts.

SI NO QUEDA SATISFECHO LE DEVOLVEMOS
SU DINERO AL INSTANTE.

Las rebajas de GALERIAS
Corre... que vuelan.

1. El almacén se llama _____ y ahora hay grandes _____.

2. Las cinco categorías de artículos de ropa que mencionan son _____,

    _____, _____, _____ y _____. La

    palabra **complementos** probablemente significa: a. complements   b. accessories

3. El nuevo precio de las blusas para señoras es _____

    _____.

4. El nuevo precio de las camisas sport para hombres (es) _____

    _____.

5. Una camiseta para chica cuesta _____.

6. Una camiseta de manga corta para niños cuesta _____

    _____.

7. En la categoría de Complementos, el precio de un par de pendientes de oro es _____

    _____.

8. Note the clever play on words at the bottom of the ad: **Corre** is the familiar command form of
    the verb **correr** (*to run*); **que** = **porque**; **vuelan** means *to fly* or *to move fast*. **Corre... que vuelan**

    probably means: _____.

B. Mis amigos y profesores. Imagine that you are talking about your friends and professors. Form
complete sentences, using the words provided in the order given. Make any necessary changes, and
add other words when necessary. *Note:* / / indicates a new sentence.

    MODELO: Irma / aprender / matemáticas / con / doctor Sánchez →
              Irma aprende matemáticas con el doctor Sánchez.

1. Beatriz / no / querer / ir / clase / / preferir / ir / compras

    _____

    _____

2. Isabel Suárez / no / poder / asistir / clases / por / tarde / porque / tener / trabajar

    _____

    _____

3. ¡mi profesor / siempre / llevar / chaquetas / lana / y / calcetines / rojo!

    _____

    _____

4. Marcos / no / ser / bueno / estudiante / / con frecuencia / no / leer / lecciones / y / llegar
    / tarde / clase

    _____

    _____

5. (yo) creer / que / Sra. Fuentes / ser / uno / grande / profesora

    _____

    _____

C. María Montaño. Imagine that you are a new student in Dr. Prado's class. Talk about yourself and the way you feel. Complete the sentences using idioms with **tener.**

Me llamo María Montaño. _____[1] 18 años y tengo _____[2] de aprender español porque quiero hablar con mis abuelos y otros parientes que viven en México. Desgraciadamente,[a] en clase tengo _____[3] de hablar. El profesor cree que debo practicar más en el laboratorio. Él tiene _____[4], pero no tengo mucho tiempo libre[b]. Trabajo muchas horas y cuando quiero estudiar, tengo mucho _____[5] y a veces me quedo dormida[c].

[a]*Unfortunately* [b]*free* [c]*me... I fall asleep*

D. Entre amigas. Fill in the blanks with the correct form of the infinitive or with the correct word in parentheses to complete the dialogue between Susana and Paquita.

SUSANA: Hola, Paquita. ¿Qué tal?

PAQUITA: Bien. Y tú, ¿cómo _____[1]?
          (estás, eres)

SUSANA: Muy bien. Aquí tengo algo para ti. Creo que _____[2] textos son
         (esos, estos)

         _____[3] libros de historia, ¿verdad?
         (tu, tus)

PAQUITA: ¡Ay, qué bueno! Necesito _____[4] libros para estudiar para
          (esos, aquellos)

         _____[5] examen. Gracias.
         (nuestra, nuestro)

SUSANA: ¿Adónde _____[6] ahora?
         (ir)

PAQUITA: Primero _____[7] a la biblioteca a buscar un libro y luego María y yo
          (ir)

         _____[8] a estudiar. ¿Por qué no estudias con _____[9]?
         (ir)   (nosotros, nosotras)

SUSANA: Gracias por _____[10] invitación, pero _____[11] tarde dan[a]
                     (tú, tu)   (esta, este)

         una película francesa y Enrique y yo _____[12] ir. Tengo
                                              (querer)

         _____[13] porque él está esperándome[b] ahora mismo[c].
         (razón, prisa)

PAQUITA: Muy bien. _____[14].
                    (Adiós, Vamos)

[a]*they're showing* [b]*waiting for me* [c]*ahora... right now*

Panorama cultural: Nicaragua

Complete las oraciones con la información apropiada.

1. La capital de la República de Nicaragua es _____.

2. La moneda de Nicaragua es el _____.

3. _____ llegó (*arrived*) a Nicaragua en 1502.

4. El lago (*lake*) más grande de Centroamérica es _____.

5. En 1856 _____ se declaró (*he declared himself*) presidente de Nicaragua, pero dos

   años después, fue (*he was*) _____ por los nicaragüenses.

6. Nicaragua tiene una _____ turbulenta por las luchas entre las fuerzas

   _____ y _____.

7. En 1990 _____ fue elegida (*was elected*) presidenta de Nicaragua.

Póngase a prueba

A ver si sabe...

A. Demonstrative Adjectives. Escriba el adjetivo demostrativo apropiado.

1. _____ (*this*) zapato   4. _____ (*those*) abrigos

2. _____ (*these*) pantalones   5. _____ (*that, over there*) camiseta

3. _____ (*that*) bolsa   6. _____ (*those, over there*) cinturones

B. *Tener, venir, preferir, querer,* **and** *poder;* **Some Idioms with** *tener*.

1. Complete la tabla con la forma apropiada del presente.

INFINITIVO	YO	UD.	VOSOTROS	NOSOTROS
poder			podéis	
querer		quiere		
venir				

2. Exprese en español los siguientes modismos con **tener**.

   a. to be afraid (of) _____

   b. to be right (wrong) _____

   c. to feel like _____

   d. to have to _____

C. *Ir; ir + a + Infinitive.* Rewrite the following sentences, using **ir** + **a** + infinitive.

1. Ellos compran ropa. _____

2. ¿No comes? _____

3. Tienen una fiesta. _____

4. Voy de compras. _____

Prueba corta

A. Rewrite the sentences, substituting the noun provided and making all the necessary changes.

MODELO: ¿Necesitas aquel sombrero rojo? (corbata) →

¿Necesitas aquella corbata roja?

1. Quiero comprar esa camisa negra.

(impermeable) _____

2. ¿Buscas estos calcetines grises?

(traje) _____

3. Juan va a comprar esos zapatos blancos.

(chaqueta) _____

4. Mis padres trabajan en aquel almacén nuevo.

(tienda) _____

B. Complete las oraciones con la forma apropiada de uno de los verbos de la lista. (*Note:* Use each verb at least once.)

poder, preferir, querer, tener, venir

1. Mis amigos y yo _____ a esta biblioteca todos los días para estudiar. Nuestras

clases son difíciles y _____ que estudiar mucho.

2. —¿Qué (tú) _____ tomar, una Coca-Cola o un café? —Yo _____
un café.

3. Si Ud. _____ prisa, debe salir (*leave*) ahora.

4. En una librería, los estudiantes _____ comprar libros, cuadernos y mochilas.

C. Rewrite each sentence, changing the simple present tense to a construction with **ir** + **a** + infinitive, to tell what the following people are going to do.

MODELO: Estudio mucho. → Voy a estudiar mucho.

1. Roberto lleva traje y corbata. _____

_____

2. Busco sandalias baratas. _____

3. Tenemos una fiesta. _____

4. ¿Vienes a casa esta noche? _____

Punto final

❖ ¡Repasemos!

De compras

Paso 1. El Sr. Rivera necesita comprar dos artículos de ropa para sus vacaciones en México. Conteste las preguntas según los dibujos.

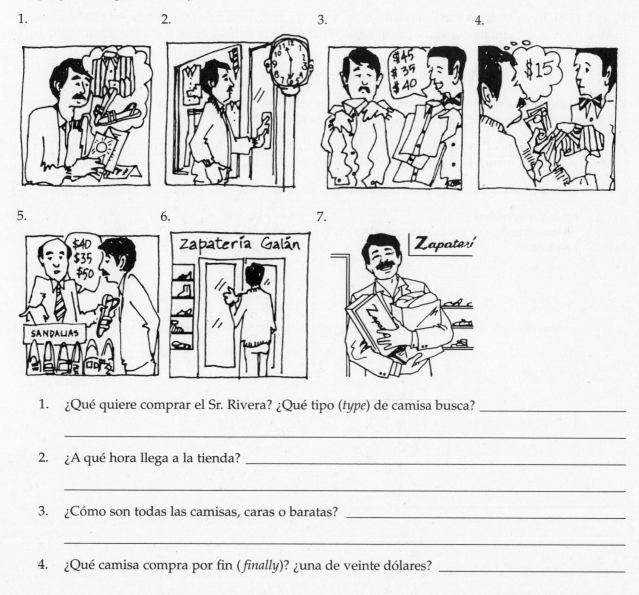

1.   ¿Qué quiere comprar el Sr. Rivera? ¿Qué tipo (*type*) de camisa busca? _____

_____

2.   ¿A qué hora llega a la tienda? _____

_____

3.   ¿Cómo son todas las camisas, caras o baratas? _____

_____

4.   ¿Qué camisa compra por fin (*finally*)? ¿una de veinte dólares? _____

_____

5. Y, ¿cómo son las sandalias que venden? _____

_____

6. ¿Adónde tiene que ir para comprar las sandalias? _____

_____

7. ¿Regresa a casa contento o triste con sus compras? _____

_____

Paso 2. Now, on a separate sheet of paper, convert your answers into a paragraph about Mr. Rivera's shopping trip. Use the following words to make your paragraph more coherent and connected: **pero, y, por eso, por fin, ya** (*already*).

❖ Mi diario

Paso 1. Look in your closet and bureau drawers and take an inventory of the articles of clothing you own and the approximate number of each item. What colors are they? Now write the information in your diary.

MODELO: Tengo diez camisetas: blancas, negras, rojas y una verde.

Paso 2. Now choose three of the following situations and write a description of the clothing you typically wear in each. Include the color and fabric, if possible.

Palabras útiles: los *jeans* rotos (*torn*), de cuero (*leather*), de manga larga (*long-sleeved*), la manga (*sleeve*), la sudadera (*sweatshirt*), los zapatos de tacón alto (*high heels*)

MODELO: Cuando estoy en la playa (*beach*), llevo...

1. en la universidad
2. en una entrevista (*job interview*)
3. en casa

4. en la playa
5. en una fiesta
6. en un *picnic* en el parque

CAPÍTULO 4

Vocabulario: Preparación

¿Qué día es hoy?

A. El horario (*schedule*) **de David.** Escriba lo que (*what*) va a hacer David esta semana.

L	M	M	J	V	S	D
banco hablar con consejero	dentista	estudiar física	laboratorio de física	examen cenar[a] con Diana	de compras concierto	playa[b]

[a]*to have dinner*   [b]*beach*

MODELO: El lunes tiene que ir al banco. (El lunes va a ir al banco.)

1. El lunes también... _____

2. _____

3. _____

4. _____

5. _____

6. _____

7. _____

B. ¿Qué día es hoy? Complete las oraciones con las palabras apropiadas.

1. Hay dos días en el _____ de semana: _____ y

   _____ .

2. _____ es el primer (*first*) día de la semana en el calendario hispánico.

3. Si hoy es martes, mañana es _____ .

4. El Día de Acción de Gracias es siempre el cuarto (*fourth*) _____ de noviembre.

5. Si hoy es miércoles, pasado mañana es _____ .

6. Mi hermano no puede venir _____ sábado porque _____ sábados trabaja.

7. Esta semana tengo que estudiar mucho porque la _____ semana tengo tres exámenes.

❖C. **Preguntas personales.** Conteste estas preguntas sobre el horario de Ud.

1. ¿Cuál es el día de la semana más largo (*longest*) para Ud.? ¿O son todos iguales?

   Para mí, _____.

2. ¿Trabaja Ud.? ¿Dónde? ¿Qué días trabaja? _____

   _____

3. ¿Qué le gusta hacer (*to do*) los domingos? (¿dormir [*to sleep*], jugar al basquetbol, hacer ejercicio, leer el periódico, etcétera?) _____

   _____

Los muebles, los cuartos y otras partes de la casa

A. **¿Qué hay en esta casa?** Identifique las siguientes partes de la casa.

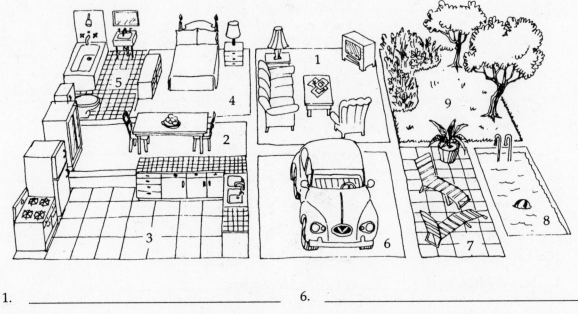

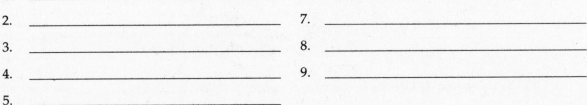

1. _____   6. _____

2. _____   7. _____

3. _____   8. _____

4. _____   9. _____

5. _____

B. Los muebles. Identifique los muebles en la alcoba y la sala.

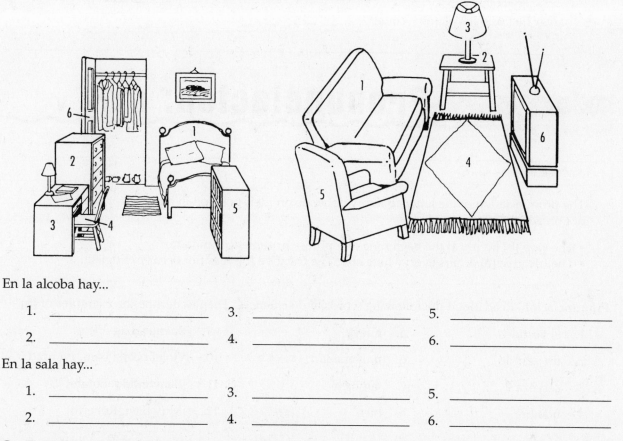

En la alcoba hay...

1. _____ 3. _____ 5. _____

2. _____ 4. _____ 6. _____

En la sala hay...

1. _____ 3. _____ 5. _____

2. _____ 4. _____ 6. _____

❖**C. Describa su alcoba.** Mencione los muebles que hay y el color de las paredes y de la alfombra (si la hay). Luego use tres adjetivos para describir la alcoba en general.

_____

_____

_____

¿Cuándo? • Preposiciones

¿Antes o después? ¿Cuándo hace Ud. estas cosas? Siga el modelo.

MODELO: estudiar las lecciones / tomar el examen →
Estudio las lecciones antes de tomar el examen.

1. tener sueño / descansar

_____

2. regresar a casa / asistir a clase

_____

3. tener ganas de comer / estudiar

_____

4. preparar la comida / ir al supermercado

_____

5. lavar (*to wash*) los platos / comer

_____

Pronunciación: b and v

¡RECUERDE!

The pronunciation of the letters **b** and **v** depends on their position in a phrase or sentence, not on which letter is used.

• The stop [b] occurs at the beginning of a phrase or sentence, and after _____ or _____.
• The fricative [ƀ] occurs everywhere else. The fricative [ƀ] does not occur in English.

Pronunciación. Read aloud the following words and sentences. Then underline the examples of [b].

1. el vestido
2. un vestido
3. cerveza
4. hombre

5. nueve
6. universidad
7. también
8. bien

9. Buenos días, Víctor.
10. Violeta baila bien, ¿verdad?
11. ¡Bienvenido, Benito!
12. ¡Muy bien, Roberto!

Minidiálogos y gramática

12. Expressing Actions • Hacer, oír, poner, salir, traer, and ver

A. Las actividades de Roberto. Complete las oraciones con la forma apropiada del verbo.

1. Los domingos _____ (ver: *yo*) una película con mi hermano Enrique.

2. Ricardo y yo _____ (salir) con amigos los fines de semana.

3. _____ (poner: *yo*) el televisor antes de ir a clases.

4. Los sábados, _____ (traer: *yo*) a mi perro a este parque (*park*).

5. Jimena y Alberto _____ (oír) las noticias (*news*) por la radio.

6. Antes del examen de español, _____ (hacer: *yo*) los ejercicios del libro.

7. _____ (salir: *yo*) de la clase de matemáticas a las once de la mañana.

B. Un sábado típico. Complete the following paragraph with the correct form of **hacer, oír, poner, salir, traer,** or **ver** to tell about a typical Saturday. **¡OJO!** Not all of the verbs will be used.

Por la mañana (yo) _____¹ la radio y _____² la tareaª para el lunes.

Por la tarde, un amigo normalmente _____³ sándwiches y cerveza y comemos

juntosᵇ. Por la noche, (nosotros) _____⁴ con un grupo de amigos.

_____⁵ una película o _____⁶ a bailar.

ªhomework ᵇtogether

❖**C. Preguntas personales.** Conteste con oraciones completas.

1. ¿A qué hora sale Ud. de casa los lunes para ir a la universidad?

   _____

2. ¿Ve películas en casa o prefiere salir a ver películas en el cine?

   _____

3. En clase, ¿hace Ud. muchas preguntas o prefiere estar callado/a (quiet)?

   _____

4. Si Ud. quiere escuchar música, ¿qué pone Ud., la radio o una cinta? ¿Tiene Ud. una estación

   de radio favorita? ¿Cuál es? _____

   _____

5. ¿Qué cosas trae Ud. a clase en su mochila? _____

6. ¿A qué hora oye Ud. las noticias (news)? _____

¡RECUERDE!				
Stem-Changing Verbs You Already Know. Complete the verb chart.				
	yo	tú	Ud., él, ella	nosotros	Uds., ellos, ellas
querer	_____	_____	_____	queremos	_____
preferir	_____	prefieres	_____	_____	_____
poder	_____	_____	puede	_____	_____

13. Expressing Actions • Present Tense of Stem-Changing Verbs

❖**A. ¿Cierto o falso?**

	C	F
1. Pienso ir de compras esta noche.	☐	☐
2. Todos los días vuelvo a casa antes de las cinco.	☐	☐
3. Cuando salgo a comer, siempre pido una cerveza.	☐	☐

4. Mis amigos y yo nunca pedimos vino. □ □

5. Almuerzo en casa todos los días. □ □

6. En mi casa servimos la cena (*dinner*) a las siete. □ □

7. Mi primera clase empieza a las ocho. □ □

8. No entendemos cuando el profesor / la profesora de español habla rápidamente. □ □

9. Con frecuencia pierdo mis libros. □ □

B. Preferencias. ¿Qué prefieren hacer Ud. y sus amigos? Complete las oraciones con la forma apropiada de los verbos entre paréntesis.

1. (pensar) Isabel y Fernando _____ almorzar en casa, pero Pilar y yo

   _____ salir. ¿Qué _____ hacer tú?

2. (volver) Nosotras _____ en tren con Sergio, pero Felipe _____

   en coche con Lola. ¿Cómo _____ Uds.?

3. (pedir) Por lo general Tomás _____ cerveza. Rita y Carmen

   _____ Coca-Cola. Pepe y yo _____ café.

C. Un día típico de Bernardo. Describe a typical schoolday for Bernardo. Form complete sentences, using the words provided in the order given. Make any necessary changes, and add other words when necessary.

MODELO: comer / casa / 6:00 → Come en casa a las seis.

1. salir / casa / 7:15

   _____

2. su / primera clase / empezar / 8:00

   _____

3. si no / entender / lección, / hacer / mucho / preguntas

   _____

4. con frecuencia / almorzar / en / cafetería

   _____

5. a veces / pedir / hamburguesa / y / refresco

   _____

6. lunes y miércoles / jugar / tenis / con / un / amigo

   _____

7. su madre / servir / cena (*dinner*) / 6:00

_____

8. hacer / la tarea (*homework*) / por / noche / y / dormir / siete horas

_____

❖D. **Más preguntas personales.** Conteste con oraciones completas.

1. ¿A qué hora almuerza Ud. generalmente? _____

_____

2. ¿Cuántas horas duerme Ud. los fines de semana? _____

_____

3. ¿Piensa Ud. estudiar otras lenguas extranjeras? ¿Cuáles? _____

_____

4. ¿Estudia Ud. por las noches? ¿A qué hora empieza a estudiar? _____

_____

14. Expressing *-self/-selves* • Reflexive Pronouns

❖A. **¿Cierto o falso?**

	C	F
1. Me levanto tarde los fines de semana.	☐	☐
2. Me divierto con los amigos todas las noches.	☐	☐
3. A veces mi padre se duerme cuando mira la televisión.	☐	☐
4. Siempre me ducho por la noche.	☐	☐
5. Me pongo zapatos de tenis para ir a clase.	☐	☐
6. En la clase de español nos sentamos en un círculo.	☐	☐
7. Me cepillo los dientes antes de vestirme.	☐	☐

B. **Oraciones incompletas.** Complete las oraciones con la forma apropiada del pronombre reflexivo.

1. Yo _____ llamo Juan y mi hermana _____ llama Inés.

2. Nuestros padres _____ llaman Carlos y Luisa.

3. ¿Por qué _____ pones esa blusa? Está sucia (*dirty*).

4. ¿_____ despiertan Uds. tarde los sábados?

5. Después de levantarnos, _____ bañamos y _____ vestimos.

6. ¿Dónde _____ diviertes más, en el teatro o en el cine?

C. El horario de Daniel y Carlos

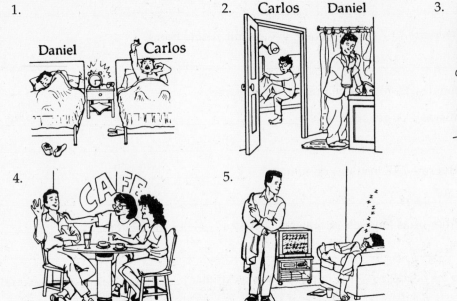

1.

Daniel   Carlos

2. Carlos   Daniel

3.

4.

5.

Paso 1. Para cada dibujo (*each drawing*), escriba los infinitivos apropiados para describir las acciones de Daniel y Carlos. Use los verbos de la lista.

afeitarse, despertarse (ie), divertirse (ie), dormir(se) (ue), ducharse, levantarse, ponerse, quitarse, sentarse (ie), vestirse (i)

1. _____   3. (2 verbos para Daniel)   4. _____

2. _____   _____   _____

_____   _____   5. _____

_____   _____

Paso 2. Ahora escriba oraciones completas para cada dibujo. Indique también dónde ocurren las acciones. (*Note:* The first one is done for you.)

Palabras útiles: en un café, las noticias (*news*), tener sueño, en el sofá

1. Carlos y Daniel se despiertan en la alcoba a las seis y cuarto. _____

2. _____

3. _____

4. _____

5. _____

D. Ud. y otra persona. Cambie (*Change*) el sujeto **yo** por (*to*) **nosotros**. Haga todos los cambios necesarios.

1. Me despierto temprano. _____

2. Me visto después de ducharme. _____

3. Nunca me siento para tomar el desayuno. _____

_____

4. En la universidad asisto a clases y me divierto. _____

_____

5. Después de volver a casa hago la tarea. _____

_____

6. A las doce tengo sueño, me cepillo los dientes y me acuesto. _____

_____

7. Me duermo a las doce y media. _____

_____

❖E. **Preguntas personales.** Conteste con oraciones completas.

1. ¿A qué hora se despierta Ud. los sábados? ¿Por qué? _____

_____

2. Los lunes, ¿se levanta Ud. inmediatamente después de despertarse? _____

_____

3. ¿Se afeita Ud.? ¿Cuántas veces por semana? _____

_____

4. ¿Prefiere Ud. bañarse o ducharse? ¿Se baña (Se ducha) por la mañana o por la noche?

_____

5. ¿Dónde prefiere sentarse para mirar la tele? ¿en un sillón? ¿en un sofá? ¿en la alfombra? ¿Y

para estudiar? _____

6. ¿Dónde se divierte Ud. más? (en el cine, en una discoteca, en la playa [*beach*], practicando

[*playing*] un deporte) _____

Un poco de todo

A. El próximo sábado... Complete las oraciones con la forma correcta del verbo para describir las actividades de Juan Carlos del próximo sábado.

Por lo general, los sábados _____[1] a las nueve de la mañana, pero el sábado de la
                          (levantarse: *yo*)

próxima semana _____[2] que _____[3] más temprano porque
              (tener)   (despertarse)

_____[4] ir a _____[5] al tenis con mi amigo Daniel. Casi siempre, el
  (querer)   (jugar)

juego[a] _____[6] a las nueve y media; si _____[7] el despertador[b] a las

(empezar)   (poner: *yo*)

ocho y media y _____[8] de la casa a las nueve, _____[9] llegar a

(salir)   (poder)

tiempo. Daniel y yo _____[10] después de jugar al tenis. Si Daniel

(almorzar)

_____[11] el juego, _____[12] que pagar el restaurante; si yo

(perder)   (tener: *él*)

_____[13] el juego, yo _____[14] que pagar. A las dos,

(perder)   (tener)

_____[15] a mi casa.

(volver: *yo*)

[a]*match* [b]*alarm clock*

B. Un día típico. Write about your typical day this semester, what you do when.

Paso 1. Before you begin to write, read the verbs given below and cross out those that do not apply to you. Organize the verbs you plan to use by writing **m** (**mañana**), **t** (**tarde**), **n** (**noche**) next to the appropriate infinitives. Then put each group into a logical chronological sequence.

acostarse	hacer	quitarse
afeitarse	ir	salir
almorzar	leer	sentarse a (comer)
asistir	levantarse	tomar el desayuno
bañarse/ducharse	llamar por teléfono (a)	trabajar
despertarse	mirar	vestirse
dormirse	ponerse	volver
empezar		

Paso 2. Now begin to write. Use any of the phrases listed here, or any others, to tell *when* you do these activities and to help you organize your sentences. Connect them into three coherent paragraphs: **por la mañana, por la tarde, por la noche.**

primero, luego	siempre, todos los días	hasta	antes de
nunca	con frecuencia, a veces	durante	después de

Panorama cultural: Costa Rica

A. Complete las oraciones con la información necesaria.

1. La capital de Costa Rica es _____.

2. La moneda oficial de Costa Rica es _____.

3. Costa Rica tiene una población de más de (*more than*) _____ de habitantes.

4. En 1987 el presidente de Costa Rica recibió (*received*) _____ de la Paz.

5. La Fundación Arias es una organización dedicada a _____ .

B. ¿Cierto o falso?

	C	F
1. La protección de las regiones naturales es muy importante en Costa Rica.	☐	☐
2. Aproximadamente un 50 por ciento (%) de Costa Rica está cubierto de bosques y selvas.	☐	☐
3. Más de la mitad (*half*) del territorio costarricense está dedicada para la preservación.	☐	☐
4. El idioma oficial de Costa Rica es el misquito.	☐	☐

Póngase a prueba

A ver si sabe...

A. *Hacer, oír, poner, salir, traer,* **and** *ver.* Complete la siguiente tabla.

INFINITIVO	YO	TÚ	NOSOTROS	ELLOS
hacer			hacemos	
traer				traen
oír		oyes		

B. Present Tense of Stem-Changing Verbs.

1. What vowel changes occur in the following verb types?

   a. emp**e**zar, p**e**rder   e → _____

   b. d**o**rmir, alm**o**rzar   o → _____

   c. p**e**dir, s**e**rvir   e → _____

2. What are the two pronouns that do not show any change in the stem? _____ and _____ .

3. Complete las oraciones con los siguientes verbos y preposiciones.

   a. (pensar servir)   ¿Qué _____ (tú) _____?

   b. (empezar a)   Ahora (yo) _____ _____ entender.

   c. (volver a)   ¿Uds. van a _____ _____ entrar?

   d. (pedir)   Voy a _____ otra Coca-Cola.

C. Reflexive-Pronouns.

1. Escriba el pronombre reflexivo apropiado.

   a. yo _____ levanto   c. él _____ despierta   e. vosotros _____ acostáis

   b. tú _____ acuestas   d. nosotros _____ divertimos   f. Uds. _____ bañan

2. Cambie el plural por el singular.

a. Nosotros nos acostamos tarde. _____

b. ¿Cuándo se sientan a comer? (tú) _____

c. Nos vestimos en cinco minutos. _____

Prueba corta

A. Complete las oraciones con la forma apropiada de los verbos de la lista. (*Note:* Use each verb once.)

divertirse, dormirse, hacer, levantarse, ponerse, salir, sentarse

1. Algunos (*Some*) estudiantes _____ en clase cuando están muy cansados.

2. Prefiero _____ cerca del escritorio del profesor.

3. Yo _____ mucho cuando salgo con mis amigos.

4. Si quieres llegar a tiempo, debes _____ temprano.

5. Para ir a un concierto al aire libre ella _____ un suéter y *jeans*.

6. (Tú) Siempre _____ muchas preguntas en clase, ¿verdad?

7. Los viernes por la noche mis amigos y yo _____ a comer y vamos al cine.

B. Complete la siguiente lista.

1. Escriba tres actividades que Ud. realiza (*that you do*) en la alcoba por la mañana:

_____, _____ y _____.

2. Escriba tres actividades que Ud. realiza en el baño, después de despertarse:

_____, _____ y _____.

3. Escriba el nombre de tres muebles de su sala: _____,

_____ y _____.

4. Escriba el nombre de tres cosas o muebles que Ud. piensa comprar para su casa:

_____, _____ y _____.

5. Escriba en qué cuartos de su casa realiza Ud. las siguientes actividades. Use oraciones completas.

almorzar _____

dormir _____

estudiar _____

Punto final

❖ ¡Repasemos!

The following is a letter from Mariana to her pen pal in Bogotá, Colombia. Complete it with the correct forms of the words in parentheses, as suggested by the context. When two possibilities are given in parentheses, select the correct word.

Querida Amalia:

¿Me preguntas[a] cómo pasamos[b] _____[1] fines de semana? Pues,
(nuestro/nuestros)

_____[2] viernes, _____[3] clases, _____[4] a casa o
(el/los)   (antes de / después de)   (volver)

_____[5] a la _____[6] porque es un lugar tranquilo para estudiar.
(ir)   (biblioteca/librería)

Por _____[7] noche, yo voy _____[8] cine con _____[9]
(el/la)   (a la / al)   (mi/mis)

amigos o _____[10] todos a una discoteca. Los sábados trabajo en un almacén
(nosotros: ir)

grande. No es un trabajo difícil[c], pero _____[11] las seis _____[12]
(a/son)   (de/en)

la tarde, estoy _____[13]. Los domingos, _____[14] padres,
(cansada/cansado)   (mi/mis)

_____[15] hermana y yo _____[16] a la iglesia,
(mi/mis)   (ir)

_____[17] el periódico y _____[18] la televisión.
(leer)   (mirar)

_____[19] la tarde, muchas veces vamos a la casa de _____[20] tíos.
(Por/De)   (mi/mis)

Como _____[21], _____[22] fines de semana todos nosotros
(tú: ver)   (el/los)

_____[23].
(divertirse)

Recuerdos cariñosos[d],
Mariana

[a]Me... *You ask me*   [b]*we spend*   [c]*difficult*   [d]Recuerdos... *Affectionate regards*

❖ Mi diario

In your diary, write a description of your house (apartment, dorm, room, etc.). Be sure to include the following information.

- size
- name(s) and size of room(s)
- furniture in each room
- color of the walls, rug (if any), and furniture
- if there's a garage and/or yard, and what it or they are like
- your favorite place in the house (apartment, etc.) and why

CAPÍTULO **5**

◣◣◣◣ **Vocabulario:** Preparación

¿Qué tiempo hace hoy?

A. **¿Qué tiempo hace?** Describe the weather conditions in each drawing.

1. __Hace mucho sol.__
2. __Hace muy callor.__
3. __Hace nublado.__
4. __Es otoño. Hace fresco.__
5. __Hace lleve.__

6. _Hace viento_

7. _Hace nieva_

8. _Hace muy frío_

9. _Hace mucho contaminación_

B. ¿Qué tiempo hace?

1. Marta lleva impermeable y botas. _Llueve._

2. Joselito tiene frío y lleva abrigo, dos suéteres y botas. _Nieve, hace frío._

3. Carmen tiene calor y lleva traje de baño. _Hace calor, y sol._

4. Samuel lleva una chaqueta de lana, pero no lleva abrigo. _Hace fresco._

5. Todos llevan camisetas y pantalones y están en el parque. _Hace sol, pero fresco._

6. Nadie (*No one*) hace ejercicio hoy. _Llueve(?)_

C. ¿Qué hacen todos? Complete las oraciones con la forma apropiada de las expresiones de la lista.

1. Cuando llueve, yo _tengo ganas de quedarse en casa._

2. Cuando hay mucha contaminación, nadie _hacen ejercicio._

3. Cuando hace calor, mis amigos y yo _almorzamos en el parque._

4. Cuando tengo frío, _me pongo otro suéter._

5. Cuando hace mucho viento, los hombres _tener que agarar el sombrero._

6. Cuando nieva, los niños _jugan en la nieve._

7. Cuando hace buen tiempo, yo _voy a la playa._

almorzar en el parque
hacer ejercicio
ir a la playa
jugar en la nieve
ponerse otro suéter
tener ganas de quedarse
   en casa
tener que agarrar (*hold onto*)
   el sombrero

Los meses y las estaciones del año

A. Meses y estaciones. Complete las oraciones con las palabras apropiadas de esta sección.

1. El Día de los Inocentes (*April Fools' Day*) es _el primero de Abril_ en los Estados Unidos.

2. Los tres meses del verano son _junio_ , _julio_ y _agosto_ .

3. Diciembre es el primer mes del _invierno_ .

4. En la primavera hace buen tiempo, pero también _llueve_ mucho.

5. Septiembre, octubre y noviembre son los tres meses del _otoño_ .

6. El _cuatro de julio_ se celebra el Día de la Independencia de los Estados Unidos.

7. Por lo general, ___nieve___ mucho en las montañas durante el invierno.

8. Después de diciembre viene el mes de ___enero___, y después de abril viene ___la primavera___.

❖9. Mi cumpleaños es en (la estación de) ___primavera___

B. Fechas. Exprese estas fechas en español. Comience (*Begin*) siempre con **el**, y use **de** antes del año.

1. March 16, (de) 1933: ___El dieciséis marzo, de mil novecientos treinta tres.___

2. June 14, 1925: ___El catorce junio de mil novecientos veinte cinco.___

3. September 15, 1566: ___El quince septiembre de mil cincocientos seisente seis.___

4. August 7, 1998: ___El siete augusto de mil novecientos noventa ocho.___

5. January 1, 1777: ___El primero enero, de mil sietecientos setenta y siete.___

❖6. Yo nací (*was born*) ___El vente cuatro de marzo, de mil novecientos ochenta seis.___

¿Dónde está? Las preposiciones

❖**A. ¿Cierto o falso?** ¿Qué hace Ud. en su clase de español?

	C	F
1. Me siento delante del profesor.	☐	☒
2. Prefiero sentarme detrás de un estudiante alto.	☒	☐
3. Con frecuencia hablo con mis compañeros durante la clase.	☐	☒
4. Siempre pongo la mochila al lado de mi silla.	☐	☒
5. Me siento cerca de la puerta.	☒	☐
6. Pongo los pies (*feet*) encima de la silla delante de mí.	☐	☒
7. A veces olvido (*I forget*) libros debajo de mi silla.	☒	☐

B. ¿Dónde está España? Mire el mapa en la página 72 y luego complete la descripción con la(s) palabra(s) apropiada(s). Es necesario usar algunas (*some*) palabras más de una vez (*more than once*).

al norte, al sur, al este, al oeste, cerca, lejos, en, entre

España y Portugal forman la Península Ibérica. Los Pirineos están ___entre___[1] España y Francia. Francia está ___al norte___[2] de España y África está ___al sur___[3] de España. El Mar Mediterráneo está ___al este___[4] de la península y el Océano Atlántico está ___al oeste___[5].

Madrid, la capital, está en el centro del país. La hermosa ciudad de Granada está

_____6 de Madrid; Toledo está

_____7. La isla de Mallorca, una

de las Islas Baleares, está _____8

el Mar Mediterráneo. Las Islas Canarias están

_____9 de África del Norte.

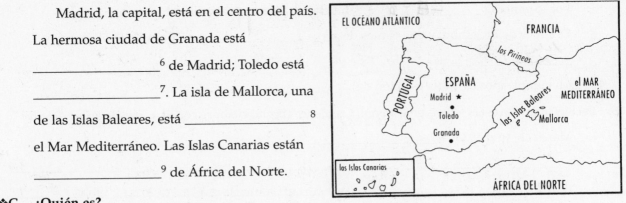

❖**C.   ¿Quién es?**

Paso 1. Draw a seating plan of the people who sit directly around you in class, and write in their names. If no one sits in one of those seats, write **nadie**.

_____

_____ (yo) _____

_____

Paso 2. Ahora, en otro papel, escriba un párrafo para indicar (*indicate*) dónde se sientan sus compañeros de clase con respecto a Ud. Escriba también los nombres de las personas que se sientan más lejos (*farthest*) y más cerca de la puerta.

a mi derecha, a mi izquierda, delante de, detrás de, más lejos (cerca) de

MODELO: George se sienta delante de mí. María se sienta a mi derecha...

Pronunciación: r and rr

¡RECUERDE!
The trilled **r** is spelled _____ at the beginning of a word. It is spelled _____ in the middle of a word (between vowels).

El sonido rr. Underline the examples of the trilled **rr** sound in the following words and phrases.

1. Rosa
2. caro
3. perro

4. Roberto
5. rebelde
6. un horrible error

7. una persona rara
8. Raquel es rubia.

Minidiálogos y gramática

15. ¿Qué están haciendo? Present Progressive: **estar + -ndo**

A. En este momento... ¿Qué están haciendo estas personas en este momento?

1. _____ Enrique Iglesias

2. _____ Antonio Banderas

3. _____ su profesor(a)

4. _____ Jennifer López

5. _____ el presidente

6. _____ Óscar de la Hoya

a. está trabajando en una película
b. está hablando en las Naciones Unidas
c. está cantando canciones románticas
d. está corrigiendo (*correcting*) exámenes
e. está practicando boxeo
f. está haciendo un vídeo

B. La familia de Rigoberto. Describa lo que están haciendo los miembros de la familia de Rigoberto, desde su perspectiva. Use la forma apropiada del gerundio. ¡OJO! Cuidado con los verbos que tienen un cambio en la raíz (*stem*).

1. Mi abuela está _____ (dormir) la siesta ahora.

2. Mi hermana María está _____ (pedir) $8.00 para ir al cine.

3. Mi padre está _____ (servirse) café.

4. Mis hermanos están _____ (jugar) al tenis.

5. Mi madre está _____ (almorzar) con una amiga.

   Está _____ (divertirse).

C. ¿Qué están haciendo Daniel y Carlos? Mire los dibujos del ejercicio C en la página 62 del Capítulo 4 y describa lo que (*what*) están haciendo Daniel y Carlos. Use el progresivo.

   Palabra útil: charlar (*to chat*)

1. Daniel y Carlos _____.

2. Daniel _____ y Carlos _____.

3. Daniel _____ y Carlos _____.

4. Daniel _____.

5. Daniel _____ y Carlos _____.

D. Mis padres (hijos) y yo. Sus padres (hijos) siempre hacen cosas muy diferentes de las que Ud. hace. Cambie los infinitivos para mostrar lo que están haciendo ellos y lo que hace Ud. en este momento.

   MODELO: leer el periódico / estudiar para un examen →
             Mis padres (hijos) están leyendo el periódico, pero yo estoy estudiando para un examen.

1. jugar al golf / correr en un maratón _____

_____

2. mirar la tele / aprender a esquiar _____

_____

3. leer el periódico / escuchar música _____

4. acostarse / vestirme para salir _____

_____

❖E. ¿Y Ud.? ¿Qué está haciendo en este momento? Haga por lo menos cinco oraciones. ¡OJO! «*I am sitting*» se expresa de otra manera en español.

En este momento, estoy sentado/a (*seated*) en _la habitacion de mi residencia, Estoy_ _aqui escribiendo y estudiar el ingles, la matematica, y leer._

_____

_____

_____

_____

16. ¿Ser o estar? Summary of the Uses of ser and estar

¡RECUERDE!

¿Se usa **ser** o **estar**? Escriba el infinitivo apropiado en la columna de la izquierda. Luego complete las oraciones con la forma apropiada de **ser** o **estar** en la columna de la derecha.

1. *to talk about location of a person or thing:* ___estar___

   Mis libros __estan__ al lado de mi silla.

2. *to talk about origin:* __ser__

   Mi abuela __es__ de España.

3. *to express possession with* **de**: __ser__

   ¿De quién __es__ este dinero?

4. *with adjectives, to express the norm or inherent qualities:* __estar__

   Los padres de Elena __~~a~~ son__ altos.

   La nieve __es__ blanca.

5. *with adjectives, to express a change from the norm or to express conditions:* __estar__

   Mi café __es__ frío.

   Tú __eres__ muy guapo esta noche.

   ¿__Seren__ Uds. ocupados?

6. *to identify people or things:* __ser__

   Nosotros __somnes__ estudiantes.

   Miguel __es__ el hijo de Julio.

7. *to express time:* __ser__

   __es__ las dos y media.

A. Minidiálogos. Complete los diálogos con la forma apropiada de **ser** o **estar**.

1. —¿De dónde _____eres_____ tú? —_____Soy_____ de Buenos Aires.

2. —¿De quién _____es_____ estas cosas? —Creo que _____es_____ de Ana.

3. —Estos boletos (*tickets*) _____son_____ para Uds. Vamos a entrar ahora, ¿eh? Las puertas del cine ya _____están_____ abiertas. —Buena idea.

4. —Pablo, ya _____es_____ la una y media. Tenemos que _____estar_____ en el aeropuerto a las dos y _____es_____ difícil encontrar (*to find*) un taxi a estas horas. —De acuerdo. Vamos.

5. —Juan, tu cuarto _____es_____ muy desordenado. —Sí, mamá. (Yo) _____soy_____ de acuerdo, ¡pero la puerta _____está_____ cerrada!

6. —La novia de Tito _____es_____ cariñosa y alegre. ¿Y él? —Él _____es_____ muy formal y serio.

B. Sentimientos. Complete the sentences with the forms of **estar** and the most appropriate adjectives from the list below in order to describe how you might feel in the following situations. Use each adjective only once. ¡OJO! Be careful with adjective agreement.

aburrido/a, cansado/a, contento/a, furioso/a, nervioso/a, preocupado/a, triste

1. Cuando leo un libro que no me gusta, estoy aburrido. _____.

2. Cuando voy al cine con mis amigos, estoy contento _____.

3. Antes de un examen difícil, estoy preocupado. _____.

4. Cuando mi novio/a no llama, estoy triste. _____.

5. Cuando mi hermano/a (compañero/a de cuarto, ...) lleva mi chaqueta de seda favorita, _____

   estoy nervioso. _____.

6. Después de trabajar diez horas, estoy cansado. _____.

7. Cuando no tengo dinero, no estoy furioso. (.) _____.

C. Diálogo. Mari habla con Anita. Complete el diálogo con las formas apropiadas de **ser** o **estar**.

MARI: Hola, Anita. ¿Cómo _____estás_____[1]?

ANITA: Todavía _____es_____[2] un poco enferma de gripe[a].

MARI: Ay, lo siento[b]. ¿Quiénes _____son_____[3] esos chicos que _____están_____[4] con tu hermano?

ANITA: _____Somos_____[5] nuestros primos. _____Soy_____[6] de la Argentina.

MARI: ¿Y esta guitarra? ¿De quién _____es_____[7]?

ANITA: De mi prima Rosario. Ella _____está_____[8] una guitarrista fabulosa. Canta y toca como[c] profesional.

MARI: ¿Cuánto tiempo van a _____es_____[9] aquí?

ANITA: Sólo dos semanas. ¿Por qué no vienes a casa el domingo? Vamos a dar[d] una fiesta.

MARI: Encantada, gracias.

[a]flu [b]lo... *I'm sorry* [c]*like a* [d]*give*

17. Describing • Comparisons

A. Hablando de Roberto, Ceci y Laura. Compare las cualidades indicadas de las personas nombradas.

MODELOS: Roberto / Ceci (delgado) → Roberto es tan delgado como Ceci.

Roberto / Ceci (estudioso) → Roberto es más estudioso que Ceci.

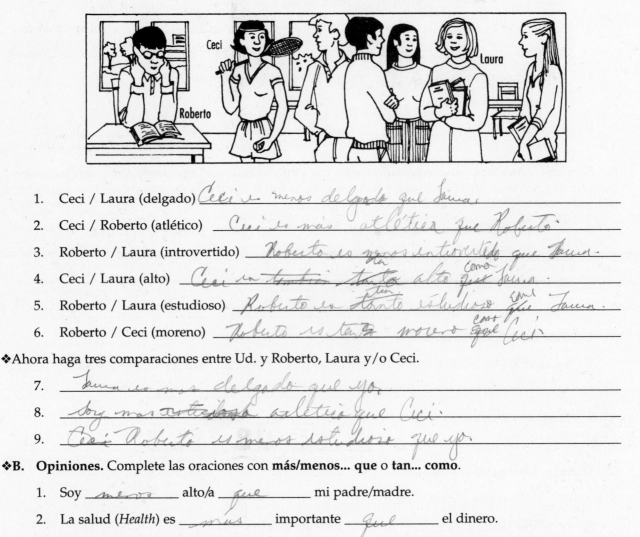

1. Ceci / Laura (delgado) _Ceci es menos delgada que Laura._
2. Ceci / Roberto (atlético) _Ceci es más atlética que Roberto_
3. Roberto / Laura (introvertido) _Roberto es menos introvertido que Laura._
4. Ceci / Laura (alto) _Ceci es tan alta como Laura._
5. Roberto / Laura (estudioso) _Roberto es tan estudioso como Laura._
6. Roberto / Ceci (moreno) _Roberto es tan moreno como Ceci_

❖Ahora haga tres comparaciones entre Ud. y Roberto, Laura y/o Ceci.

7. _Laura es más delgada que yo._
8. _Soy más atlética que Ceci._
9. _Ceci Roberto es menos estudioso que yo._

❖**B. Opiniones.** Complete las oraciones con **más/menos... que** o **tan... como**.

1. Soy __menos__ alto/a __que__ mi padre/madre.
2. La salud (*Health*) es __más__ importante __que__ el dinero.
3. Mi cuarto está __menos__ limpio __que__ el cuarto de mi mejor amigo/a.
4. Los hermanos de Michael Jackson son __tan__ ricos __como__ él.
5. Mi padre es __tan__ serio __como__ mi madre.

C. En el centro. Conteste según el dibujo.

1. ¿Es el cine tan alto como la tienda Casa Montaño? _Sí. El cine es tan alto como la tienda._

2. ¿Cuál es el edificio más pequeño de todos? _El edificio más pequeño es el café._

3. ¿Cuál es el edificio más alto? _El edificio más alto es el hotel._

4. ¿Es el cine tan alto como el café? _No. El cine es más alto que el café._

5. ¿Es el hotel tan grande como el cine? _No. El hotel es más grande que el cine._

Un poco de todo

A. ¡Problemas y más problemas! Form complete sentences, using the words provided in the order given. Make any necessary changes, and add other words when necessary. Replace each ¿ ? with the appropriate form of **ser** or **estar**. Write the progressive form of the underlined verb. Write out all numbers. *Note:* / / indicates a new sentence.

1. Carmen / ¿ ? / ocupado / y / no / poder / ir / cine / este / noche
   Carmen es muy ocupado y no puede ir el cine este noche.

2. ese / camisa / ¿ ? / sucio / / (tú) deber / usar / otro
   Ese camisa es sucio. Tú Debes usar un otro.

3. ese / tiendas / ¿ ? / cerrado / ahora / / no / (nosotros) poder / entrar
   El Es tiendas esta cerrado ahora. No podemos entrar

4. (nosotros) deber / llevar / el paraguas (*umbrella*) / / ¿ ? / <u>empezar</u> / llover

   Debemos llevar el paraguas. Somos empenzaya llover?

5. mi / primos / ¿ ? / de Lima; / ahora / (ellos) <u>visitar</u> / su / tíos / en Texas, / pero / su / madre / ¿ ? / enfermo / y ahora / (ellos) tener / regresar / su / país

   Mi primos es de lima; Ahora ellos ester visitaya su tios en Texas, pero su madre es enfermo y ahora tenemos regrar su pais.

B. El tiempo en algunas ciudades. Scan the weather chart and answer the questions.

CIUDAD	MÍN.	MÁX.	CONDICIONES
Nueva York	22	39	nieve
Los Ángeles	51	68	nublado
Washington	42	55	parte nublado
Bogotá	50	66	lluvia
Buenos Aires	69	86	despejado (sin nubes[a])
Caracas	64	81	lluvia, vientos
México, D.F.	47	83	despejado, alta contaminación

[a]*clouds*

1. ¿Puede uno nadar (*swim*) en Buenos Aires hoy? ¿Por qué sí (no)?

2. Si estamos en Bogotá o en Caracas, ¿qué ropa debemos llevar hoy? ¿Por qué?

3. ¿Dónde está contaminado el aire?

4. En Nueva York, ¿qué ropa tenemos que usar hoy? ¿Por qué?

❖5. ¿Qué tiempo hace hoy en la ciudad donde vive Ud.?

C. Un hermano increíble. Fill in the blanks with the correct form of the infinitive or with the correct words in parentheses to complete the narration. Write out the numbers.

Yo tengo _____¹ años. Mi hermano Miguel tiene sólo _____² pero
          (21)   (19)

_____³ chico es increíble. Estudia menos _____⁴ yo, pero recibe
   (ese/eso)   (que/como)

mejores notas[a] _____⁵ yo. También gana[b] más dinero _____⁶
               (de/que)   (de/que)

yo, aunque[c] yo trabajo _____⁷ _____⁸ él. En realidad[d], gana más
                       (tanto/tan)   (como/que)

_____⁹ _____¹⁰ a la semana, pero nunca tiene dinero
   (de/que)   ($200)

_____¹¹ gasta[e] todo su dinero en ropa. ¡Le gusta _____¹² muy de
(porque / por qué)   (ser/estar)

moda! Por ejemplo, cree que necesita más _____¹³ _____¹⁴
                            (de/que)   ($150)

para comprar zapatos de tenis. Yo creo que es una tontería[f] _____¹⁵ tanto por zapatos.
                                             (paga/pagar)

[a]*grades* [b]*he earns* [c]*although* [d]*En... In fact* [e]*he spends* [f]*foolish thing*

Panorama cultural: Guatemala

Complete las oraciones con la información apropiada.

1. La capital de la República de Guatemala es _____.

2. En Guatemala hablan español y _____ lenguas indígenas.

3. Guatemala tiene más de doce _____ de habitantes.

4. Más del cincuenta por ciento de los habitantes de Guatemala es descendiente de los

   _____.

5. Para documentar su historia y su cultura, los mayas tenían un sistema de

   _____ jeroglífica y el _____ más exacto de su época.

6. En las ruinas de _____ se puede ver la grandeza de la civilización maya.

7. La violencia contra los indígenas de Guatemala ocurre entre los años de _____

   y _____.

8. Rigoberta Menchú pierde a cuatro miembros (*members*) de su _____, todos
   asesinados por el ejército (*army*).

9. En 1992, Menchú recibe el _____ por su trabajo a favor de los derechos
   humanos (*human rights*).

Póngase a prueba

A ver si sabe...

A. Present Progressive: *estar* **+** *-ndo*. Complete la siguiente tabla con la forma correcta del gerundio.

cepillarse		**hablar**	hablando
divertirse		**leer**	
dormir	durmiendo	**poner**	
escribir		**servir**	
estudiar		**tener**	teniendo

B. ¿*Ser* o *estar*? Match the statements in the left-hand column with the appropriate use of **ser** or **estar** in the right-hand column.

1. Estamos muy ocupados. _____
2. Son las nueve. _____
3. Ella está en Costa Rica. _____
4. El reloj es de Carlos. _____
5. Gracias, estoy bien. _____
6. Ella es de Costa Rica. _____
7. Marta es alta y morena. _____
8. Están mirando la tele. _____
9. Es importante salir ahora. _____

a. to tell time
b. with **de** to express origin
c. to tell location of a person or thing
d. to form generalizations
e. with the present participle to form the progressive
f. with adjectives to express a change from the norm or to express conditions
g. with adjectives to express the norm or inherent qualities
h. to speak of one's health
i. with **de** to express possession

C. Comparisons. Subraye (*Underline*) las palabras apropiadas.

1. Paulina es (más / tanta) bonita (que / como) su hermana.
2. Tengo (tan / tantos) problemas (que / como) tú.
3. Este libro es bueno, pero el otro es (más mejor / mejor).
4. Tú cantas (tan / tanto) bien (que / como) Gloria.
5. Mis hermanos tienen (tantos / menos) clases (que / como) yo.

Prueba corta

A. Escriba oraciones con las siguientes palabras en el presente progresivo.

1. (yo) mirar / programa _____
2. Juan / leer / periódico _____
3. Marta / servir / café / ahora _____
4. niños / dormir _____
5. ¿almorzar (tú) / ahora? _____

B. Study the following drawing. Then form complete sentences using the words provided, in the order given, to compare Arturo and Roberto.

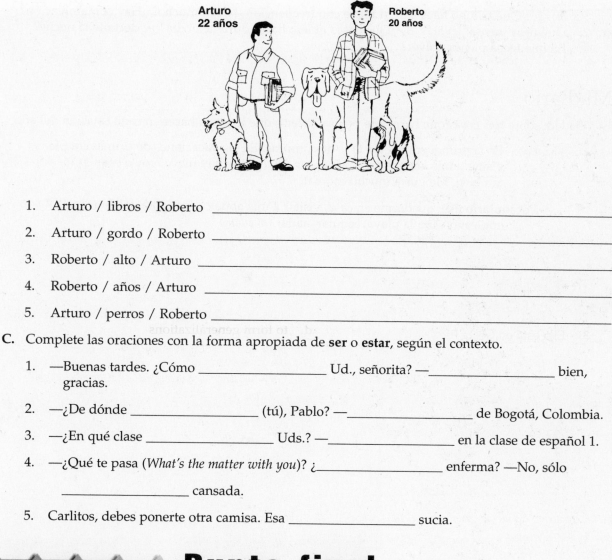

Arturo
22 años

Roberto
20 años

1. Arturo / libros / Roberto _____

2. Arturo / gordo / Roberto _____

3. Roberto / alto / Arturo _____

4. Roberto / años / Arturo _____

5. Arturo / perros / Roberto _____

C. Complete las oraciones con la forma apropiada de **ser** o **estar**, según el contexto.

1. —Buenas tardes. ¿Cómo _____ Ud., señorita? —_____ bien, gracias.

2. —¿De dónde _____ (tú), Pablo? —_____ de Bogotá, Colombia.

3. —¿En qué clase _____ Uds.? —_____ en la clase de español 1.

4. —¿Qué te pasa (*What's the matter with you*)? ¿_____ enferma? —No, sólo

   _____ cansada.

5. Carlitos, debes ponerte otra camisa. Esa _____ sucia.

Punto final

❖ ¡Repasemos!

On a separate sheet of paper, write two short paragraphs that answer the two sets of questions below. Remember that a paragraph is not a list of numbered answers but a connected composition. Use the following connectors to make your composition more interesting and meaningful: **por eso, y, aunque** (*although*), **también, luego,** and **porque**. However, do not use **porque** to begin a sentence; use **como** (*since*). For example, the two sentences **Hace calor** and **Voy a llevar un traje de baño** can be combined in the following ways:

> Como hace calor, voy a llevar un traje de baño.
> Voy a llevar un traje de baño porque hace calor.

Set A: 1. ¿En qué mes piensa ir de vacaciones este año? ¿Qué día va a salir?   2. ¿Adónde va a ir? ¿Con quién(es) va?   3. ¿Cuánto tiempo piensa estar allí?   4. ¿Va a estar en un hotel o en la casa de unos amigos?

Set B: 1. ¿Qué tiempo hace allí? ¿Llueve con frecuencia? ¿Nieva mucho? ¿Hay contaminación? 2. ¿Qué ropa piensa llevar?   3. ¿Qué cosas quiere hacer durante el día? ¿y durante la noche? 4. ¿En qué fecha piensa volver?

❖ Mi diario

Escriba Ud. sobre tres cosas que hace, que piensa hacer o que le gusta hacer en cada estación del año.

> MODELO: En la primavera me gusta ir de compras. En las vacaciones de primavera pienso visitar a mis amigos en Washington. Si todavía hay nieve, voy a esquiar (*to ski*) también. Me gusta mucho esquiar.

> **Vocabulario útil:** quedarme en casa, visitar a mis abuelos (amigos), celebrar mi cumpleaños, ir a la playa, esquiar, nadar (*to swim*)

CAPÍTULO **6**

Vocabulario: Preparación

La comida

A. La comida. Complete las oraciones con las palabras apropiadas de la lista a la derecha.

1. Un buen desayuno típico para mucha gente (*people*) en los Estados Unidos
   es ___el jugo___ de naranja, dos ___huevos___ con jamón,
   ___pan___ tostado y café, ___té___ o
   ___la leche___.

2. Dos mariscos favoritos son los ___langostas___ y la
   ___camarones___.

3. Las especialidades de McDonald's son las hamburguesas y las
   ___patatas fritas___.

4. El ___agua___ mineral es una bebida favorita de la gente que
   (*who*) no quiere engordar (*to gain weight*).

5. De (*For*) postre, ¿prefiere Ud. pastel, flan o ___helado___ de vainilla
   o chocolate?

6. Un vegetariano no come ___la carne___; prefiere las
   ___verduras___ y las frutas.

7. El sándwich de jamón y ___queso___ es popular para el almuerzo.

8. La ensalada se hace (*is made*) con ___lechugas___ y ___tomates___.

9. Una combinación popular son las arvejas y las ___zanahorias___.

10. En la sopa de pollo hay ___arroz___ o fideos (*noodles*).

11. Cuando los niños vuelven de la escuela, tienen hambre y a veces quieren comer
    ___galletas___ con leche.

12. Cuando tengo ___sed___, bebo agua fría.

agua
arroz
camarones
carne
galletas
helado
huevos
jugo
langosta
leche
lechuga
pan
patatas fritas
queso
sed
té
tomate
verduras
zanahorias

❖**B. Preguntas personales.** Conteste estas preguntas sobre sus hábitos y preferencias con respecto a la comida.

1. ¿Dónde y a qué hora almuerza Ud., generalmente?

   ___Almuerzo a la cafetería de mi escuela, o en el ____de mi___
   ___equipo.___

2. Cuando Ud. vuelve a casa después de sus clases o después de trabajar y tiene hambre, ¿qué le apetece (*do you feel like*) comer? ¿frutas? ¿galletas? ¿un sándwich? ¿ ?

Me apetece comer _las manzanas o las naranjas_ .

3. Por lo general, ¿come Ud. más pescado, más pollo o más carne?

Más pollo que los todos.

C. En un restaurante español. Restaurants in Spain are rated from one to five forks, five being the highest. Scan this dinner check, then answer the questions that follow with a few words. *Note: I.V.A.* means *Value-Added Tax*, somewhat like a sales tax in the U.S.

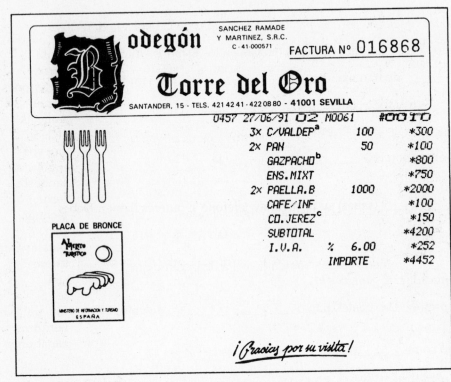

Bodegón
SANCHEZ RAMADE
Y MARTINEZ, S.R.C.
C-41-000571
FACTURA Nº 016868

Torre del Oro
SANTANDER, 15 · TELS. 421 42 41 · 422 08 80 · 41001 SEVILLA

```
0457 27/06/91 02 M0061      #0010
  3x C/VALDEPᵃ        100      *300
  2x PAN               50      *100
     GAZPACHOᵇ                 *800
     ENS.MIXT                  *750
  2x PAELLA.B        1000     *2000
     CAFE/INF                  *100
     CO.JEREZᶜ                 *150
     SUBTOTAL                 *4200
     I.V.A.   %    6.00        *252
        IMPORTE              *4452
```

PLACA DE BRONCE

¡Gracias por su visita!

ᵃcopa de vino blanco   ᵇuna sopa fría de tomates y pepino (*cucumber*)   ᶜglass of sherry

1. ¿A qué restaurante fueron (*went*) estas personas?

A Bodegón torre del Oro.

2. ¿En qué ciudad está? _Es en Sevilla, España_

3. ¿Qué bebieron (*did they drink*) con la comida? _El vino, el jerez, y el café._

4. ¿Cómo se llama la sopa que tomaron (*they had*)? _Se llama el Gazpacho._

5. La paella consiste en arroz, pollo y mariscos. ¿Le gustaría a Ud. probarla? (*Would you like to try it?*)

Sí, Me gusta much claros en pollo.

6. ¿Cuántas pesetas pagaron (*did they pay*) por la comida? (Escriba el número en palabras.)

El Cuatro miles cuatro cientos cincuenta y dos

¿Qué sabe Ud. y a quién conoce? • **Saber** and **conocer**; Personal **a**

❖**A.** **¿Qué sabe Ud. y a quién conoce?** Indique si las siguientes declaraciones son ciertas o falsas para Ud.

		C	F
1.	Yo sé cocinar bien.	☒	☐
2.	Conozco a la familia de mi mejor amigo/a.	☒	☐
3.	Mi profesor(a) sabe tocar la guitarra.	☐	☒
4.	Yo también sé tocar un instrumento musical.	☒	☐
5.	Conozco bien a varios estudiantes en mi clase de español.	☒	☐
6.	Conozco a los dueños (*owners*) de un restaurante.	☐	☒

B. **El restaurante El Clavel.** Complete las oraciones con la forma apropiada de los verbos entre paréntesis.

—¿ _Sabes_ ¹ (*Tú:* Saber) dónde está el restaurante El Clavel?

—¡Cómo no! _conocemos_ ² (*Nosotros:* Conocer) muy bien al dueño.

—Yo _conozco_ ³ (conocer) a su hija Lucía, pero no _sé_ ⁴ (saber) dónde vive.

—Nosotros _sabemos_ ⁵ (saber) su número de teléfono si quieres llamar. Debes

conocer ⁶ (conocer) a toda la familia. Es una familia muy simpática.

C. **¿*Saber* o *conocer*?** Complete las oraciones con la forma apropiada de **saber** o **conocer**, según el sentido (*meaning*).

1. Ellas no _conocen_ a mi primo.

2. Yo no _sé_ a qué hora llegan del teatro.

3. ¿(*Tú*) _sabes_ tocar el piano?

4. Necesitan _saber_ a qué hora vas a venir. _conocemos_

5. (*Nosotros*) _conocemos_ a los padres de Paquita pero yo no _sabemos_ al resto de su familia.

6. Queremos _conocer_ _sé_ al presidente del club.

D. **La *a* personal.** Complete las oraciones con la **a** personal, cuando sea (*whenever it is*) necesario. ¡RECUERDE! **a** + **el** = **al**.

1. No veo _a_ ¹ el dueño y no conozco _a_ ² los camareros (*waiters*). Todos son nuevos.

2. —¿_A_ ³ quién buscan Uds.? —Buscamos _le_ ⁴ la Srta. Estrada. Creo que no está aquí todavía. _a_

3. Mis padres conocen _____ ⁵ este restaurante. Creen que es muy bueno.

1. _Al_
2. _A_
3. _A_
4. _∅ A_
5. _Al_

4. ¿Por qué no llamas _____⁶ el camarero ahora? Quiero ver _____⁷ el menú mientras esperamos _____⁸ María Elena.

6. ___A___
7. _____
8. ___A___

Pronunciación: d

La _d_ fricativa. Underline only the fricative [đ] in the following words and phrases.

1. el día	4. ¿Dónde está el doctor?	7. venden de todo	10. adiós
2. adónde	5. Buenos días.	8. dos radios	11. posibilidad
3. ustedes	6. De nada.	9. universidad	12. Perdón.

Minidiálogos y gramática

18. Expressing *what* or *whom* • Direct Object Pronouns

❖**A. Mis gustos y preferencias.** Indique lo que prefiere en cada grupo. Si Ud. tiene otra preferencia, puede escribirla en el espacio.

1. Las verduras:
   - ☐ No las como nunca.
   - ☒ Las prefiero comer crudas (*raw*).
   - ☐ Las como de vez en cuando (*once in a while*).

   _____

2. La leche:
   - ☒ La bebo todos los días.
   - ☐ La tomo sólo de vez en cuando.
   - ☐ La tomo normalmente sólo en el café.

   _____

3. Los mariscos:
   - ☒ No los preparo nunca.
   - ☐ Los como dos veces por semana.
   - ☐ ¡Los detesto!

   _____

4. El vino:
   - ☐ Casi nunca lo tomo. Prefiero la cerveza.
   - ☒ Me gusta tomarlo sólo en ocasiones especiales.
   - ☐ Me gusta muchísimo. Lo tomo todas las noches.

   Puedo tomarlo sólo con el permiso de mis.
   Lo puedo sólo tom solo .... padres.

B. El cumpleaños de Felipe. César Eco discusses plans for Felipe's birthday, answering everyone's questions but with a great deal of repetition. Rewrite César's answers, using direct object pronouns.

MODELOS: —¿Quién llama a Felipe?
—Yo llamo a Felipe. → Yo lo llamo.

—¿Quién va a llevar las sillas?
—Pepe va a llevar las sillas. (*two ways*) → Pepe va a llevarlas. (Pepe las va a llevar.)

1. —¿Quién prepara el pastel?

—Yo preparo el pastel. _Lo preparo_

2. —¿Quién va a comprar los refrescos?

—Yo voy a comprar los refrescos. (*two ways*) _Voy a los comprar._

, compralos   Los voy a comprar.

3. —¿Quién va a hacer las galletas?

—Dolores va a hacer las galletas. (*two ways*) _Ella va las a hacer._

? hacerlasElla/ras Va a hacer

4. —¿Quién trae los discos?

—Juan trae los discos. _Juan los trae._

5. —¿Quién invita a los primos de Felipe?

—Yo invito a los primos de Felipe. _Los invito a los primos._

C. En casa, con la familia Buendía. Conteste las preguntas según los dibujos. Use los pronombres del complemento directo.

1. ¿A qué hora despierta el despertador (*alarm clock*) a los padres? _El los despierta a las seis y media_

2. ¿Quién levanta al bebé? _El padre lo levanta._

3. ¿Quién lo baña? _La madre lo baña_

4. ¿Quién divierte al bebé con una pelota (*ball*)? _La chica lo divierte con una pelota_

5. ¿Qué hace la mamá con el bebé antes de darle de comer (*feeding him*)? *Una otra chica lo hace.*

6. ¿Quién acuesta al bebé? *El padre lo acuesta.*

D. ¿Qué acaban de hacer estas personas?

MODELO: Pete Sampras → Acaba de jugar al tenis.

1. Christina Aguilera *acaba de cantar.*

2. (en un restaurante) nosotros *acabamos de comer.*

3. (al final de la comida) el camarero *acaba de ver su dinero.*

4. el profesor que sale de clase *acaba de app enseñar*

❖5. yo, ¿? *acabo de escribir algo*

19. Expressing Negation • Indefinite and Negative Words

❖**A. Algo sobre comidas.** Indique si las siguientes declaraciones son ciertas o falsas para Ud.

		C	F
1.	No quiero comer nada esta noche. No tengo hambre.	☒	☐
2.	Nadie tiene ganas de cocinar esta noche.	☐	☒
3.	No hay ninguna comida sabrosa (*tasty*) en el refrigerador.	☒	☐
4.	Y no hay nada para tomar tampoco.	☒	☐
5.	No hay ningún restaurante chino cerca de mi casa.	☐	☒
6.	Me gustan algunos platos vegetarianos.	☒	☐
7.	Ninguno de mis amigos sabe cocinar. ¡Ni yo tampoco!	☐	☒

B. Federico, el pesimista. Su amigo Federico es muy pesimista y siempre contesta en forma negativa. Conteste las preguntas como si fuera (*as if you were*) él. Use la forma negativa de las palabras indicadas.

Palabras útiles: contigo (*with you*), conmigo (*with me*)

MODELO: ¿Sirven *algo* bueno en ese restaurante? → No, no sirven nada bueno.

1. ¿Vas a hacer *algo* interesante este fin de semana?

No, *voy a hacer nada interesante.*

2. *¿Siempre* sales con *alguien* los sábados?

No, *nunca salgo con nadie los sábados.*

3. ¿Tienes *algunos* nuevos amigos en la universidad? (¡OJO! Recuerde usar el singular.)

No, *no tengo ningún amigo.*

4. ¿*Algunas* de esas chicas son tus amigas? (¡OJO!)

No, *nadie de esas chicas no son mis amigas*

5. ¿*Alguien* cena contigo *a veces*?

No, ~~nadie~~ ~~negín~~ cena conmigo jamás .

C. Evita, la optimista. Federico es una persona negativa pero su novia Evita es muy positiva. Escriba las reacciones positivas de Evita a los comentarios de Federico.

1. —No quiero comer nada. La comida aquí es mala.

—Pues, yo sí _____.

2. —Nadie viene a atendernos (*wait on us*).

—Pero aquí viene _____.

3. —Nunca cenamos en un restaurante bueno.

—Yo creo que _____.

4. —No hay ningún plato sabroso.

—Aquí hay _____.

D. Answer the questions, using **Yo tampoco** or **Yo también,** as appropriate.

1. Yo no tengo hambre. ¿Y tú?   (No,) _____

2. Yo no tengo dinero. ¿Y tú?   (No,) _____

3. Yo ceno a las seis. ¿Y tú?   (Sí,) _____

4. Voy a tomar café. ¿Y tú?   (Sí,) _____

❖**E. ¡Diga la verdad!** Escriba cuatro oraciones sobre cosas que Ud. nunca hace los sábados. Use **nunca** o **jamás.** Use expresiones de la lista o cualquier otra (*any other*).

afeitarse, despertarse temprano, estudiar, ir al cine, lavar (*to wash*) la ropa, mirar la televisión todo el día, quedarse en casa, salir a bailar, ver vídeos en casa

_____

_____

_____

_____

20. Influencing Others • Formal Commands

A. Durante las vacaciones. The flyer on page 90, distributed by the Spanish government, gives advice about how to prepare your house before going away on vacation. Scan it; then do the activities that follow.

Paso 1. Copy the command forms for the following infinitives from the flyer.

Título: acostumbrar _____

1. comprobar _____

2. encargar _____

3. no hacerlo _____

   dejarlas _____

4. no comentar _____

   dejar _____

5. no dejarlos _____

Paso 2. Express the basic idea of the following recommendations from the flyer by completing these sentences in English.

1. Make sure that _____
   _____.

2. Ask a neighbor to pick up _____
   _____.

3. Leave an extra set of keys with
   _____.

4. Don't leave notes indicating ___
   _____.

5. Don't leave objects of value or money
   _____.

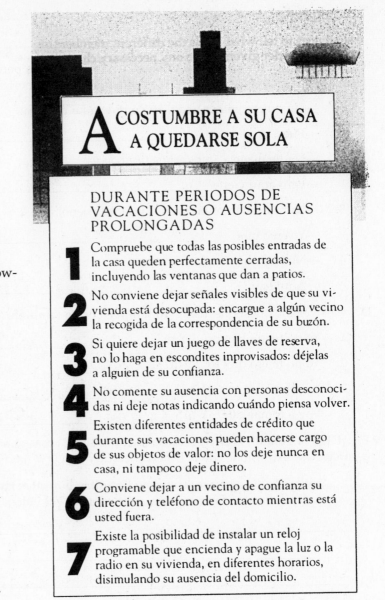

ACOSTUMBRE A SU CASA A QUEDARSE SOLA

DURANTE PERIODOS DE VACACIONES O AUSENCIAS PROLONGADAS

1 Compruebe que todas las posibles entradas de la casa queden perfectamente cerradas, incluyendo las ventanas que dan a patios.

2 No conviene dejar señales visibles de que su vivienda está desocupada: encargue a algún vecino la recogida de la correspondencia de su buzón.

3 Si quiere dejar un juego de llaves de reserva, no lo haga en escondites inprovisados: déjelas a alguien de su confianza.

4 No comente su ausencia con personas desconocidas ni deje notas indicando cuándo piensa volver.

5 Existen diferentes entidades de crédito que durante sus vacaciones pueden hacerse cargo de sus objetos de valor: no los deje nunca en casa, ni tampoco deje dinero.

6 Conviene dejar a un vecino de confianza su dirección y teléfono de contacto mientras está usted fuera.

7 Existe la posibilidad de instalar un reloj programable que encienda y apague la luz o la radio en su vivienda, en diferentes horarios, disimulando su ausencia del domicilio.

B. Consejos. Sus amigos tienen los siguientes problemas. Déles (*Give them*) consejos apropiados con un mandato formal.

MODELO: Estamos cansados. → Entonces, descansen.

1. Tenemos hambre. _____

2. Tenemos sed. _____

3. Mañana hay un examen. _____

4. Las ventanas están abiertas y tenemos frío. _____

5. Siempre llegamos tarde. _____

6. Somos impacientes. _____

C. ¡Qué amigos tan buenos! Your friends Emilio and Mercedes are helping you at dinner time. Answer their questions with affirmative or negative commands, as indicated. Change object nouns to pronouns.

MODELO: ¿Lavamos (*Shall we wash*) los platos ahora? → Sí, lávenlos ahora.
No, no los laven todavía.

1. —¿Empezamos la comida ahora? —Sí, _____.

2. —¿Servimos la cena ahora? —No, _____.

3. —¿Llamamos a tu papá ahora? —Sí, _____.

4. —¿Hacemos el café ahora? —No, _____.

5. —¿Traemos las sillas ahora? —Sí, _____.

6. —¿Ponemos la tele ahora? —No, _____.

Un poco de todo

A. Por teléfono. Fill in the blanks with the correct word(s) in parentheses to complete the dialogue between Ana and Pablo.

ANA: Oye, Pablo, ¿no _____[1] (conoces/sabes) tú _____[2] (a/al/el) profesor Vargas?

PABLO: No, no _____[3] (él/lo) _____[4] (sé/conozco). ¿Por qué?

ANA: Es profesor de historia. El viernes va a dar una conferencia[a] sobre la mujer en la Revolución mexicana. ¿No quieres ir? Yo _____[5] (sé/conozco) que va a ser muy interesante.

PABLO: ¡Qué lástima[b]! Casi _____[6] (siempre/nunca) tengo tiempo libre[c] los viernes, pero este viernes tengo varios compromisos[d].

ANA: Pues, yo no tengo mucho tiempo libre _____[7] (también/tampoco), pero voy a asistir. _____[8] (Al/El) Sr. Vargas siempre usa diapositivas[e] fascinantes y tengo ganas de verlas.

[a]dar... *give a lecture*   [b]¡Qué... *What a shame!*   [c]*free*   [d]*engagements*   [e]*slides*

B. Preparativos para una barbacoa. Imagínese que Ud. vive en un nuevo apartamento, donde va a preparar una barbacoa. Conteste las siguientes preguntas sobre la barbacoa con pronombres de complemento directo.

MODELO: ¿A qué hora *me* llamas? → Te llamo a las ocho.

1. ¿Cuándo vas a preparar *la barbacoa*?

_____

2. ¿Piensas invitar *a Juan y a su novia*?

_____

3. ¿Puedo llamar *a dos amigas más*?

   _____

4. ¿*Te* puedo ayudar el sábado?

   _____

5. ¿Necesitas *las sillas de mi apartamento*?

   _____

Panorama cultural: Panamá

Conteste las preguntas con la información apropiada.

1. ¿Qué otra moneda usan en Panamá, además del (*besides the*) balboa? _____

2. ¿Qué significa la palabra Panamá? _____

3. ¿Qué carretera importante va de Alaska a Panamá? _____

4. ¿Cómo se llama la primera presidenta de Panamá? _____. ¿En qué año ganó
   (*did she win*) las elecciones? _____

5. En 1534, ¿quién propone construir un canal a través del (*through the*) istmo de Panamá?

   _____

6. ¿Durante cuántos años administran los Estados Unidos el Canal de Panamá?

   _____

7. Antes de la existencia del Canal de Panamá, ¿cómo pasaban (*used to pass*) los barcos del
   Océano Pacífico al Atlántico? _____

8. Desde el primero de enero del año 2000, ¿quién administra el Canal de Panamá?

   _____

Póngase a prueba

A ver si sabe...

A. Direct Object Pronouns

1. Complete la tabla con la forma apropiada de los pronombres del complemento directo.

me	**me**	us	
you (*fam. sing.*)		you (*fam. pl.*)	**os**
you, him, it (*m.*)		you, them (*m.*)	**los**
you, her, it (*f.*)		you, them (*f.*)	

2. Rewrite using a direct object pronoun for the underlined direct object noun.

   a. Yo traigo el postre. _____

   b. ¡Traiga el postre! _____

   c. ¡No traiga el postre! _____

   d. Estamos esperando al camarero. (*two ways*) _____

   _____

   e. Voy a llamar al camarero. (*two ways*) _____

   _____

B. Negative Words. Write the negative form of the following words or phrases.

   1. alguien _____   4. algo _____

   2. también _____   5. algunos detalles (¡OJO!) _____

   3. siempre _____

C. Formal Commands. Complete la tabla con la forma apropiada de los mandatos formales.

pensar		Ud.	ser	**sea**	Ud.
volver		Ud.	buscar		Ud.
dar		Ud.	estar		Ud.
servir	**sirva**	Ud.	saber		Ud.
ir		Ud.	decir		Ud.

Prueba corta

A. Escriba la forma apropiada de **saber** o **conocer**.

—Yo no _____[1] a la novia de Juan. ¿La _____[2] tú?

—No muy bien, pero (yo) _____[3] que ella se llama María Elena y que

_____[4] tocar bien la guitarra.

B. Vuelva a escribir las oraciones en la forma afirmativa.

   1. No quiero comer nada. _____

   2. No busco a nadie. _____

3. No hay nada para beber. _____

4. —No conozco a ninguno de sus amigos. —Yo tampoco. _____

_____

C. Conteste las preguntas usando pronombres de complemento directo.

1. ¿Vas a pedir la ensalada de fruta? _____

2. ¿Quieres zanahorias con la comida? _____

3. ¿Tomas café por la noche? _____

4. ¿Quién prepara la cena en tu casa? _____

D. Escriba la forma apropiada del mandato formal (**Uds.**) del verbo indicado.

1. _____ (*Uds.*: Comprar) tomates y lechuga.

2. No _____ (*Uds.*: hacer) ensalada hoy.

3. _____ (*Uds.*: Traer) dos sillas, por favor.

4. No _____ (*Uds.*: tomar) café por la noche.

5. Juan no está aquí todavía. _____ (*Uds.*: Llamarlo) ahora.

6. ¿El vino? No _____ (*Uds.*: servirlo) ahora.

Punto final

❖ ¡Repasemos!

Una cena en El Toledano. En otro papel, conteste las preguntas según los dibujos e invente los detalles necesarios. Luego, organice y combine sus respuestas en dos párrafos. ¡RECUERDE! Use palabras conectivas: **por eso**, **Como...** (*Since . . .*), **porque**, **aunque** (*although*), **luego**, etcétera.

1.

2.

3.

A. 1. ¿Por qué llaman José y Miguel a Tomás?   2. ¿Por qué cree Ud. que deciden llevarlo a El Toledano?   3. ¿Conoce este lugar Tomás? ¿Le gusta la idea de salir con sus amigos?   4. ¿A qué hora de la noche pasan por él[a]?

B. 1. Después de llegar al restaurante, ¿en qué sitio encuentran[b] una mesa desocupada[c]: cerca o lejos del escenario[d]?   2. ¿Por qué hay tanta gente en el restaurante?   3. ¿Qué platos pide cada joven?   4. ¿Qué escuchan durante la cena?   5. ¿Qué hacen después de comer?   6. ¿Salen del restaurante contentos y satisfechos[e] o disgustados?

[a]pasan... *do they pick him up*   [b]*do they find*   [c]*empty*   [d]*stage*   [e]*satisfied*

❖ Mi diario

Ahora escriba en su diario lo que a Ud. le gusta mucho comer y la(s) comida(s) que no le gusta(n) nada. Si puede, mencione los ingredientes.

> **Palabras útiles:** el cocido (*stew*), los espaguetis, las remolachas (*beets*), el rosbif; caliente (*hot*), picante (*hot, spicy*); me encanta(n) (*I love*),* me gusta(n),* odiar (*to hate*); al horno (*baked, roasted*); bastante cocido (*medium*), bien cocido (*well done*), crudo (*raw*)

---

*If something you like is a plural noun, use the plural form of **gustar** or **encantar: Me gustan las zanahorias. Me encantan las arvejas.**

CAPÍTULO **7**

Vocabulario: Preparación

¡Buen viaje!

❖**A.   Ud. y los viajes.** Lea las siguientes declaraciones y decida cuáles se refieren a Ud.

		C	F
1.	Tengo mucho miedo de viajar en avión.	☐	☒
2.	Siempre reservo los asientos con anticipación (*in advance*).	☒	☐
3.	Cuando voy de viaje, hago las maletas a última hora (*at the last minute*).	☒	☐
4.	Siempre llevo tantas maletas que tengo que pedirle ayuda a un maletero.	☐	☒
5.	Pido un asiento en el pasillo (*aisle*) de un avión o tren porque me gusta levantarme con frecuencia.	☒	☐
6.	Si hay una demora en la salida del avión (o del tren) no me importa. Me siento en la sala de espera y leo un libro o voy al bar.	☒	☐

B.   De vacaciones. Complete las oraciones con la forma apropiada de las palabras de la lista a la derecha. Use cada expresión sólo una vez (*once*).

asiento
asistente
bajar
boleto
cola
demora
equipaje
escala
fumar
guardar
ida y vuelta
pasajeros
salida
subir
vuelo

1.   Cuando voy de vacaciones prefiero comprar mi ___boleto___ antes de ir al aeropuerto.

2.   Los boletos de ___ida y vuelta___ son más baratos que los de ida solamente[a].

3.   Pido un ___asiento___ en la sección de no ___fumar___ porque tengo alergia al humo[b] de los cigarrillos.

4.   Quiero ___bajar___ del avión si hace ___escala___ en Londres[c].

5.   Después de llegar al aeropuerto, un maletero me ayuda a facturar el ___equipaje___.

6.   En la sala de espera hay muchos ___pasajeros___ que esperan su vuelo.

7.   Un pasajero me ___guarda___ un asiento mientras[d] voy a comprar un libro.

8.   Anuncian que el ___vuelo___ #68 está atrasado; hay una ___demora___ de media hora.

9.   Cuando por fin anuncian la ___salida___ del vuelo, los pasajeros hacemos ___cola___ para ___subir___ al avión.

[a]only   [b]smoke   [c]London   [d]while

10. Media hora después que el avión despega[e], los ___persistente___ de vuelo sirven el desayuno. ¡Y qué hambre tengo!

[e]*takes off*

C. Escenas. Describa los dibujos con los verbos indicados. Use el presente del progresivo cuando sea (*whenever it is*) posible.

1.

dormir, fumar, leer

2.

facturar, hacer cola, hacer una parada

3.

correr, estar atrasado, llover, subir

4.

mirar, servir algo de beber

1. ___Cuando dos pasajeros fuman, un otro lee es "El Espejo" un chico está durmiendo.___

2. ___Los pasajeros ~~estan~~ estamos facturando chequipaje cuando hacen ~~una parada~~ cola (el vuelo hace una parada).___

3. ___Los pasajeros están subiendo, y está lloviendo, pero uno otro debe correr si no quiere estar atrasado.___

4. ___La asistente de vuelo está sirviendo algo de beber cuando los pasajeros miran una filma.___

Other Uses of **se**

¿Cuánto sabe Ud. de estas cosas? Seleccione la respuesta más apropiada.

1. Se habla portugués en...
   a. el Paraguay.
   b. Bolivia.
   c. el Brasil.
2. Se factura el equipaje en...
   a. el avión.
   b. el mostrador (*counter*).
   c. la sala de espera.
3. Se visitan las ruinas de Machu Picchu en...
   a. Bolivia.
   b. México.
   c. el Perú.
4. Se ven ruinas mayas en Chichen Itzá, ...
   a. Colombia.
   b. México.
   c. el Perú.
5. Se venden bebidas alcohólicas en...
   a. Francia.
   b. Irán.
   c. la Arabia Saudita.

Pronunciación: g, gu, and j

¿G o j? For the following Spanish words, indicate which are pronounced as [x] (similar to English *h*) or as [g] (similar to English *g* in *gate*). Some words have both sounds.

		[x]	[g]				[x]	[g]
1.	girafa	☐	☒		5.	guapo	☐	☒
2.	jugo	☒	☐		6.	gigante	☐	☒
3.	geranio	☒	☒		7.	gato	☐	☒
4.	general	☒	☐		8.	juguete	☒	☐

Minidiálogos y gramática

21. Expressing *to whom* or *for whom* • Indirect Object Pronouns; **dar** and **decir**

A. Formas verbales. Complete las oraciones con la forma apropiada de los verbos entre paréntesis.

(dar)   Hoy es el cumpleaños de Ana y todos lo celebramos con una fiesta. ¿Qué regalos le

___damos___[1] nosotros? Carmela le ___da___[2] una blusa, los padres de

Ana le ___dan___[3] un impermeable, tú le ___das___[4] un suéter y yo le

___doy___[5] un libro.

(decir)   ¡No estamos de acuerdo! Yo ___digo___[6] que quiero salir, Jorge _____*dice*_____[7] que tiene que estudiar, Anita y Memo _____*dicen*_____[8] que no

tienen suficiente dinero, y tú _____*dices*_____[9] que estás cansado. ¿Qué les (nosotros)

_____*dicimos*_____[10] a los otros?

❖B.   **Ud. y sus amigos.** Indique las cosas que Ud. hace y las cosas que hacen sus amigos. Después, Ud.
va a decidir quién es más atento (*considerate*).

YO...

☐ siempre les regalo algo para su
cumpleaños.

☒ les presto dinero.

☒ les ofrezco buenos consejos.

☒ les mando tarjetas postales cuando voy
de vacaciones.

☐ les traigo flores en las ocasiones especiales.

☒ les hago favores.

☒ siempre les digo la verdad.

MIS AMIGOS...

☐ siempre me regalan algo para mi
cumpleaños.

☒ me prestan dinero.

☒ me ofrecen buenos consejos.

☐ me mandan tarjetas postales cuando van de
vacaciones.

☒ me traen flores en las ocasiones especiales.

☒ me hacen favores.

☐ siempre me dicen la verdad.

Y ahora, ¿qué opina Ud.?

☒ Yo soy más atento/a que mis amigos.

☐ Mis amigos son más atentos que yo.

☐ Yo soy tan atento/a como ellos.

C.   **¿No recuerdas?** Remind a friend of the things you do for him or her.

MODELO: (prestar dinero) → Te presto dinero.

1.   (comprar regalos) ___*Te compré regalos.*___

2.   (mandar tarjetas postales) ___*Te mandé tarjetas postales.*___

3.   (invitar a almorzar) ___*Te invité a almorzar.*___

4.   (explicar la tarea [*homework*]) ___*Te expliqué la tarea.*___

❖Now remind two other friends what you do for *them*. Use the following expressions or those above.

mandar flores, ofrecer consejos, prestar dinero

5.   ___*Os mandé flores.* (les)___

6.   ___*Os ofrecí consejos.* (les)___

7.   ___*Os presté dinero.* (les)___

D.   **Necesito consejos.** Using the cues provided, ask a friend what you should do based on the following situations.

MODELO: Mañana mi novio/a y yo vamos a un baile. (¿comprar / flores?) → ¿Le compro flores?

1.   Mi hermano necesita $25 para ir a un concierto. (¿prestar / dinero?)

___*¿Le prestaste dinero?*___
presto

2. Mi novio/a quiere saber dónde estaba (*I was*) el sábado. (¿decir / verdad [*truth*]?)

   ¿Le dijo verdad?

3. Esta semana es el cumpleaños de Julia y Teresa. (¿dar / fiesta?)

   ¿Los di una fiesta?

4. Tengo problemas en esta clase. (¿pedir ayuda / profesor?)

   ¿Prediste ayuda al profesor?

5. Julio y Tomás quieren otra cerveza. (¿dar / más?)

   ¿Los Di más?

❖E. **Mi lista de regalos**

Paso 1. Make a list of at least six people to whom you need to give or want to give presents this year.

    Palabras útiles: mi (pariente), mi amigo/a, mi profesor favorito / profesora favorita, mi novio/a, mi compañero/a de cuarto, mi perro, mi gato.

mi padre	*mis compañeros de cuarto*
mi madre	*mi gato*
mis hermanos	*mi profesora favorita*

Paso 2. Now write what you are going to give to each of the preceding people.

    MODELO: A mi _____ le voy a regalar...

    Palabras útiles: un anillo (*ring*), dulces, flores, un hueso (*bone*), ¡nada!, un televisor nuevo, un viaje a _____

1. *A mi padre, le voy a regalar un televisor nuevo.*
2. *A mi madre, le voy a regalar un anillo.*
3. *A mis hermanos, les doy algo de especial.*
4. *A mis compañeros de cuarto, le voy a regalar los dulces.*
5. *A mi gato, le doy un hueso.*
6. *A mi profesora favorita, le voy dar las flores.*

22. Expressing Likes and Dislikes • gustar

A. ¿Qué nos gusta de los aviones? Complete las oraciones con la forma correcta de **gustar** y la forma apropiada del complemento indirecto.

    MODELO: A mí **me gusta** llegar temprano al aeropuerto.

1. ¿A ti ___*te*___ ___*gusta*___ sentarte en el pasillo (*aisle*)?

2. A muchas personas no ___*les*___ ~~*gustan gust*~~ hacer paradas.

3. A mí tambien ___*me*___ ___*gustan*___ los vuelos directos.

4. A nosotros no __nos__ __gusta__ la comida que sirven en la clase turística, pero a

   Jorge __le__ __gustan__ todo.

5. ¿Y qué línea aérea __les__ __gustan__ a Uds.?

B. Los gustos de la familia de Ernesto

Paso 1. Form complete sentences to tell what type of vacation activities or places the different members of Ernesto's family like, using the words provided in the order given. Make any necessary changes, and add other words when necessary. ¡RECUERDE! Use **a** in front of the indirect object noun or pronoun.

MODELO: su / padre / gustar / playa → A su padre le gusta la playa.

1. su / padre / gustar / vacaciones / montañas

   A su padre le gusta las v. en las montañas.

2. su / madre / encantar / cruceros (cruises)

   A su madre la ~~gusta~~ encanta los cruceros.

3. su / hermanos / gustar / deportes acuáticos

   A su hermanos los gusta los deportes acuáticos.

4. nadie / gustar / viajar en autobús

   A ~~Nadi~~ nadie los gusta viajar en autobus.

5. Ernesto / gustar / sacar fotos

   A Ernesto le gusta sacar fotos

❖**Paso 2.** Now write a statement to tell what kind of vacation the different members of *your* family like. After each statement, write your reaction to their preferences using one of the following:
a mí también; pero a mí, no.

MODELO: A mi padre le gusta la playa. A mí también. (Pero a mí, no.)

A mi padre le gusta toyar en las montañas, a mi también. A mi madre la encanta los cruceros, pero a mí, no. A mi hermano, le gustan los deportes acuáticos, y a mí también. A Ernesto, le gusta sacar fotos, a mi también.

23. Talking About the Past (1) • Preterite of Regular Verbs and of **dar, hacer, ir,** and **ser**

❖**A. La semana pasada.** ¿Qué hicieron Ud. y sus amigos la semana pasada para divertirse? Indique las acciones apropiadas.

☐ Asistimos a un concierto.

☐ Salimos a comer.

☒ Fuimos al cine y vimos una película buena/mala.

☒ Dimos un paseo (*We took a stroll*) por el centro comercial.

- [ ] Nos encontramos con otros amigos en el centro.

- [ ] Empezamos un programa de ejercicios aeróbicos.

- [ ] Jugamos al basquetbol/tenis/béisbol.

- [ ] Hicimos planes para dar una fiesta.

❖**B. Preguntas.** Ahora haga cuatro preguntas sobre lo que hicieron dos de sus amigos la semana pasada. Puede usar los mismos verbos del Ejercicio A. Use **Uds.**

MODELO: ¿Asistieron Uds. a un concierto?

1. ¿ _Encontraron_ Uds. _con otros amigos en el centro?_

2. ¿ _Empezaron_ Uds. _un programa de ejercicios aeróbicos?_

3. ¿ _Jugaron_ Uds. _al basquetbol?_

4. ¿ _Hicieron_ Uds. _planes para dar una fiesta?_

C. El pretérito. Escriba la forma apropiada del pretérito de los verbos.

INFINITIVO	YO	TÚ	UD.	NOSOTROS	UDS.
hablar	hablé	hablaste	habló	hablamos	hablaron
volver	volví	volviste	volvió	volvimos	volvieron
vivir	viví	viviste	vivió	vivimos	vivieron
dar	di	diste	dio	dimos	dieron
hacer	hice	haciste	hizo	hacimos	hicieron
ser/ir	fui	fuiste	fuie	fuimos	fueron
jugar	jugué	jugaste	jugó	jugamos	jugaron
sacar	saqué	sacaste	sacó	sacamos	sacaron
empezar	empecé	empezaste	empezó	empezamos	empezaron

D. ¿Qué hicieron estas personas? Complete las oraciones con la forma apropiada de los infinitivos. ¡OJO! Recuerde los cambios ortográficos como almor**c**é, empe**c**é, hi**z**o, etcétera.

1. yo: Hoy ___volví___[1] (volver) de la universidad a la una de la tarde.

   ___me hice___[2] (Hacerme) un sándwich y lo ___comí___[3] (comer) sentado[a]

   delante del televisor. ___recogí___[4] (Recoger[b]) la ropa sucia y la

   ___metí___[5] (meter[c]) en la lavadora[d]. Antes de salir para el trabajo, le

   ___di___[6] (dar) de comer[e] al perro.

2. tú: ¿Por qué no ___asististe___[1] (asistir) a tu clase de música esta mañana?

   ¿ ___Te acostate___[2] (Acostarte) tarde? ¿Ya ___empezaste___[3] (empezar) a estudiar

   [a]seated   [b]To pick up   [c]to put   [d]washing machine   [e]le... I fed

para el examen? ¿Adónde _____fuiste_____[4] (ir) anoche? ¿_____Saliste_____[5] (Salir) con alguien interesante? ¿A qué hora _____volviste_____[6] (volver) a casa?

3. Eva: El año pasado Eva _____se casó_____[1] (casarse[f]) y _____fue_____[2] (ir) a vivir a Escocia[g] con su esposo. Después de varios meses _____se matriculó_____[3] (matricularse) en la Universidad de Edimburgo y _____empezó_____[4] (empezar) a estudiar para enfermera[h]. Este verano _____regresó_____[5] (regresar) para visitar a sus abuelos en Vermont por una semana y luego _____viajó_____[6] (viajar) a California, donde _____veió_____[7] (ver) a muchos amigos y lo _____pasó_____[8] (pasar) muy bien[i].

4. Mi amiga y yo: El verano pasado, mi amiga Sara y yo _____pasamos_____[1] (pasar) dos meses en Europa. _____Vivimos_____[2] (Vivir) con una familia francesa en Aix-en-Provence donde _____asistimos_____[3] (asistir) a clases en la universidad. También _____hacimos_____[4] (hacer) viajes cortos. _____Visitimos_____[5] (Visitar) la costa del sur de Francia, _____caminamos_____[6] (caminar[j]) por las playas de Niza, _____comimos_____[7] (comer) muchos mariscos y _____vemos_____[8] (ver) a muchas personas famosas allí.

5. Dos científicos[k]: Mi papá y otro profesor de astronomía _____fueron_____[1] (ir) a Chile en enero de 1986 para observar el cometa Halley. _____Salieron_____[2] (Salir) de Los Ángeles en avión y _____llegaron_____[3] (llegar) a Santiago doce horas después. De allí _____viajaron_____[4] (viajar) a un observatorio en los Andes donde _____vieron_____[5] (ver) el cometa todas las noches y _____tomaron_____[6] (tomar) muchas fotos. La comida y el vino chilenos les _____gustan_____[7] (gustar) mucho y _____volvieron_____[8] (volver) de su viaje muy contentos.

[f]to get married [g]Scotland [h]para... to be a nurse [i]lo... she had a very good time [j]to walk [k]scientists

❖E. Un viaje que hice yo

Paso 1. Piense en un viaje que hizo en el pasado. Ahora subraye (underline) las actividades que mejor describan sus experiencias en ese viaje.

1. Viajé en... avión / barco / tren / auto / motocicleta / ¿ ?
2. Fui a... la playa / las montañas / otra ciudad / ¿ ?
3. Hice el viaje... con familia / con amigos / solo/a / ¿ ?
4. Fui para... visitar amigos / ver familia / pasar las vacaciones / ¿ ?
5. Llevé... una maleta / dos maletas / mi mochila / ¿ ?
6. Saqué muchas fotos. / Hice vídeos. / No llevé ninguna cámara.
7. Comí... en restaurantes buenos / en casa de amigos o familia / comida rápida / ¿ ?
8. Conocí a varias personas. / No conocí a nadie. / ¿ ?

Paso 2. Ahora combine lógicamente las oraciones que subrayó para describir su viaje. Use otros detalles para hacer más interesante su descripción.

Expresión útil: hacer reservas (*reservations*)

MODELO: El verano pasado fui a Miami con dos amigos para pasar las vacaciones, nadar y descansar.

El ~~adereceia postal~~ fui a ~~Miami~~ Minnesota. Quería
visitar a mi hermana, quien trabajaba, y hacía el camping con los
niños pequeños. Nosotros los dos fuimos a Duluth hacer el pescado.

_____

_____

_____

Un poco de todo

A. Cosas que pasaron el semestre pasado. Use the expressions below to tell what you did for someone else, or what someone else did for you this past semester. Use the preterite and the appropriate indirect object pronouns. Use affirmative or negative sentences, following the model.

MODELO: escribir una carta → Les escribí una carta a mis abuelos.
   (No le escribí a nadie.)
   (Nadie me escribió a mí.)

1. mandar tarjetas postales _Les mandé tarjetas postales, (a mis padres)_
2. regalar flores _No le regalé flores,_
3. recomendar un restaurante _Algo les recomendé un restaurante_
4. ofrecer ayuda _Le ofrecé ayuda._
5. prestar una maleta _Le prestaron maleta._
6. hacer un pastel _Les hice un pastel._

B. Situaciones. Cambie los verbos al pretérito.

1. *Salgo* temprano para la escuela y *me quedo* allí
   Salí   _me quedé_

   toda la mañana. *Almuerzo* al mediodía[a] y a las dos *voy*
   almorcé   _fui_

   al trabajo. *Vuelvo* a casa a las ocho. *Ceno* y luego
   volví   _cené_

   miro una película. A las once *subo* a mi alcoba,
   miré   _subé_

   me quejo de[b] la tarea, pero la *hago*. Por fin
   me quejé   _hice_

   duermo unas cinco o seis horas.
   dormí

[a]*noon*   [b]*quejarse de* = *to complain about*

2. Luisa y Jorge *son* novios. Se *hacen* muchas promesas^c y él le *da* un anillo^d. Un día Jorge *va* a Nueva York donde *se hace*^e actor. Se *escriben* muchas cartas pero nunca *vuelven* a verse^f más.

<u>~~est~~ ~~es~~ fueron</u> <u>hacían</u>
<u>dio</u>
<u>fue</u> <u>se hizo</u>
<u>escribieron</u> <u>volvieron</u>

3. La vida simple de Simón: *Busco* trabajo el lunes, me lo *dan* el martes, lo *pierdo* el miércoles, me *pagan* el jueves, *gasto*^g el dinero el viernes, el sábado no *hago* nada y el domingo *descanso*.

<u>busqué</u>
<u>dieron</u> <u>perdí</u>
<u>pagaron</u> <u>gasté</u>
<u>hice</u> <u>descansé</u>

4. *Pasamos* los días muy contentos. *Comemos* bien, *vemos* a nuestros amigos y *jugamos* al tenis.

<u>pasamos</u> <u>comimos</u>
<u>vimos</u> <u>jugamos</u>

^cpromises ^dring ^ese... he becomes ^fsee each other ^ggastar = to spend

❖C. **Preguntas personales.** Conteste con oraciones completas.

1. ¿Le gustaría viajar en crucero (*cruise ship*)? ¿Adónde?

Sí, me gustaría viajar en crucero a Martinica.

2. ¿Viajó Ud. en tren o en autobús a otro estado o a otro país el año pasado?

Sí, viajé en ~~tren~~ tren en la Francia el año pasado.

3. ¿Qué medio de transporte prefiere Ud. usar cuando hace un viaje largo?

Cuando hago un viaje largo, prefiero usar los aviones.

4. ¿Tiene miedo de ir en avión o de viajar en barco?

Tengo miedo ir en barco (cuando puedo).

5. a. ¿Adónde fue Ud. durante sus últimas vacaciones? ¿Fue solo/a o con otra persona?

Fui solo, y fui a Michigan con mi hermano.

b. ¿Llevó Ud. mucho equipaje?

No, ~~No te tenía demasiade~~ llevé No tenía mucho equipaje.

c. En el último viaje que Ud. hizo, ¿compró un boleto de ida y vuelta? ¿Por qué sí o por qué no?

Sí, compró un boleto de ida y vuelta. ¡Necesitaba llegar a mi casa.

Panorama cultural: Honduras y El Salvador

Complete las oraciones con la información apropiada.

1. La capital de la República de Honduras es _Tegucigalpa_.

   Su población es de _6,000,080_ de habitantes (*inhabitants*).

2. La capital de la República de El Salvador es _San Salvador_.

   Su población es de _6,000,000_ de habitantes.

3. Hoy día, el centro maya de Copán es un _parque nacional_.

4. El volcán conocido como «el faro del Pacífico» está en _El Salvador_.

5. El arzobispo Óscar Arnulfo Romero fue asesinado en el año de _1980_.

6. Durante su vida criticó la violencia e injusticia de los _líderes_ de su país, y

   trabajó mucho para mejorar _los las condiciones económicas y sociales_.

Póngase a prueba

A ver si sabe...

A. Indirect Object Pronouns, *dar* and *decir*.

1. Place the indirect object pronoun **le** in the correct position in the following sentences.

   a. Siempre _lo le_ digo _____ la verdad a mi amiga.

   b. _____ estoy diciendo _lelo_ la verdad a mi amiga,

   or _lo le_ estoy diciendo _____ la verdad a mi amiga.

   c. _____ voy a decir _se lo_ la verdad a mi amiga,

   or _Le lo_ voy a decir _____ la verdad a mi amiga.

   d. (*aff. com.:* **decir**) ¡_Diga-le_ la verdad a su amiga!

   e. (*neg. com.:* **decir**) ¡_No le diga_ la verdad a su amiga!

2. Complete la siguiente tabla.

INFINITIVO	YO	TÚ	ÉL	NOSOTROS	VOSOTROS	ELLOS
dar	doy	das	da	damos	dais	dan
decir	digo	dices	dice	decimos	decís	dicen

[handwritten notes at top of page, partially illegible]

B. Gustar. Escriba oraciones con las siguientes palabras.

1. ¿(ellos) gustar / viajar? *¿Les gusta viajar (a ellos)?*

2. a mí / no / gustar / tomates *A mí, no me gustan los tomates*

3. Juan / gustar / aeropuertos *A Juan los gustan los aeropuertos*

C. Preterite of Regular Verbs and of *dar, hacer, ir,* and *ser*.

INFINITIVO	YO	TÚ	ÉL	NOSOTROS	VOSOTROS	ELLOS
dar	di	diste	dio	damos	disteis	darieron
hablar	hablé	hablaste	habló	hablmos	hablasteis	hablarot
hacer	hice	hiciste	hizo	hicimos	hicisteis	hacieron
ir/ser	fui	fuiste	fue	fuimos	fuisteis	fueron
salir	salí	saliste	salió	salimos / salimos	salisteis / salisteis	salieron

Prueba corta

A. Complete las oraciones con el pronombre apropiado del complemento indirecto.

1. Yo ___la___ compré un regalo. (a mi madre)

2. Ellos ___nos___ escribieron una carta la semana pasada. (a nosotros)

3. Nosotros ___los___ compramos boletos para un concierto. (a nuestros amigos)

4. Roberto siempre ___me___ pide favores. (a mí)

5. ¿Qué ___te___ dieron tus padres para tu cumpleaños? (a ti)

B. Use la forma apropiada de **gustar** y el complemento indirecto.

1. A mis padres no ___nos___ ___gustan___ los asientos cerca de la puerta.

2. A mi mejor amigo ___le___ ___gusta___ viajar solo.

3. A mí no ___me___ ___gusta___ la comida que sirven en el avión.

4. A todos nosotros ___nos___ ___gusta___ los vuelos sin escalas.

5. Y a ti, ¿adónde ___te___ ___gusta___ ir de vacaciones?

C. Complete las oraciones con la forma apropiada del pretérito del verbo entre paréntesis.

1. ¿A quién le ___mandaste___ (*tú:* mandar) las flores?

2. Ayer ___empecé___ (*yo:* empezar) a hacer las maletas a las once.

3. Mi hermano ___hizo___ (hacer) un viaje al Mar Caribe.

4. ¿___Fueron___ (Ir) Uds. en clase turística?

5. ¿___Oíste___ (*Tú:* Oír) el anuncio (*announcement*) para subir al avión?
   Oíste

6. Ellos ___volvieron___ (volver) de su viaje el domingo pasado.

7. Juan no me ___dio___ (dar) el dinero para el boleto.

Punto final

❖ ¡Repasemos!

Un viaje ideal. Imagínese que Ud. acaba de recibir un regalo de $5.000 de su abuela (tía) rica. Le mandó el dinero para un viaje extraordinario. En otro papel, escríbale una carta de unas 100 palabras con la descripción de sus planes. Incluya la siguiente información:

1. ¿Adónde piensa ir y en qué mes va a salir?
2. ¿Cómo va a viajar?
3. ¿Qué ropa va a llevar?
4. ¿Qué piensa hacer en ese lugar?
5. ¿Cuánto tiempo piensa estar de viaje?
6. ¿Va a viajar solo/a o con otra persona (otras personas)?
7. ¿Dónde piensa quedarse?

MODELO:

Querida _____,

    ¡Mil gracias por el regalo tan fenomenal! Te escribo para darte detalles de mis planes para el viaje...

    Un abrazo y muchos recuerdos cariñosos de tu (nieto/a, sobrino/a)...

❖ Mi diario

Escriba sobre unas vacaciones que Ud. tomó *o* las de un amigo / una amiga. Incluya (*Include*) la siguiente información:

- adónde y con quién fue
- cuándo y cómo viajó
- el tiempo que hizo durante las vacaciones (llovió mucho, nevó, hizo mucho calor...)
- cuánto tiempo pasó allí
- qué cosas interesantes hizo
- lo que le gustó más (o menos)
- si le gustaría volver a ese lugar

Expresiones útiles: esquiar, hace un año (semana, mes) = *a year (week, month) ago*, tomar el sol

CAPÍTULO **8**

Vocabulario: Preparación

Los días festivos y las fiestas

❖**A.** **Ud. y las fiestas.** Indique si las siguientes declaraciones son ciertas o falsas para Ud.

		C	F
1.	Con frecuencia, en el Día de Acción de Gracias como demasiado y luego no me siento bien.	☒	☐
2.	En la Noche Vieja bebemos, comemos, bailamos y nos divertimos mucho.	☒	☒☐
3.	En mi universidad siempre hay una gran celebración el Cinco de Mayo.	☐	☒
4.	Doy regalos el Día de los Reyes Magos.	☐	☒
5.	Tengo guardadas (*I have saved*) algunas tarjetas del Día de San Valentín que me mandaron mis «viejos amores».	☒	☐
6.	A veces tomo cerveza verde el Día de San Patricio.	☐	☒
7.	Mi familia celebra el día de mi santo.	☐	☒
8.	En la Pascua Florida, voy a la iglesia.	☐	☒
9.	Mi familia gastó mucho dinero cuando celebró la quinceañera de mi hermana (prima, sobrina).	☐	☒

la calabasa = pumpkin.

B. **¿Cuánto sabe Ud. de los días festivos?** Complete las oraciones con el día festivo apropiado.

1. El primero de enero es _el Día de Año Nuevo._

2. El 25 de diciembre los cristianos celebran _la Navidad_

3. _La Pascua (de los hebros)_ conmemora la huida (*escape*) de los judíos (*Jews*) de Egipto.

4. Muchos católicos asisten a la Misa del Gallo (*midnight Mass*) durante _la Nochebuena_.

5. La victoria de los mexicanos sobre los franceses en la batalla de Puebla (1862) se celebra _el Cinco de Mayo._

el Cinco de Mayo
el Día de Año
  Nuevo
la Navidad
la Nochebuena
la Pascua

C. El Día de los Inocentes. Lea la siguiente lectura sobre una fiesta popular y conteste las preguntas.

El 28 de diciembre en el mundo hispánico se celebra la fiesta tradicional que se llama el Día de los Inocentes. En esta fecha se conmemora el día en que murieron[a] muchos niños en Judea por orden de Herodes, quien esperaba hacer morir[b] al niño Jesús entre ellos.

Ese día, a la gente le gusta hacerles bromas[c] a sus amigos. Una broma común es decirle a un amigo:

—Un Sr. León te llamó hace veinte minutos[d] y quiere que lo llames porque es urgente. Aquí tienes su número de teléfono.

Todos esperan mientras el amigo inocente marca[e] el número.

—Buenos días —dice con un tono de mucha importancia—. Habla Enrique González. ¿Puedo hablar con el Sr. León, por favor? Me llamó hace unos minutos.

La joven que contesta el teléfono se ríe[f] y le dice:

—Lo siento. El Sr. León acaba de salir. ¿Quiere Ud. dejar[g] un mensaje? Yo soy su secretaria, la Srta. Elefante.

El amigo se da cuenta[h], avergonzado[i], de que ha llamado[j] al Jardín Zoológico[k] mientras todos le gritan[l]: —¡Por inocente, por inocente!

[a]*died* [b]*esperaba... hoped to kill* [c]*hacerles... to play tricks* [d]*hace... twenty minutes ago* [e]*dials* [f]*se... laughs* [g]*to leave* [h]*se... realizes* [i]*embarrassed* [j]*ha... he has called* [k]*Jardín... Zoo* [l]*shout*

Comprensión

1. ¿Cuál es la fecha de un día festivo en los Estados Unidos que es similar al Día de los Inocentes?

   Es tres días antes de la Pascua

2. En el mundo hispánico, ¿qué les hace la gente a sus amigos?

   hacen las bromas.

3. ¿Qué significa en inglés **león**? _lion_

Emociones y condiciones

A. Profesores y estudiantes. ¿Cómo reaccionan? Use la forma apropiada de los verbos de la lista.

discutir
enfermarse
enojarse
ponerse (avergonzado, irritado, nervioso, triste)
portarse
quejarse
reírse

1. Cuando Julián no contesta bien en clase, se ríe porque se pone nervioso. Cuando yo no recuerdo la respuesta correcta, yo _pongo nervioso_.

2. Cuando nos olvidamos de entregar (*turn in*) la tarea (*homework*) a tiempo, los profesores _se enojan_.

3. Cuando llega la época de los exámenes, algunos estudiantes _se enferman_ porque no duermen lo suficiente (*enough*). Y todos _ponen avergonzado_ porque dicen que tienen muchísimo trabajo.

4. Generalmente, los estudiantes universitarios son responsables y _se portan_ bien en clase.

5. A los profesores no les gusta _discutir_ con los estudiantes sobre las notas (*grades*) que les dan.

B. ¿Qué piensa Ud.? ¡Sea enfático/a, por favor! Use formas con **-ísimo/a.**

1. ¿Le parece larga la novela *Guerra y paz*, del autor ruso Tolstoi?

   Me ~~Me~~ parece largísima.

2. ¿Son ricos los Trump?

   Son riqísimos los Trump.

3. ¿Se siente Ud. cansado/a después de correr diez kilómetros?

   ¡Sí! Estoy c, cansadísimo de correrlos. (cansísima)

4. ¿Es cara la vida en Tokio?

   No sé si es cara la vida en Tokio. ¿No ~~hay~~ haben rateros?

5. ¿Fueron difíciles las preguntas del último examen?

   ¡Sí! Fueron dificilísimas

C. Reacciones. ¿Cómo reacciona o cómo se pone Ud. en estas circunstancias? Use por lo menos uno de los verbos útiles en cada respuesta. Puede usar la forma enfática (**-ísimo/a**) de los adjetivos.

   Verbos útiles: enojarse, llorar, ponerse contento/a (avergonzado/a, enojado/a, triste), quejarse, reírse, sonreír

1. Alguien le hace una broma un poco pesada (*in bad taste*).

   Me enojo con él.

2. Alguien le cuenta un chiste cómico.

   Me ~~peto~~ río.

3. Ud. se olvida del cumpleaños de su madre (padre, novio/a...).

   Estaría furiosíma conmigo.

4. Ud. acaba de saber que su perro (gato) murió (*died*) en un accidente.

   ¡Lloro!

5. En un restaurante muy caro, le sirven una comida malísima.

   Me quejo con alguien en el restaurante.

6. Ud. acaba de saber que recibió la nota (*grade*) más alta en el examen de historia.

   Me sonrío.

7. Ud. acaba de saber que su ex novio/a y su mejor amigo/a van a casarse (*get married*).

   No sé que paso aquí. ¿Pongo contento? ¿Irritado? ¿Preocupado? No vivo en una película de Julia Roberts, recuerda.

25

morir (pret.)

morí / moví   morí
moviste   moriste
murió
morimos
moristeis
murieron.   o → u

muero   morimos
mueres   morís
muere   mueren.
o → ue

Minidiálogos y gramática

24. Talking about the Past (2) • Irregular Preterites

A. ¿Cuánto sabe Ud.?

Paso 1. ¿Son ciertos o falsos los siguientes hechos históricos?

C   F

1. Neil Armstrong fue el primer hombre que estuvo en la luna (*moon*). ☒ ☐
2. Los Estados Unidos pusieron un satélite en el espacio ~~antes que~~ *después de* la Unión Soviética. ☐ ☒
3. Magallanes quiso circunnavegar el mundo, pero murió en las Filipinas a manos de los indígenas (*natives*) en ~~1521~~ *lo hizo.* ☐ ☒
4. En ~~1592~~ *1492* Cristóbal Colón pudo llegar a América. ☒ ☒
5. Hitler no quiso dominar Europa. *¡Sí!* ☐ ☒
6. Cortés no supo de la grandeza (*grandeur*) del imperio azteca hasta que llegó a Tenochtitlán en 1519. *ya estaba en América* ☒ ☐
7. Los españoles trajeron el maíz (*corn*) y el tomate a América. ☐ ☒
8. En Berlín George Bush dijo: «Yo soy un berlinés». *J.F.K.* ☐ ☒
9. Pocos inmigrantes irlandeses vinieron a los Estados Unidos en el siglo (*century*) XIX. *¡muchos!* ☒ ☐

Paso 2. Ahora tache (*cross out*) la información incorrecta en cada respuesta falsa y corríjala (*correct it*).

B. Formas verbales. Escriba la forma indicada de los verbos.

INFINITIVO	YO	UD.	NOSOTROS	UDS.
estar	estuve	estuviste	estubimos	estuvieron
tener	tuve	~~tuviste~~	tuvimos	tuvieran
poder	pudé	pudo	pudimos	pudieron
poner	pusé	puso	pusimos	pusieron
querer	quise	quiso	quisimos	quisieron
saber	supé	supiste	supimos	supieran
venir	vine	venió	vinimos	vinieran
decir	dije	dijo	dijimos	dijeran
traer	trajé	trajiste	trajimos	trajieran *trajeron*

C. Situaciones. Complete las oraciones con el pretérito de los verbos entre paréntesis.

Durante la Navidad. La familia Román _____*tuvo*_____¹ (tener) una reunión familiar muy bonita para la Navidad. Todos sus hijos _____² (estar)

1. *tuvo*
2. *estaba*

presentes. _____³ (Venir) de Denver y Dallas y _____⁴ (traer) regalos

para todos. Su mamá pensaba^a hacer una gran cena para la Nochebuena,

pero todos le _____⁵ (decir) que no. Por la noche todos _____⁶ (ir) a un

restaurante muy elegante donde _____⁷ (comer) bien y _____⁸ (poder)

escuchar música.

^a*was planning*

3. _vinieron_
4. _trajimos_ (tajimos)
5. _dijieron_
6. _fueron_
7. _comimos_
8. _pudimos_

Otro terremoto^a en California. Esta mañana _____¹ (saber: *nosotros*) que

_____² (haber) un terremoto en California. Lo _____³ (oír: *yo*) primero

en el radio y luego lo _____⁴ (leer: *yo*) en el periódico. Algunas casas

_____⁵ (romperse^b), pero en general, este terremoto no _____⁶ (hacer)

mucho daño^c. Un experto _____⁷ (decir): «No _____⁸ (ser) el primero

ni va a ser el último».

^a*earthquake*   ^b*to be destroyed*   ^c*damage*

1. _supimos_
2. _había_ ← hubo
3. ~~oigo oyó~~ oí
4. ~~leer~~ leí
5. ~~se~~ rompieron
6. _hizo_
7. _dijo_
8. ~~es~~ fue

D. Después del examen.

D. Después del examen. Jorge y Manuel hablan en la cafetería. Complete las oraciones con la forma apropiada de los verbos entre paréntesis.

JORGE: ¿Cómo _____¹ (estar) el examen?

MANUEL: ¡Terrible! No _____² (poder) contestar las últimas tres

preguntas porque no _____³ (tener) tiempo. ¿Por qué no

_____⁴ (venir) tú?

JORGE: _____⁵ (Querer) venir pero _____⁶ (estar) enfermo todo el día.

¿Qué preguntas _____⁷ (hacer) el profesor?

MANUEL: Muchas, pero ahora no recuerdo ninguna. ¿_____⁸ (Saber: *tú*)

que Claudia _____⁹ (tener) un accidente y tampoco _____¹⁰

(venir) al examen?

JORGE: Sí, me lo _____¹¹ (decir) María Inés esta mañana... Bueno,

tengo que irme... ¡Caramba! ¿Dónde _____¹² (poner) mi

cartera?

MANUEL: ¿No la _____¹³ (traer) otra vez? Yo sólo _____¹⁴ (traer) dos

dólares. Vamos a buscar a Ernesto. Él siempre tiene dinero.

1. _estuvo_
2. _podía_ pudé
3. _tenía_ tuve
4. _viniste_
5. _quería_ ~~quise~~ quise
6. _estaba_
7. _hizo_
8. _supiste_
9. _tuvo_
10. ~~vino~~ vino
11. _dije_
12. _puso_
13. _trajiste_
14. _traje_

(handwritten margin: 20 17 / 19 16 / 18 15)

❖**E. ¿Qué pasó la última vez que... ?** Conteste estas preguntas con oraciones completas.

1. La última vez que Ud. se enfermó, ¿tuvo que guardar cama (*stay in bed*)? ¿Cuánto tiempo?

_____ La última vez que yo me enfermí, no tuve guardar

cama porque no podía. Viajaba.

2. La última vez que Ud. y su familia celebraron algo especial, ¿vinieron de lejos (*from far away*) algunos parientes (tíos, abuelos, hermanos)? ¿Quién vino y de dónde? ¿O no vino ningún pariente de lejos?

Para celebrar _mi cumpleaños_, ~~restaban~~ Erie no quien viajé. Fui a la
       (ocasión)

casa de mis abuelos con mi madre y mis hermanos.

3. ¿Cuántos años cumplió Ud. en su último cumpleaños? ¿Qué hizo para celebrarlo? ¿Dio una fiesta? ¿Salió con sus amigos o con su familia?

_Cumplí diecisiete años en mi último cumpleaños. Fui a
la casa de mis abuelos para celebrarlo. No dí una fiesta._

4. ¿Pudo Ud. contestar todas las preguntas del último examen de español? ¿Estuvo fácil o difícil el examen?

Si, pudí ~~contestar~~ los todos. Estuvo fácil este examen.

5. ¿Conoció Ud. a alguien durante sus últimas vacaciones? ¿A quién?

Si, conocí al ~~novia~~ novio de la hijita de me jefe.

25. Talking about the Past (3) • Preterite of Stem-Changing Verbs

A. Formas verbales. Escriba la forma indicada de los verbos.

INFINITIVO	YO	TÚ	UD.	NOSOTROS	UDS.
divertirse	me divertí	te divertiste	se divirtió	nos divirtimos	os divirtieron
sentir	yo me sentí	te sentiste	se sentió	nos sentimos	os sentieron
dormir	dormí	dormiste	durmió	dormimos	durmieron
conseguir	conseguí	conseguiste	consiguió	conseguimos	consiguieron
reír	reí	reiste	rió	reímos	rieron
vestir	vestí	vestiste	vestió	vistimos	vistieron

B. Situaciones. Complete las oraciones con la forma apropiada del pretérito de uno de los verbos entre paréntesis, según el significado de la oración.

(sentarse, dormirse)

1. Yo ___siento___ delante del televisor y ___me duermo___ poco después.

2. —¿A qué hora ___empezaron___ Uds. a comer?

—A las nueve y media. Y después de trabajar tanto, ¡nosotros casi _____ en la mesa!

3. Mi esposo se despertó a las dos y no ~~se sintió~~ *nos / se sintó* otra vez hasta las cinco de la mañana.

   (reírse, sentir[a], sentirse)   *nos reímos*

4. Esa película fue tan divertida que (nosotros) ~~nos reímos~~ toda la noche. Sólo Jorge no

   se reió mucho porque no la comprendió.

5. Rita y Marcial *sintieron* mucho haber faltado[b] a tu fiesta, pero Rita se enfermó y

   se sintó tan mal que se quedó en cama todo el fin de semana.

   [a]*to regret*   [b]*haber... having missed*

C. Una mala noche. Cambie al pretérito los verbos indicados.

Juan *entra*[1] en el restaurante y *se sienta*[2] a comer con unos amigos. *Pide*[3] una cerveza y el camarero se la *sirve*[4] inmediatamente, pero después de tomar dos tragos[a] *se siente*[5] mal, *se levanta*[6] y *se despide*[7] de todos rápidamente. *Vuelve*[8] a casa y no *duerme*[9] en toda la noche.

[a]*swallows*

1. *entró*
2. *se sientó*
3. *pido*
4. *sirvió*
5. *se sentió*
6. *se levantó*
7. *se dispidió*
8. *volvió*
9. *se durmió*

Ahora escriba los mismos verbos con **yo** como sujeto donde sea posible. **¡OJO con los pronombres!**

10. *entré*
11. *me sentí*
12. *pedí*
13. *serví*
14. *me sentí*
15. *me levanté*
16. *se dispidi*
17. *volví*
18. *dormí*

D. Situaciones. Imagínese que Ud. está hablando con dos amigas que acaban de regresar a casa después de sus vacaciones en México. Hágales preguntas en español sobre su viaje. Use las palabras y frases indicadas y haga los cambios necesarios. Recuerde usar **Uds.**

MODELO: cuándo / salir / vacaciones → ¿Cuándo salieron Uds. de vacaciones?

1. adónde / ir ___¿Adónde Adonde fuisteis vosotros?___
2. conseguir / hotel / cerca / playa ___Conseguió el hotel cerca de la playa.___
3. divertirse / mucho ___¿Te divertó mucho?___
4. jugar / tenis / nadar ___¿Jugaron ustedes al tenis y nadaron?___
5. cuánto / tener / pagar / por / habitación ___¿Cuánto tení tuvieron ustedes a pagar por el habitación?___
6. cómo / estar / comida ___¿Cómo estaba la comida?___
7. conocer / alguien / interesante ___¿Conocieron alguien interesante?___
8. qué / hora / volver / hoy ___¿Qué hora volvieron ustedes hoy?___
9. no / dormir / mucho / anoche / ¿verdad? ___¿No durmieron mucho anoche, verdad?___

Direct and Indirect Object Pronouns

Cambie los complementos directos indicados o las frases indicadas (*a Ud., a nosotros, a ellos,* etcétera) a complementos pronominales. Luego identifique los pronombres (O.D. = objeto directo; O.I. = objeto indirecto).

> MODELOS: No dice la verdad. (*a Uds.*) → No les dice la verdad. (O.I.)
> No dice *la verdad.* → No la dice. (O.D.)

1. Yo traigo el café. (*a Ud.*) ~~Yo traigo~~ Yo se traigo el café.

2. Yo traigo *el café* ahora. Yo te lo traigo ahora.

3. Ellos compran los boletos. (*a nosotros*) Ellos nos compran los boletos

4. Ellos compran *los boletos* hoy. Ellos los compran hoy.

5. No hablo mucho. (*a ellas*) No las hablo mucho.

6. No conozco bien *a tus primas.* No los conozco bien.

7. Queremos dar una fiesta. (*a mis padres*) Queremos darlos una fiesta.

8. Pensamos dar *la fiesta* en casa. Pensmos darla en casa.

26. Expressing Direct and Indirect Objects Together • Double Object Pronouns

❖**A. ¿Con qué frecuencia... ?** Indique la frecuencia con que Ud. y otras personas hacen estas cosas.

	SIEMPRE	A VECES	NUNCA
1. El coche: Mi padre me lo presta.	☐	☐	☒
2. El dinero: Mis amigos me lo piden.	☐	☒	☐
3. La cena: Me la prepara mi madre.	☐	☒	☐
4. La cena: Yo se la preparo a mi familia.	☐	☒	☐
5. Los viajes: Me los pago yo.	☐	☐	☒
6. La tarea (*homework*): Nos la dan los profesores.	☒	☐	☐

B. ¡Promesas, promesas! (*Promises, promises!*) Estas personas prometen hacer las siguientes cosas. Vuelva a escribir lo que prometen, pero omita la repetición innecesaria del complemento directo.

> MODELO: ¿Los discos? José nos trae *los discos* mañana. → José nos los trae mañana.

1. ¿El dinero? Te devuelvo (*I'll return*) *el dinero* mañana.

   Te lo devuelvo mañana.

2. ¿Las fotos? Te traigo *las fotos* el jueves.

   Te las traigo el jueves

3. ¿La sorpresa? Nos van a revelar *la sorpresa* después.

   ~~Nos la van a ver la~~ Nos van a revelarla después.

4. ¿Los pasteles? Me prometieron *los pasteles* para esta tarde.

_____

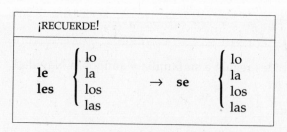

le	lo la los las	→ **se**	lo la los las

¡RECUERDE!

5. ¿Las fotos? Les mando *las fotos* a Uds. con la carta.

_____

6. ¿La bicicleta? Le devuelvo *la bicicleta* a Pablo mañana.

_____

7. ¿El dinero? Le doy *el dinero* a Ud. el viernes.

_____

8. ¿Los regalos? Le muestro *los regalos* a Isabel esta noche.

_____

C. La herencia (*inheritance*). Imagínese que un pariente muy rico murió y les dejó (*he left*) varias cosas a Ud. y a diferentes personas e instituciones. ¿Qué le dejó a quién?

Ernesto y Ana   Memo   Cristina

La Cruz Roja   La biblioteca   Yo

MODELO: ¿A quién le dejó su ropa? → Se la dejó a la Cruz Roja.

1. ¿A quién le dejó su Porsche? _____

2. ¿A quién le dejó su nueva cámara? _____

3. ¿A quién le dejó sus libros? _____ a la biblioteca _____

4. ¿A quién le dejó sus muebles? _____

5. ¿A quién le dejó su camioneta? _____ Se los dejo a Christa _____

6. ¿A quién le dejó $20.000 dólares? _____ la hospital _____

❖D. **Los regalos.** Haga una lista de cinco cosas que Ud. les regaló a su familia y amigos la Navidad pasada (*last*). Luego escriba a quiénes se las regaló.

MODELO: Un suéter: Se lo regalé a mi hermana.

1. _____ Un suéter Se lo regalé a mi _____

2. _____ Un CD _____

3. _____ Un libro _____

4. _____ mi camisa _____

5. _____ Un béisbol mi hermano _____

Un poco de todo

A. **Una carta a un amigo**

Paso 1. Complete Ud. la carta que Gerardo le escribe a un amigo que vive en Acapulco. Use Ud. el pretérito de los verbos entre paréntesis.

Querido Pepe:

La semana pasada _____ hice _____[1] (hacer: *yo*) un corto viaje a Acapulco porque

_____ tuve _____[2] (tener) una reunión con mi agente de viajes. Aunque[a] _____ estuve _____[3]

(estar) ocupadísimo, _____ quise _____[4] (querer) visitarte, pero _____ supe _____[5] (saber) por

nuestro amigo Luis Dávila que estabas[b] fuera de la ciudad. Yo le _____ di _____[6] (dar) a Luis

unas fotos de la última vez que nosotros _____ estuvimos _____[7] (estar) juntos[c], y le

_____ pedí _____[8] (pedir: *yo*) que te las diera[d] a tu vuelta a Acapulco.

Espero verte durante mi próximo viaje. Recibe un abrazo[e] de tu amigo,

Gerardo

[a]*Although* [b]*you were* [c]*together* [d]*he give* [e]*hug*

Paso 2. Conteste las preguntas con oraciones completas.

1. ¿Por qué fue Gerardo a Acapulco? _____ Porque tuvo un reunión con su agente _____

2. ¿Tuvo mucho tiempo libre o estuvo ocupado? _____ Estuvo Ocupadísimo. _____

3. ¿Cómo supo Gerardo que Pepe estaba fuera de Acapulco? _____ Por su amigo _____

4. ¿A quién le dio las fotos? _____ El los dio a Luis _____

B. Preguntas personales. Conteste las preguntas con oraciones completas. Use los pronombres del complemento directo e indirecto.

> MODELO: ¿A quién le prestó Ud. su bicicleta? → Se la presté a mi hermano.
> (No se la presté a nadie.)

1. ¿A quién le mandó Ud. una tarjeta de San Valentín? _No mló a nada pesra_

2. ¿A quién le dio Ud. regalos de Navidad? _A mi hermno los dio_

3. ¿Quién le trajo flores a Ud. este año? _Nedi me trajo flores_

4. ¿Quién le pidió dinero a Ud. este mes? _Esse me, mi amigo me lo pista_

5. ¿Quién le hizo una fiesta para su cumpleaños? _Mi mejor amiga le hizo._

Panorama cultural: Cuba

Conteste las prequatas con una palabra o frase corta.

1. ¿Cuándo obtuvo (*obtained*) Cuba su independencia de España? _____

2. ¿Adónde se fueron (*went*) muchos cubanos después de la revolución de 1959?
   _____

3. Después de casi cuarenta años, ¿por qué no regresa la mayor parte de cubanos a Cuba?
   _____

4. ¿Cuál es la situación económica actual (*current*) en Cuba? _____

5. ¿Qué influencia refleja la poesía del poeta cubano Nicolás Guillén? _____
   _____

6. ¿Cuáles son dos de los temas importantes de su poesía? _____

7. ¿Qué mitos y leyendas aparecen en las obras de Guillén? _____
   _____

Póngase a prueba

A ver si sabe...

A. Irregular Preterites. Escriba las formas apropiadas de los verbos en el pretérito.

1. (estar) yo _estuve_   2. (poder) tú _pudiste_   3. (poner) Ud.
   punió   4. (querer) nosotros _queimos_   5. (saber) ellos
   sabría   6. (tener) yo _tove_   7. (venir) tú _viene_
   8. (traer) Ud. _trajé_   9. (decir) ellos _dijeron_ dijeron

B. Preterite of Stem-Changing Verbs. Complete la siguiente tabla.

INFINITIVO	DORMIR	PEDIR	PREFERIR	RECORDAR	SENTIRSE
él/ella/Ud.	durmió	pidió	prefirió	recordó	se sintió
ellos/Uds.	durmieron	pidieron	prefirieron	recordaron	se sintieron

se sintió

C. Double Objectl Pronouns. Sustituya (*Substitute*) los complementos directos e (*and*) indirectos por sus respectivos pronombres.

MODELO: Alberto le sirvió *café* a *Jimena*. → Alberto __se__ __lo__ sirvió.

1. Ricardo le pidió *dinero* a *su padre*.   Ricardo __se__ __lo__ pidió.
2. Clara le sugirió *una idea* a *Enrique*.   Clara __se__ __la__ sugirió. *el pulso.*
3. Carmen les puso *el suéter* a *sus hijos*.   Carmen __se__ __lo__ puso.

Prueba corta

A. Complete las oraciones con la forma correcta del pretérito de un verbo de la lista.

conseguir, despedirse, divertirse, dormir, hacer, ponerse, reírse, traer, vestirse

1. Cuando vimos esa película cómica, todos (*nosotros*) __reímos__ mucho.
2. Después de comer ese pescado, Marcial __se__ enfermo y se acostó, pero no __durmió__ en toda la noche.
3. Yo __conseguí__ un boleto extra para el concierto de mañana. ¿Quieres ir?
4. Marcos __se__ de sus amigos y volvió a su casa.
5. Para celebrar el Año Nuevo, Mirasol __se__ con ropa elegante: pantalones negros y blusa de seda. Ella __se divirtió__ muchísimo bailando con sus amigos.
6. Para celebrar el Año Nuevo, nosotros __hicimos__ una fiesta y unos amigos nos __despidieron__ champán.

B. Conteste las preguntas con la respuesta más apropiada.

1. ¿Cuándo nos traes el café?
   a. Se lo traigo en seguida (*right away*).
   (b.) Te los traigo en seguida.
   c. Te lo traigo en seguida.
2. ¿Cuándo me van a lavar (*wash*) el coche?
   a. Se lo vamos a lavar esta tarde.
   b. Me lo voy a lavar esta tarde.
   c. Te lo voy a lavar esta tarde.
3. ¿Quién te sacó estas fotos?
   a. Julio me los sacó.
   b. Julio te las sacó.
   c. Julio me las sacó.
4. ¿Quién les mandó estas flores a Uds.?
   a. Ceci nos los mandó.
   b. Ceci nos las mandó.
   c. Ceci se las mandó.
5. ¿A quién le vas a regalar esa camisa?
   a. Te la voy a regalar a ti.
   b. Se lo voy a regalar a Uds.
   c. Me las vas a regalar a mí.
6. ¿A quién le sirves ese vino?
   a. Se los sirvo a Uds.
   b. Se lo sirvo a Uds.
   c. Mario nos lo sirve.

Punto final

❖ ¡Repasemos!

¡Saludos de España!

Paso 1. Lea la siguiente tarjeta postal.

> 29 de junio
>
> 101 SAN SEBASTIAN
> Vista nocturna
> Vue nocturne
> View in the night
>
> Querido David,
> Llegamos a Málaga anoche. Nos encantó San Sebastián donde conocimos a Gil, un amigo de los Burke. Nos llevó a un restaurante buenísimo. De allí fuimos a Santiago de Compostela, una maravillosa ciudad medieval que data del siglo 8.ª Llegamos para celebrar la noche de San Juanb y la victoria del equipoc de fútbol de Santiago sobre el equipo de Badajoz. Hubo fuegos artificiales y toda la noche la gente bailó y bebió en las calles... Salimos para Mallorca el lunes.
> Abrazos cariñosos,
> mamá y papá

ESPAÑA
Santiago de Compostela • San Sebastián • Badajoz • Málaga • Mallorca

ªdata... *dates from the eighth century*   bNoche... fiesta tradicional que se celebra el 24 de junio   cteam

Paso 2. Ahora, en otro papel, escriba Ud. una tarjeta postal a un amigo o pariente, contándole de sus vacaciones. Mencione por lo menos un lugar que visitó y lo que vio o lo que pasó allí. Mencione también adónde piensa ir luego. Siga el modelo de la tarjeta.

❖ Mi diario

¿Cuál es el día festivo más importante para su familia (sus amigos)? ¿Cuándo se celebra? ¿Hay una cena especial o una fiesta? ¿Dónde es? ¿Quiénes asisten? ¿Cuáles son las costumbres (*customs*) y tradiciones más importantes para Uds.? ¿Qué comidas y bebidas se sirven? La preparación de la comida, ¿es una actividad cooperativa? ¿Lo prepara todo una sola persona?

> **Palabras útiles:** dar las doce (*to strike 12*), decorar el árbol (*tree*), los fuegos artificiales (*fireworks*), el globo (*balloon*), normalmente (*normally*)

CAPÍTULO **9**

▲▲▲▲▲ Vocabulario: Preparación

Pasatiempos, diversiones y aficiones; Los deportes

❖**A.** **¿Qué hace Ud.?** ¿Con qué frecuencia hace Ud. estas actividades durante un fin de semana típico?

	CASI NUNCA	A VECES	CON FRECUENCIA
1. Doy paseos (por un centro comercial, por la playa).	☐	☒	☐
2. Hago una fiesta con algunos amigos.	☐	☒	☐
3. Voy al cine.	☐	☒	☐
4. Visito un museo.	☐	☒	☐
5. Juego a las cartas.	☐	☒	☐
6. Paseo en bicicleta.	☐	☒	☐
7. Hago *camping* con amigos.	☐	☒	☐
8. Asisto a un concierto.	☐	☒	☐

B. **Deportistas.** ¿Qué deportes practican estas personas?

1. Tiger Woods _él practica el golf._
2. Shaquille O'Neal _practica el basquetbol, baloncesto_
3. Rivaldo _¿quién es Rivaldo?_
4. Lance Armstrong _hace el ciclismo_
5. Arantxa Sánchez Vicario _¿quién es?_
6. Sammy Sosa _él juega al beisbol._

❖**¿Y Ud.?** ¿A cuáles de estos deportes es Ud. aficionado/a?

Soy aficionado del beisbol.

¿Cuáles practica? _Practico la lucha libre._

❖**C.** **Gustos y preferencias.** ¿A cuál de sus amigos le gustan estos pasatiempos?

MODELO: (hacer *picnics*) → A Maritere le gusta hacer *picnics*.
(A ninguno de mis amigos le gusta hacer *picnics*.)

1. (montar a caballo) _A Juan le gusta montar a caballo,_
2. (patinar) _A mi hermo le gusta patinar._

3. (hacer *camping*) *¡Todo del mundo les gusta hacer camping!*

4. (esquiar) *A mi padre, le gusta esquiar*

5. (nadar) *A mi tío le gusta nadar*

6. (pasear en bicicleta) *A mi abuela, le gusta pasear en bicicleta*

D. Diversiones. Complete las oraciones según los dibujos.

1. a. A las personas en esta escena (*scene*) les gusta _*hacer el camping*_.

   b. Los dos hombres *van al teatro o el museo*.

   c. Los tres amigos *van al teatro*

2. a. Los hombres en el parque _*pasear,*_.

   b. Tres personas hacen cola delante del _*teatro*_ Colón.

   c. Dos personas van a visitar el _*museo*_ de Arte Moderno.

3. **Palabras útiles:** el cine, divertido, pasarlo bien, la película

   ELSA: Estoy cansada de estudiar. Quiero hacer algo _*paseo?*_.

   LISA: ¿Qué te parece si vamos al _*cine*_ Bretón? Ponen _*el*_
   El viernes trece.

   ELSA: Buena idea. Necesito salir de esta casa. ¡Quiero _*salir*_!

Trabajando en casa

A. Quehaceres domésticos. Describa lo que hacen las personas en cada dibujo. Use el presente del progresivo cuando sea (*whenever it is*) posible.

1.

2.

3.

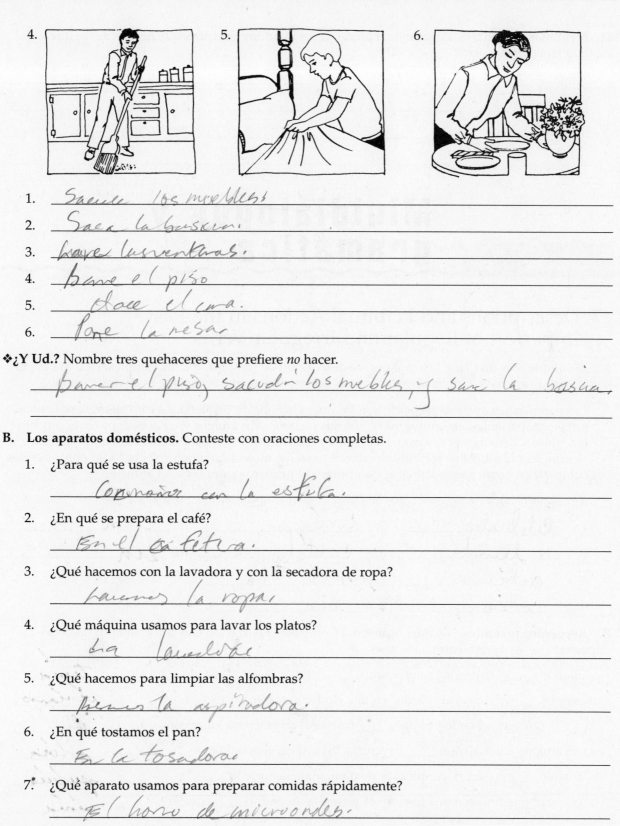

1. _Sacude los muebles_
2. _Saca la basura._
3. _haves las ventanas._
4. _bane el piso_
5. _hace el cara._
6. _Pone la mesa_

❖**¿Y Ud.?** Nombre tres quehaceres que prefiere *no* hacer.

baner el piso, sacudir los muebles, y saca la basura.

B. **Los aparatos domésticos.** Conteste con oraciones completas.

1. ¿Para qué se usa la estufa?

    Cocinar con la estufa.

2. ¿En qué se prepara el café?

    En el cafetera.

3. ¿Qué hacemos con la lavadora y con la secadora de ropa?

    hacemos la ropa.

4. ¿Qué máquina usamos para lavar los platos?

    La lavadora

5. ¿Qué hacemos para limpiar las alfombras?

    pasamos la aspiradora.

6. ¿En qué tostamos el pan?

    En la tostadora.

7. ¿Qué aparato usamos para preparar comidas rápidamente?

    El horno de microondas.

❖C. Preguntas personales. Haga un inventario de los aparatos eléctricos que tiene y de los que le gustaría tener en su cocina.

Tengo _____

_____.

Me gustaría tener _____

_____.

Minidiálogos y gramática

27. Descriptions and Habitual Actions in the Past • Imperfect of Regular and Irregular Verbs

A. El cumpleaños de Clara. Lea la siguiente descripción de cómo pasaba los cumpleaños Clara López Rubio cuando era niña. Escriba abajo las formas del imperfecto que encuentra en su descripción.

Los cumpleaños que más recuerdo son los que celebraba de pequeña. La casa siempre se llenaba de[a] gente: parientes, amiguitos míos[b] con sus padres... Mis amigos y yo debíamos hacer muchísimo ruido. Corríamos por la casa, comíamos patatas fritas y luego, al final, cortábamos la torta[c]. Yo siempre era la última en recibir un pedazo[d] y eso me molestaba mucho, sobre todo[e] porque en los cumpleaños de mi amigo Pablo, él siempre era el primero porque era «el anfitrión»[f].

[a]se... would fill up with   [b]of mine   [c]pastel   [d]piece   [e]sobre... especialmente   [f]host

1. _Celebraba_
2. _se llenaba_
3. _debíamos_
4. _Corríamos_
5. _Comíamos_
6. _cortábamos_
7. _me molestaba_
8. _era_
9. _era_
10. _era_

B. Recuerdos juveniles. (*Youthful Memories.*) Complete la narración con la forma apropiada del imperfecto de los verbos entre paréntesis.

Cuando _____[1] (tener: *yo*) catorce años, _____[2] (vivir: *nosotros*) en el campo[a]. _____[3] (Ir: *yo*) al colegio[b] en una ciudad cerca de casa y a veces _____[4] (volver: *yo*) tarde porque _____[5] (preferir) quedarme a jugar con mis amigos. Ellos a veces _____[6] (venir) a visitarnos, especialmente cuando _____[7] (ser) el cumpleaños de mi madre. Siempre lo _____[8] (celebrar: *nosotros*) con una gran fiesta y ese día mi padre _____[9] (hacer)

[a]country(side)   [b]high school

1. _tenía_
2. _vivíamos_
3. _iba_
4. _volvía_
5. _prefería_
6. _venía_
7. _era_
8. _celebrábamos_
9. _hacía_

todos los preparativos y _____¹⁰ (cocinar) él mismoᶜ. Nos _____¹¹
(visitar) parientes de todas partes y siempre _____¹² (quedarse) algunos
con nosotros por dos o tres días. Durante esos días _____¹³ (dormir:
nosotros) poco porque mis primos y yo _____¹⁴ (acostarse) en la sala de
recreo y allí siempre _____¹⁵ (haber) gente hasta muy tarde. Todos
nosotros lo _____¹⁶ (pasar) muy bien. Pero ésos _____¹⁷ (ser) otros
tiempos, claro.

ᶜél... *himself*

10. *cocinaría*
11. *visitaban*
12. *nos quedábamos*
13. *dormíamos*
14. *nos acostaban*
15. *había*
16. *pasaban*
17. *eran*

C. Situaciones. Cambie los verbos indicados al imperfecto.

1. Nosotros *somos* muy buenos amigos de los González;
   nos *vemos* todos los domingos. Si ellos no *vienen* a visitarnos a nuestra casa, nosotros *vamos* a la casa de ellos.

   éramos / *veíamos* / *venían* / *íbamos*

2. Cuando *estamos* en el Perú, nuestros sobrinos siempre
   nos *dan* un besoᵃ cuando nos *saludan* y otro beso
   cuando se *despiden*.

   estábamos / *daban* / *saludaban* / *despedían*

3. Siempre *almuerzo* en aquel restaurante. *Sirven* la mejor
   comida de toda la ciudad. Cuando me *ven* entrar, me *llevan*
   a la mejor mesa y me *traen* el menú. ¡Se *come* muy bien allí!

   almorzaba / *servían* / *veían* / *llevaban* / *traían* / *comía*

ᵃ*kiss*

D. La mujer de ayer y hoy

Paso 1. Compare la vida de la mujer de la década de los años 50 con la vida que lleva hoy día. Use los infinitivos indicados. Siga el modelo.

MODELO: tener muchos hijos / / tener familias pequeñas →
Antes tenía muchos hijos. Ahora tiene familias pequeñas.

1. tener menos independencia / / sentirse más libre

   Antes tenía menos independencia. Ahora se sentía más libre.

2. depender de su esposo / / tener más independencia económica

   Antes dependía de su esposa. Ahora teremos más independencia económica.

3. quedarse en casa / / preferir salir a trabajar

   antes Nos quedábamos en casa. Ahora, prefería salir a trabajar.

4. sólo pensar en casarse (*getting married*) / / pensar en seguir su propia carrera (*own career*)

   Estas sólo pensaban en casarse. Ahora piensan en
   seguir su propia carrera.

5. pasar horas cocinando / / servir comidas más fáciles de preparar

   Antes pasaban cocinando. Ahora servimos comidas
   más fáciles de preparar.

6. su esposo sentarse a leer el periódico / / ayudarla con los quehaceres domésticos

   Antes su esposo se sentaba a leer el
   periódico. Ahora ayuda ayuda en los quehaceres
   domésticos.

❖**Paso 2.** Ahora escriba dos contrastes que Ud. ha observado (*have observed*) en la vida de su propia familia o de sus amigos.

   Antes, no me gustaba los lemon. Ahora, me
   los gusten. Antes, no sabía que significa "pelota".
   Ahora sí, ya lo sé.

❖**E. Su pasado.** Conteste las preguntas sobre su vida cuando tenía 15 años.

1. ¿Dónde y con quién vivía Ud.? _Vivía a la escuela y a mi_
   casa.

2. ¿Cómo era su casa? _Mi casa era bonita._

3. ¿A qué escuela asistía? _Asistaba a PHS._

4. ¿Cómo se llamaba su maestro preferido/maestra preferida en la escuela secundaria? ¿Cómo
   era él/ella? _Mi maestro preferido en la escuela se_
   llamaba Punjabi. Era un maestro excelente.

5. ¿Qué materia le gustaba más? _Me gustaba más el inglés._

6. ¿Qué tipo de estudiante era? ¿Siempre recibía buenas notas (*grades*)? _Era un_
   era estudiante buen, que el trabajo era fácil.

7. ¿Qué deportes practicaba? _Practicaba muchos deportes_
   differentes.

8. Generalmente, ¿qué hacía después de volver a casa? _Generalmente, iba a mi_
   casa.

9. Y los fines de semana, ¿qué hacía? _Hora jugaba con mis amigos_
   y iba al cine.

28. Expressing Extremes • Superlatives

A. Opiniones sobre los deportes. Expand the information in these sentences according to the model. Then if you don't agree with the statement, give your opinion on the line below.

MODELO: El golf es más aburrido que el fútbol. (todos) →
El golf es el deporte más aburrido de todos.
No estoy de acuerdo. El fútbol es el más aburrido.

1. El béisbol es más emocionante que el basquetbol. (todos)

   El béisbol es más emocionante que el basquetbol.

   No estoy de acuerdo. El el basquetbol es más interesante

2. Shaquille O'Neal es mejor jugador que Kobe Bryant. (equipo [*team*])

   del equipo

   No estoy... Kobe es mucho y más mejor

3. El equipo de los Dallas Cowboys es peor que el de (*that of*) los 49ers. (todos)

   de todos

   no... El equipo de los Dallas Cowboys es el peor.

4. El estadio (*stadium*) de Río de Janeiro, Brasil, es más grande que el de Pasadena. (mundo)

   El estadio es el más grande en el mundo

   El de Pasadena es más grande que el estadio de Río de Janeiro.

B. Más opiniones. Escriba las siguientes oraciones en español y complételas con un nombre apropiado.

1. The most interesting city in the United States is _____.

   La ciudad más interesante de los E.U. es Nueva York

2. The best (worst) movie last year was _____.

   La mejor película es era estuve Adaptation

3. The most violent of all sports is _____.

   El deporte más violento es el boxing

4. The most amusing (**divertido**) television program is _____.

   La programa de televisión más agradable es Premium Blend

29. Getting Information • Summary of Interrogative Words

A. Situaciones. Imagine that you have just met Rafael Pérez, an up-and-coming baseball player. Rafael's answers are given below. Write your questions, using the appropriate interrogative from each group. Use the **Ud.** form of verbs.

¿Qué? ¿Dónde? ¿Adónde? ¿De dónde? ¿Cómo? ¿Cuál(es)?

1. —¿ _____? —Me llamo Rafael Pérez.

2. —¿ _____? —(Soy) de Bayamón, Puerto Rico.

3. —¿ _____? —(Vivo) En el sur de California.

4. —¿ _____? —Ahora voy al estadio.

5. —¿ _____? —Voy a entrenarme con el equipo.

6. —¿ _____? —(Mis pasatiempos favoritos) Son jugar al tenis y nadar.

¿Cuándo? ¿Quién(es)? ¿Por qué? ¿Cuánto/a? ¿Cuántos/as?

Palabras útiles: ganar (*to earn*), lo suficiente (*enough*)

7. —¿ _____? —Empecé a jugar en 1985.

8. —¿ _____? —(Mis jugadores preferidos) Son Barry Bonds y José Canseco.

9. —¿ _____? —Porque son los mejores jugadores del béisbol de todos los tiempos.

10. —¿ _____? —Gano lo suficiente para vivir bien.

B. Una amiga entrometida (*nosy*). Una amiga llama a Cristina por teléfono. Complete el diálogo con las palabras interrogativas apropiadas.

AMIGA: Hola, Cristina, ¿_____1 estás?

CRISTINA: Muy bien, gracias, ¿y tú?

AMIGA: ¡Bien, gracias! ¿_____2 haces ahora?

CRISTINA: Estudio con Gilberto Montero.

AMIGA: ¿_____3 es Gilberto Montero?

CRISTINA: Es un amigo de la universidad.

AMIGA: ¿Ah, sí? ¿_____4 es?

CRISTINA: De Bogotá.

AMIGA: ¡Ah! ¡Colombiano! Y, ¿_____5 años tiene?

CRISTINA: Veintitrés.

AMIGA: ¿_____6 es él?

CRISTINA: Es moreno, bajo, guapo y muy simpático.

AMIGA: ¡Ajá! ¿_____7 regresa tu amigo a su país?

CRISTINA: En julio, pero antes vamos juntos[a] a San Francisco.

AMIGA: ¡A San Francisco! ¿_____8 van a San Francisco?

CRISTINA: Porque él quiere visitar la ciudad y yo tengo parientes allí...

1. _____
2. _____
3. _____
4. _____
5. _____
6. _____
7. _____
8. _____

[a]*together*

AMIGA: ¿Y _____[9] van a ir? ¿En avión?

CRISTINA: No, vamos en coche.

AMIGA: ¿_____[10] coche van a usar?

CRISTINA: El coche de Gilberto. ¿Qué te parece[b]?

AMIGA: ¡Fantástico! Adiós, Cristina. Ahora tengo que llamar a Luisa.

9. _____

10. _____

[b]¿Qué... *What do you think?*

Un poco de todo

A. ¿Un día desastroso (*disastrous*) **o un día de suerte** (*lucky*)**?** Complete la siguiente narración haciendo estos cambios.

1. Complete la narración en el pretérito (P) o el imperfecto (I), según las indicaciones.
2. Cambie los verbos marcados con * por la forma del gerundio solamente: esquiar* → esquiando.

Hace cinco o seis semanas[a], Fernando Sack-Soria, un joven anglohispano del sur de España,

_____pasaba_____[1] (pasar: I) unas vacaciones _____esquiando_____[2] (esquiar*) en Aspen, Colorado.

Allí _____conoció_____[3] (conocer: P) por casualidad[b] a María Soledad Villardel, también española,

pero de Barcelona. Ella _____visitaba_____[4] (visitar: I) a unos amigos que _____vivían_____[5]

(vivir: I) en Aspen.

El primer encuentro[c] entre Fernando y Marisol (así llaman a María Soledad) fue casi

desastroso. Fernando _____esquiaba_____[6] (esquiar: I) montaña abajo[d] a la vez[e] que Marisol

_____estaba_____[7] (estar: I) cruzando distraída la pista de esquí[f]. Cuando Fernando la

_____vio_____[8] (ver: P), trató de evitar un choque[g]. _____Dobló_____[9] (Doblar[h]: P) brusca-

mente[i] a la izquierda y perdió el equilibrio. El joven se cayó[j] y _____perdió_____[10] (perder: P)

uno de sus esquís. Marisol paró[k], _____se puso_____[11] (ponerse: P) muy avergonzada y, casi sin

pensarlo, le habló... en español.

—¡Hombre, cuánto lo siento[l]! ¡No sé dónde llevaba la cabeza[m]! ¿(Tú) _____hiciste_____[12]

(Hacerse: P) daño[n]?

—¡No, de ninguna manera! La culpa fue mía[o]. Venía muy rápido —le dijo Fernando.

—¡Por Dios! ¡Hablas español! —contestó ella muy sorprendida.

—¡Claro! Soy español, de Jerez de la Frontera.

—Y yo, de Barcelona. ¿Qué haces por aquí?

[a]Hace... *Five or six weeks ago* [b]por... *by chance* [c]*meeting* [d]montaña... *down the mountain* [e]a... *at the same time* [f]cruzando... *crossing the ski slope absentmindedly* [g]trató... *he tried to avoid a collision* [h]*To turn* [i]*sharply* [j]se... *fell down* [k]*stopped* [l]cuánto... *I'm so sorry* [m]*head* [n]Hacerse... *To hurt oneself* [o]La... *It was my fault.*

—Ya ves, _espero_ [13] (esperar*) a una chica guapa con quien chocar[p] en Colorado —dijo Fernando, _se sacudió_ [14] (sacudirse*[q]) la nieve y _sonrió_ [15] (sonreír*)—. ¿Y tú?

—¿Yo? Estaba en las nubes[r], como siempre, y casi te causé un accidente serio.

Para hacer corta la historia, desde ese día _hiciste_ [16] (hacerse[s]: P) muy amigos y

hizo

ahora se escriben y se visitan cuando pueden.

[p]to bump into   [q]to shake off   [r]clouds   [s]to become

❖**B. Una tarjeta postal de Buenos Aires.** Here is a postcard that Sara has sent to Alfonso in the United States. Read the postcard. Then, using interrogative words, form as many questions as you can about its content to ask your classmates. You can ask questions about what it actually says as well as about what it implies. Write on a separate sheet of paper.

¿ Dónde está Sara?

¿ De dónde escribe la tarjeta postal?

¿ Que hacía cuando escribió la tarjeta?

> Alfonso:
> Hola, ¿qué tal? Hace dos días[a] que Katia y yo estamos en la Argentina. Hace mucho frío porque es agosto—en el hemisferio sur los meses de invierno son junio, julio y agosto. Los argentinos piensan que somos turistas porque llevamos camisetas y sandalias. Tienen razón... ¡y nosotras tenemos frío! ¡Qué mal escogimos[b] la ropa para este viaje! Ahora tomamos café en el hotel. Mañana pensamos comprar ropa abrigada.[c] Bueno, eso es todo por ahora.
> Un abrazo[d] de
> Sara

> Alfonso Solís
> 145 Elm Street
> Hudson, Ohio 44236
> USA

[a]Hace... It's been two days [b]¡Qué... How badly we chose [c]warm [d]hug

C. ¡Nunca cambian! Mire los dibujos y describa las acciones de las personas. Use el presente del progresivo (ahora), el pretérito (ayer) y el imperfecto (de niño/a).

Vocabulario útil: bailar, hacer ejercicio, jugar, nadar, pasear en bicicleta

Amada   Joaquín   Rosalía   Rogelio   David

	AHORA	AYER	DE NIÑO/A
1. Amada:	está jugando basquetbol	jugó	jugaba
2. Joaquín:	nadando	nadó	nadaba
3. Rosalía:	bailando	bailó	bailaba
4. Rogelio:	haciendo ciclismo	hizo	hacía paseaba (ciclismo)
5. David:	haciendo	hizo	hacía (ejercicio)

Panorama cultural: Colombia

A. Complete las oraciones con la información apropiada.

1. La República de Colombia obtuvo su independencia de _____ en _____ (año). Su primer presidente fue _____.

2. Colombia produce mucho _____, platino y esmeraldas, y exporta mucho petróleo y _____.

3. Un 14 por ciento de la población colombiana es de origen _____, pero el idioma oficial es el _____.

B. Conteste brevemente (*briefly*).

1. ¿Quién es el escritor colombiano más leído (*read*) del mundo entero? _____

2. ¿Qué obtuvo ese escritor en 1982? _____

3. ¿Cómo se llama su novela más importante? _____

4. ¿Qué técnica literaria usa García Márquez en esa novela? _____

5. Además de (*Besides*) ser novelista, ¿qué otra carrera (*career*) tiene? _____

Póngase a prueba

A ver si sabe...

A. Imperfect of Regular and Irregular Verbs

1. Complete la siguiente tabla.

INFINITIVO	CANTAR	IR	LEER	SER	VER
yo	cantaba	iba	leía	era	veía
nosotros	cantábamos	íbamos	leíamos	éramos	veíamos

2. Match the following uses of the imperfect with the examples.

1. _D_ To express *time* in the past.

2. _C_ To describe a repeated or habitual action in the past.

3. _F_ To describe an action in progress.

4. _B_ To express *age* in the past.

a. ¿Estabas estudiando?

b. Tenía ocho años.

c. Cenaba con mis padres cuando llamaste.

d. Eran las doce.

5. ___C___ To describe ongoing physical, mental, or emotional states in the past.

e. Siempre comíamos a las seis.

6. ___A___ To form the past progressive.

f. No me gustaba practicar.

B. Superlatives. Complete las oraciones.

1. (*happiest*)   Soy ___la___ persona ___más___ feliz ___en el / del___ mundo.

2. (*best*)   Son los ___mejores___ jugadores ___del___ equipo.

3. (*worst*)   Es el ___peor___ estudiante ___en___ ___la___ clase.

C. Summary of Interrogative Words. ¿Qué o cuál(es)? Complete la pregunta con la palabra interrogativa apropiada.

1. ¿___Qué___ significa (*means*) ciclismo?

2. ¿___Cuál___ es tu teléfono? ← "What is your telephone number?"

3. ¿___Cuáles___ son tus libros?

4. ¿___Qué___ restaurante me recomiendas?

5. ¿___Cuál___ es el mejor restaurante de la ciudad?

Prueba corta

A. Complete el párrafo con el imperfecto de los verbos entre paréntesis.

Cuando Mafalda ___era___ [1] (ser) una niña más pequeña, ella no ___asistía___ [2] (asistir) a la escuela. Siempre ___estaba___ [3] (estar) en casa con su madre, y a veces la ___ayudaba___ [4] (ayudar) con los quehaceres. Muchas veces, durante el día, otras niñas que ___vivían___ [5] (vivir) cerca ___iban___ [6] (ir) a visitarla y todas ___jugaban___ [7] (jugar) en el patio de su casa. Su mamá les ___servía___ [8] (servir) galletas y leche y cuando todas sus amiguitas ___se cansaban___ [9] (cansarse[a]) de jugar, ellas ___volvían___ [10] (volver) a casa.

[a]*to become tired*

B. Complete las preguntas con la palabra o frase interrogativa apropiada.

1. ¿___Adónde___ van Uds. ahora? ¿A casa o al centro?

2. ¿___Quién___ es la chica de pelo rubio?

3. ¿___Cómo___ se llama la profesora de francés?

4. ¿___Dónde___ están los otros estudiantes? No los veo.

5. ¿___Qué___ es tu clase favorita este semestre?

6. ¿___Cuánto___ pagaste por tu nuevo coche?

Punto final

❖ ¡Repasemos!

On a separate sheet of paper, use the following verbs or phrases in the order given to write a composition in the imperfect tense, describing a typical day when you were a high school student. Use phrases such as **casi siempre, nunca, muchas veces, generalmente**.

1. despertarse
2. bañarse/ducharse
3. cepillarse los dientes
4. vestirse
5. desayunar
6. despedirse
7. ir a la escuela
8. asistir a clases
9. almorzar
10. conversar y reírse con los amigos
11. volver a casa
12. estudiar
13. sentarse a cenar a las seis
14. si no tener que estudiar
15. mirar la televisión
16. leer
17. decirle «buenas noches» a _____
18. quitarse la ropa
19. acostarse

❖ Mi diario

¿Qué quehaceres domésticos le tocaba hacer a Ud. cuando estaba en la escuela secundaria? ¿Con qué frecuencia debía hacerlos? Escriba algo en su diario sobre estos quehaceres.

MODELO: Yo debía hacer mi cama todos los días, ¡y lo hacía! También me tocaba...

CAPÍTULO **10**

Vocabulario: Preparación

La salud y el bienestar

A. Las partes del cuerpo. Complete las oraciones con las partes del cuerpo. ¡OJO! ¡Cuidado con el artículo definido!

boca, cerebro, corazón, dientes, estómago, garganta, nariz, oídos, ojos, pulmones

1. Hablamos con _las ~~de~~ bocas_ y pensamos con _el cerebro_.

2. Vemos con _los ojos_ y oímos con _los oídos_.

3. Respiramos con _los pulmones_ y _el ~~corazo~~ la garganta_. nariz.

4. La sangre (*blood*) pasa por _el corazón_.

5. Tragamos (*We swallow*) la comida por _la garganta_.

6. La comida se digiere (*is digested*) en _el estómago_. ← a hard "g".

7. Masticamos (*We chew*) con _los dientes_.

B. ¿Saludable (*Healthy*) o no? Conteste las preguntas según los dibujos.

1.

a. ¿Qué hace Angélica?

Hace los ejercicios.

b. ¿Qué tipo de vida lleva?

Una vida sana

c. ¿Hace Ud. tanto ejercicio como ella?

Como tanto como ella.

2.

a. ¿Se cuida mucho este señor?

_¡Sí!_

b. ¿Qué recomienda el médico que deje de hacer?

De fumar, de tomar las bebidas alcohólicas, de comer las carnes rojas

c. ¿Es mejor que coma carne o verduras?

Las verduras.

d. ¿Debe usar más su coche o debe caminar más?

Debe caminar mucho más.

❖C. **Preguntas personales.** Vamos a hablar de su salud. Conteste con oraciones completas.

1. ¿Lleva Ud. gafas o lentes de contacto? ¿Ve Ud. bien sin ellos?

   No, veo muy bien sin ellos.

2. ¿Duerme Ud. lo suficiente? ¿Cuántas horas duerme por lo general? _____

   Duermo muy suficiente, cerca de ocho horas por lo general.

3. ¿Qué deportes practica Ud.? ¿Levanta pesas (*weights*) o hace ejercicios aeróbicos?

   Practico la lucha libre, y levanto pesos luego

4. ¿Come Ud. equilibradamente? ¿Qué cosas come Ud. generalmente? _____

   Sí. Como las frutas, verduras, beans, y los
   comes,

5. ¿Qué le pasa a Ud. cuando no se cuida? _Me enfermo._

   _____

En el consultorio

A. Los enfermos. Conteste las preguntas según los dibujos. Use la forma apropiada de las palabras de la lista.

1.

   a. ¿Qué hace la paciente?

   Tose.

   _____

   b. ¿Qué le ausculta (*listen to*) el médico?

   Los pulmones o la corren
   de la puerta.

congestionado
consultorio
dolerle la cabeza
guardar cama
ponerle una
  inyección
pulmones
resfriarse
tomarse la
  temperatura
toser

2. a. ¿Dónde está el niño?

   El niño es con un médico.

   b. ¿Qué acaba de hacer el doctor?

   Acaba le puede una inyección.

   c. ¿Qué debe hacer el niño?

   El niño debe guardar cama

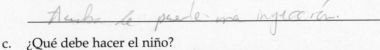
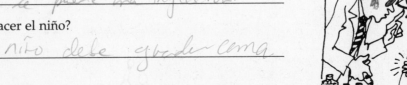

3. a. ¿Qué le pasó a la mujer?

Se enfermó. respiró.

b. ¿Cómo tiene la nariz?

tapar Frace se retira

c. ¿Por qué necesita aspirinas?

¡ Purque es enferma !

d. ¿Qué acaba de hacer? _Acaba de tomarse la temperatura_

B. Cuestiones de salud. Conteste las preguntas con la forma apropiada de las palabras de la lista.

1. ¿Qué tiene Ud. si su temperatura pasa de 37,0 grados (centígrados)?

Me cuido

2. ¿Qué tenemos que hacer cuando el médico nos examina la garganta?

(Mencione dos cosas.) _Sacar la lengua y decir "Ah"_

3. ¿Cuáles son cuatro cosas que debemos hacer para llevar una vida sana?

—Comer equilibradamente. Dormir lo suficiente
—Hacer ejercicio —Preparar los antibióticos

4. ¿Qué síntomas tenemos cuando tenemos un resfriado?

Abla mas.

5. Generalmente, ¿qué receta (*prescribes*) el doctor para la tos?

Un jarabe (receta)

6. ¿Qué es necesario hacer si no vemos bien?

Es necesario ir al médico

7. ¿Qué receta nos da el médico si tenemos una infección?

Nos de el médico receta de los antibióticos

8. Y Ud., ¿qué prefiere tomar para la tos, jarabe o pastillas?

Las pastillas. No ese mas un niño

C. ¿Qué piensa Ud.? Conteste las preguntas según su opinión.

1. ¿Qué es lo bueno (o lo malo) de vivir cerca de una playa? _Es bueno lo vivir_
cerca del recreo, pero hay muchos turistas.

2. ¿Qué es lo mejor de dejar de fumar? _Es my dia para la sea_

abrir la boca
antibióticos
comer equilibra-
damente
congestionado
cuidarse
dormir lo
  suficiente
fiebre
hacer ejercicio
jarabe
llevar lentes
pastillas
sacar la lengua
tos

3. ¿Qué es lo peor de resfriarse? _Estar ___ ___ para un coche._

4. ¿Qué es lo malo de ir al dentista? _Me duele mi boca algunas veces._

Minidiálogos y gramática

¡RECUERDE!

A. Escriba la forma indicada del verbo en el imperfecto (I) y en el pretérito (P).

	I	P
1. cuidarse (nosotros)	nos cuidabas	nos cuidamos
2. comer (nosotros)	comíamos	comimos
3. hacer (yo)	hacía	hice
4. ser (tú)	eras	fuiste
5. decir (ellos)	decían	dijeron
6. saber (yo)	supe solía	supe
7. jugar (yo)	jugaba	jugué
8. ir (él)	iba	fue
9. poner (Ud.)	ponía	ponó puso
10. venir (tú)	venías	veniste

B. ¿Imperfecto (I) o pretérito (P)?

1. _I_ To talk about age (with **tener**) or to tell time in the past. (Grammar Section 27)

2. _I_ To tell about a repeated habitual action in the past. (27)

3. _I_ To narrate an action in progress in the past. (27)

4. _P_ To describe an action that was completed or begun in the past. (23, 24, 25)

30. Narrating in the Past • Using the Preterite and the Imperfect

A. Un episodio de la niñez

Paso 1.

1. Scan the first paragraph of the episode (in **Paso 2**) to decide if the verbs should be in the preterite or imperfect tense throughout. Because this is a description (it sets the scene) of the narrator's life when he or she was 12 years old, you will use the *preterite/imperfect* (select one).

2. The second paragraph, for the most part, tells what happened: The parents *traveled*, the children *stayed* with their grandmother, one sister *broke* her nose. You will use the *preterite/imperfect*.

3. The verb **ir** is used in the second paragraph as a description, not an action: Everything *was going well*. You will use the *preterite/imperfect* of **ir**.

4. In this paragraph, does **saber** mean *knew* or *found out*? Because the meaning is probably *found out*, you will use the *preterite/imperfect*.

5. Does **querer** mean *wanted to* or *tried*? Because the meaning is probably *wanted to*, you will use the *preterite/imperfect*.

6. **Asegurar** tells what the grandmother *did*, so you will use the *preterite/imperfect*. **Estar bien** describes how the narrator's sister was feeling, so you will use the *preterite/imperfect*.

Paso 2. Ahora complete las oraciones con la forma apropiada del pretérito o imperfecto de los verbos entre paréntesis.

Cuando yo ____tenía____ ¹ (tener) doce años, ____vivía____ ² (vivir) con mis dos hermanas y mis padres en Fresno, donde yo ____asistía____ ³ (asistir) a una escuela privada. Mi papá ____trabajaba____ ⁴ (trabajar) en el Banco de América y mi mamá ____se quedaba____ ⁵ (quedarse) en casa.

Una vez, mis padres ____viajaron____ ⁶ (viajar) a Europa. Mis hermanas y yo ____nos quedamos____ ⁷ (quedarse) con nuestra abuela. Todo ____iba____ ⁸ (ir) bien hasta que un sábado por la tarde mi hermana menor ____se rompió____ ⁹ (romperseª) la nariz. Cuando mis padres ____supieron____ ¹⁰ (saber) del accidente, ____quisieron____ ¹¹ (querer: ellos) volver, pero mi abuela les ____aseguró____ ¹² (asegurarᵇ) que no era necesario porque mi hermana ____estaba____ ¹³ (estar) bien.

ªto break   ᵇto assure

¡RECUERDE!

Más sobre el pretérito y el imperfecto

Estudie los pares de oraciones.

No **pudo** abrir la puerta.	*He couldn't open the door. (He tried and failed.)*
No **podía** abrir la puerta porque no tenía las llaves.	*He couldn't (was unable to) open the door because he didn't have the keys.*
No **quiso** ir.	*He refused to go (and didn't go).*
No **quería** ir.	*He didn't want to go (but may have gone).*
Supe del accidente ayer.	*I learned (found out) about the accident yesterday.*
Sabía del accidente.	*I knew about the accident.*
Estuve allí a las dos.	*I was (got) there at two.*
Estaba allí a las dos.	*I was (already) there at two.*
Conocí a tu hermana ayer.	*I met (became acquainted with) your sister yesterday.*
No la **conocía** antes.	*I didn't know her before.*
Anoche **tuvimos** que salir.	*Last night we had to go out (and did).*
Anoche **teníamos** que salir.	*Last night we had to go out. (We were supposed to go out, but there is no indication of whether we did.)*
Antonio **fue** a comprar aspirinas.	*Antonio went to buy aspirin.*
Iba a comprar leche también.	*He was going to buy milk too.*

B. ¿Pretérito o imperfecto? Lea cada oración y decida cuál de las dos formas completa mejor cada oración.

1. Nosotros *supimos/sabíamos* que Francisco *tuvo/tenía* un accidente cuando nos lo contó Mario.
2. Carmela nos llamó para decirnos que no se *sintió/sentía* bien y que *fue/iba* a quedarse en casa.
3. Raúl no *pudo/podía* estudiar anoche porque se le apagaron las luces. Por eso, *fue/iba* a estudiar en la biblioteca donde afortunadamente (*fortunately*) había luz.
4. Yo no *pude/podía* salir anoche porque *tuve/tenía* fiebre.
5. Yo *estuve/estaba* en el consultorio del médico a las nueve en punto, pero él todavía no *estuvo/estaba* allí.
6. Le prometí al doctor que *fui/iba* a dejar de fumar... ¡y pronto!

C. ¿Qué tenía el Sr. Correa? Complete la narración con la forma apropiada del pretérito o imperfecto de los verbos entre paréntesis.

El lunes pasado, cuando ___se despertó___[1] (despertarse) Jorge Correa,

___dijo___[2] (decir) que no ___se sentía___[3] (sentirse) bien. No

___podía___[4] (poder) dormir toda la noche y le ___dolía___[5] (doler) el

pecho[a]. Inmediatamente ___hizo___[6] (hacer: *él*) una cita[b] con el médico.

___estaba___[7] (Estar: *Él*) muy nervioso porque ___temía___[8] (temer[c]) algo

serio, como un ataque al corazón. El doctor lo ___examinó___[9] (examinar) y le

___dijo___[10] (decir) que no ___era___[11] (ser) nada grave, que solamente

___estaba___[12] (estar: *él*) muy cansado, que ___debía___[13] (deber) dormir más

y comer mejor. El doctor le ___dió___[14] (dar) unas vitaminas y pastillas para dormir.

Y cuando el Sr. Correa ___llegó___[15] (llegar) a casa, ya ___se sentó___[16]

(sentirse) mucho mejor.

[a]*chest* [b]*appointment* [c]*to fear*

31. Recognizing **que, quien(es), lo que** • Relative Pronouns

A. Lo que me pasó en el hospital. Complete las oraciones lógicamente, usando **que, quien(es)** o **lo que**.

1. Esa es la medicina _____ me recetó (*prescribed*) el doctor.

2. ¿Te acuerdas de las pastillas tan caras de _____ te hablé el otro día? Pues ese es el doctor _____ me las recetó.

3. El doctor con _____ conversabas antes es especialista en pulmones.

4. Esos son los pacientes de _____ te hablaba.

5. Las enfermeras a _____ les mandé flores me cuidaron en el hospital.

6. El joven _____ visitó a doña Mercedes en el hospital es el sobrino a _____ llamaron por teléfono cuando ella se enfermó.

7. A veces los pacientes no comprendían _____ decían los médicos.

B. Más sobre el hospital. Combine las oraciones evitando (*avoiding*) la repetición innecesaria. Use el pronombre relativo correcto, **que** o **quien**.

MODELO: Esa es la doctora. Mi amigo me habló de la doctora. →
Esa es la doctora de quien me habló mi amigo.

1. Esa es la doctora. La doctora me cuidó cuando me resfrié gravemente.

_____

2. Aquella es la paciente. Yo te hablaba de ella ayer.

_____

3. Esa es Susana Preciado. Compartí (*I shared*) mi cuarto con Susana Preciado.

_____

4. Estas son las flores. Me mandaron estas flores al hospital.

_____

5. ¡Esta es la cuenta! ¡Recibí la cuenta hoy!

_____

32. Expressing *each other* • Reciprocal Actions with Reflexive Pronouns

❖**A. Entre profesor y estudiantes.** ¿Entre quiénes ocurre lo siguiente, entre el profesor y los estudiantes, o entre los estudiantes solamente?

	ENTRE EL PROFESOR Y LOS ESTUDIANTES	ENTRE LOS ESTUDIANTES
1. Se respetan mucho.	☐	☐
2. Se escuchan con atención.	☐	☐
3. Se ayudan con la tarea.	☐	☐
4. Se ven en la cafetería.	☐	☐
5. Se hablan por teléfono.	☐	☐
6. Se escriben tarjetas postales.	☐	☐
7. Se hablan en español.	☐	☐

B. ¿Qué hacen estas personas? Exprese las acciones recíprocas que se ven en los dibujos con los verbos indicados.

MODELO: 1.

querer (*to love*) → Kiki y Manuel se quieren mucho.

1. mirar _____

_____

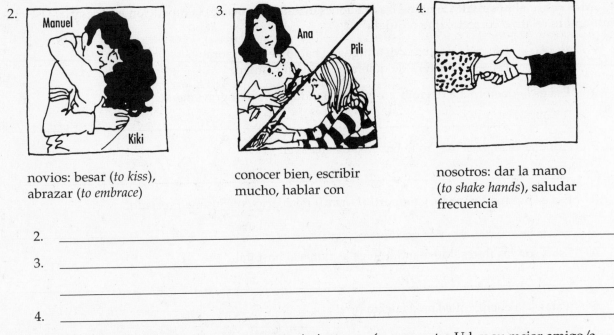

2. novios: besar (*to kiss*), abrazar (*to embrace*)

3. conocer bien, escribir mucho, hablar con

4. nosotros: dar la mano (*to shake hands*), saludar frecuencia

2. _____

3. _____

_____

4. _____

❖**C. La reciprocidad.** Describa las acciones y sentimientos recíprocos entre Ud. y su mejor amigo/a. Use por lo menos cinco de los verbos de la siguiente lista.

MODELO: Nos vemos por lo menos (*at least*) tres veces por semana.

Palabras útiles: admirar, ayudar, escribir, hablar, llamar, prestar (ropa, dinero), querer, respetar, saludar

_____

_____

_____

_____

Un poco de todo

A. Un caso de apendicitis. Complete el diálogo entre Alicia y Lorenzo con verbos en el pretérito o el imperfecto o con otras palabras necesarias.

LORENZO: ¿Y qué _____[1] (ser) lo más divertido de tu año en el Ecuador?

ALICIA: No lo vas a creer, pero fue un ataque de apendicitis que _____[2] (tener)

en la primavera, la primera semana que _____[3] (estar) allí.

LORENZO: ¿Qué te pasó?

ALICIA: Pues, cuando _____[4] (levantarme) el lunes, me _____[5]

(sentir) un poco mal, pero no _____[6] (querer) perder el tiempo en el consultorio de un médico. Por la tarde, la temperatura _____ [7] (ponerse) muy alta y me _____ [8] (doler) el estómago. Esa noche

_____ [9] (dormir) muy mal y a la mañana siguiente

_____ [10] (empezar) a vomitar.

LORENZO: ¿Por qué no _____ [11] (llamar) a tus amigos, _____ [12] Sres. Durango?

ALICIA: No los _____ [13] (conocer) todavía. Pero sí _____ [14] (llamar) _____ [15] la dependienta del hotel. Cuando me vio,

_____ [16] (llamar) a una ambulancia y me _____ [17] (llevar: *ellos*) al hospital.

LORENZO: Pues, no veo _____ [18] cómico de todo eso.

ALICIA: Espera. Por fin me operaron, y cuando me _____ [19] (despertar) de la operación, repetía constantemente en español, «No puedo hablar español»... Por lo visto[a], _____ [20] único que me preocupaba era _____ [21] español, pues no lo _____ [22] (hablar) bien en aquel entonces. Las enfermeras y _____ [23] doctor Castillo se rieron mucho...

[a]Por... *Apparently*

B. Cuando me levanté... Cambie la narración del presente al pasado. Use el pretérito o el imperfecto.

Yo casi nunca me *enfermo*: me *cuido* _____ _____

bastante, *como* bien, *hago* ejercicio, _____ _____

duermo lo suficiente; en fin, *llevo* una vida sana. _____ _____

Pero ese día al despertarme[a] me *siento* _____

mareado. Me *duelen* la cabeza y la garganta; me _____

duele todo el cuerpo. No *quiero* faltar a clases pero _____ _____

decido quedarme en cama. *Miro* el reloj y *veo* que _____ _____ _____

son casi las ocho. *Llamo* a mi amigo Enrique (que _____ _____

siempre *viene* a buscarme en su coche) y le *digo* _____ _____

que no *voy* a ir a la universidad. *Tomo* dos _____ _____

aspirinas y me *acuesto* otra vez. _____

[a]al... *upon waking up*

C. ¿Qué estaban haciendo estas personas cuando... ? Conteste la pregunta con los verbos indicados, usando el pasado del progresivo del primer verbo y el pretérito del segundo.

MODELO: llorar / encontrarlos → Los niños *estaban llorando* cuando su madre los encontró.

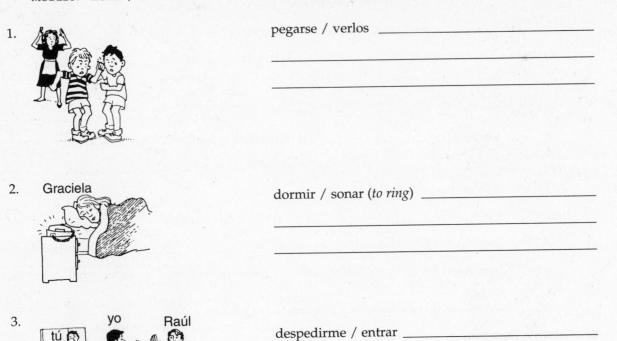

1. pegarse / verlos _____

_____

2. dormir / sonar (*to ring*) _____

_____

_____

3. despedirme / entrar _____

_____

_____

Panorama cultural: Venezuela

A. Complete las oraciones con la información apropiada, usando una palabra o frase corta.

1. Además del español, en Venezuela se hablan _____.

2. La capital de la República de Venezuela es _____.

3. La moneda venezolana es _____.

4. Simón Bolívar nació el _____ (día y mes).

5. Bolívar fue influenciado por las ideas del escritor francés _____.

6. También tuvieron influencia en Bolívar las luchas por la independencia de

_____.

7. A Simón Bolívar lo llaman «_____».

B. Conteste brevemente.

1. ¿Cómo es el clima en Venezuela? _____

2. ¿Por qué es famosa la catarata (*waterfall*) Salto Ángel? _____

3. ¿Dónde hay hermosas playas en Venezuela? _____

Póngase a prueba

A ver si sabe...

A. Using the Preterite and the Imperfect. ¿Pretérito (P) o imperfecto (I)?

a. _____ para hablar de una acción habitual o repetida (*repeated*) en el pasado

b. _____ para hablar de una acción que empieza o termina en el pasado

c. _____ para dar una descripción

d. _____ para dar la hora en el pasado o hablar de la edad con **tener** en el pasado

e. _____ para hablar de una acción en progreso en el pasado

B. Relative Pronouns

1. **¿Que, quien(es)** o **lo que**?

   _____ a. Se usa para hablar de personas sólo después de una preposición (a, de, con, por, para).

   _____ b. Se refiere a personas o cosas.

   _____ c. Se refiere a una idea o situación.

2. Justifique el uso de cada pronombre relativo. Use las explicaciones del ejercicio anterior.

   _____ 1. No entiendo <u>lo que</u> quieres decir (*you mean*).

   _____ 2. ¿Dónde están las aspirinas <u>que</u> compraste?

   _____ 3. Esas son las personas <u>con quienes</u> viajamos.

   _____ 4. ¿<u>De quiénes</u> están hablando?

   _____ 5. ¿Es ella la mujer <u>que</u> te prestó el dinero?

C. Reciprocal Actions with Reflexive Pronouns. Combine las dos oraciones, usando el pronombre reflexivo para indicar que es una acción recíproca.

1. Mi novio/a me quiere. Yo quiero a mi novio/a.

   _____

2. Mi mejor amigo me conoce bien. Yo conozco bien a mi mejor amigo.

   _____

3. Marta llama a sus padres todos los domingos. Sus padres llaman a Marta todos los domingos.

_____

Prueba corta

A. Complete las oraciones con la forma correcta del pretérito o del imperfecto del verbo entre paréntesis, según el contexto.

Cuando yo _____¹ (ser) niño, no _____² (tener: *yo*) que trabajar

porque mis padres _____³ (pagar) todos mis gastosª. Una vez, el dueño de un

restaurante me _____⁴ (preguntar) si yo _____⁵ (querer) ayudarlo

los fines de semana, pero yo no _____⁶ (poder) hacerlo porque mis padres no

_____⁷ (darme) permisoᵇ. Ellos _____⁸ (creer) que yo

_____⁹ (ser) muy joven para trabajar. Más tarde, cuando _____¹⁰

(cumplir: *yo*) quince años, _____¹¹ (conseguir) un empleo y finalmente

_____¹² (empezar: *yo*) a ganar mi propioᶜ dinero.

ª*expenses* ᵇ*permission* ᶜ*own*

B. Complete las oraciones lógicamente, usando **que, quien(es), lo que**.

1. ¿Son estos los antibióticos _____ tienes que tomar?

2. Ayer conocí a la enfermera de _____ me hablaste.

3. Los pacientes hicieron _____ les dijo el doctor.

4. Ese es el especialista a _____ consultó mi padre.

5. ¿Ya vino la muchacha _____ conocimos ayer?

C. Complete cada oración con la forma apropiada del presente del verbo entre paréntesis, indicando que la acción es recíproca.

1. En España, cuando los amigos _____ (despedir), generalmente

   _____ (dar) la mano (*they shake hands*).

2. Muchos padres e hijos _____ (hablar) por teléfono cuando viven lejos.

3. Las relaciones siempre son mejores entre los jefes y los empleados cuando

   _____ (respetar).

4. Tradicionalmente, los novios no _____ (ver) antes de la ceremonia de la boda (*wedding*).

5. Los buenos amigos _____ (ayudar) frecuentemente.

Punto final

❖ ¡Repasemos!

Lea Ud. esta adaptación de un artículo de una revista y conteste las preguntas. Trate de adivinar (*Try to guess*) el significado de las palabras indicadas con letras cursivas (*italics*).

La salud física y el ejercicio en familia

La reputación sobre la buena salud física de los californianos sufrió un duro golpe[a] cuando los estudiantes de las escuelas de San Francisco no pasaron la primera *prueba* nacional estandarizada de salud física. El examen medía[b] sus *habilidades* en ejercicios tan simples como hacer *flexiones*, sentadillas[c] y correr. La mitad[d] de los estudiantes examinados en este estado fallaron[e] en la carrera[f] de una milla.

Según el Departamento de Salud, más del 40 por ciento de los niños entre cinco y ocho años muestran factores de *riesgo* de ataques cardíacos. Una *encuesta* de la Universidad de California encontró que por lo menos una tercera parte de los niños sufren de sobrepeso[g].

Una forma de sacar a los niños del sofá y hacerlos *competir* es hacer de los deportes un esfuerzo[h] familiar... Los padres aprenden a trabajar con sus hijos, les ofrecen *camaradería* y al mismo tiempo queman[i] calorías...

También empiezan a *desaparecer* las *barreras* tradicionales que complican los logros[j] atléticos. «Los jóvenes se hacen un poco menos machos y a las chicas no les preocupa tanto que los deportes interfieran en su feminidad», dice Fernández (el director de un club de deportes en California). «Mis estudiantes son verdaderas *jugadoras de pelota*. Juegan a ganar y fácilmente pueden jugar contra[k] los equipos[l] de muchachos... »

La participación de la juventud en los deportes *crea autoestima*, un beneficio necesario para todos los niños. El ex boxeador profesional Stanley García ha gastado[m] $10.000 de su propio[n] dinero para montar un ring en uno de los barrios[o] más pobres de Oakland, California. Los muchachos del barrio, en su mayoría[p] negros e hispanos, deben obedecer[q] dos reglas[r] sencillas para practicar: ser serios y no consumir drogas. Aparte de usar los guantes[s], los jóvenes aprenden a creer en sí mismos[t], a ganar sin usar drogas y a saber que hay gente en el mundo que se preocupa por ellos. «No me preocupa mucho si boxean o no», dice García. «Lo importante es que aprendan a soñar[u].»

[a]*blow* [b]*measured* [c]*sit-ups* [d]*50%* [e]*no pudieron terminar* [f]*race* [g]*being overweight* [h]*effort* [i]*they burn* [j]*achievements* [k]*against* [l]*teams* [m]*ha... has spent* [n]*own* [o]*neighborhoods* [p]*majority* [q]*obey* [r]*rules* [s]*gloves* [t]*sí... themselves* [u]*dream*

Comprensión

1. ¿Qué descubrieron cuando los estudiantes de San Francisco tomaron un examen de salud física?

   _____

2. ¿Qué riesgo corre el 40 por ciento de los niños de cinco a ocho años?

   _____

3. ¿De qué sufre una tercera parte de los niños examinados?

   _____

4. ¿Qué beneficios reciben los padres cuando practican deportes con sus hijos?

_____

_____

5. ¿Qué empieza a desaparecer como (*as a*) resultado de una mayor participación en los deportes?

_____

6. ¿Cuáles son las dos reglas que hay que seguir en el ring de Stanley García?

_____

7. Para García, ¿qué es lo más importante que deben aprender los chicos?

_____

❖ Mi diario

Escriba sobre la última vez que Ud. se resfrió. Mencione lo siguiente:

- cuándo ocurrió
- los síntomas que tenía
- lo que hizo para mejorarse
- cuánto tiempo duró (*lasted*) el resfriado

Si Ud. no se ha resfriado nunca (*If you've never had a cold*), explique este fenómeno en su diario y además diga lo que Ud. hace para mantenerse tan sano/a.

CAPÍTULO **11**

Vocabulario: Preparación

Las presiones de la vida estudiantil

❖**A.** **¿Cómo reacciona Ud. en estas circunstancias?**

1. Son las seis de la mañana y suena el despertador.

    a. ☐ Me levanto en seguida (*right away*).

    b. ☐ Lo apago (*I turn it off*) y vuelvo a dormirme.

    c. ☐ Lo apago y me quedo unos minutos en la cama.

2. Le duele muchísimo la cabeza.

    a. ☐ Tomo dos aspirinas en seguida.

    b. ☐ No tomo nada y espero que el dolor pase pronto.

    c. ☐ No hago nada porque nunca me duele la cabeza.

3. Un amigo rompe su florero (*vase*) favorito. Ud. le dice:

    a. ☐ —¡Qué (*How*) torpe eres!

    b. ☐ —No te preocupes (*Don't worry*). Yo sé que fue sin querer.

    c. ☐ No le digo nada, pero la próxima vez que este amigo viene a mi casa, guardo en un armario todos mis objetos de valor.

4. Un amigo lo/la llama para preguntarle por qué no fue Ud. a la cita (*date*) que tenía con él. Ud. le dice:

    a. ☐ —Lo siento. De veras (*Really*) no me acordé.

    b. ☐ —¡Hombre! No es para tanto (*such a big deal*).

    c. ☐ —¡Qué distraído/a soy! ¿No era para hoy?

5. Cuando tiene una fecha límite para entregar un trabajo, ¿qué hace Ud.?

    a. ☐ Casi siempre lo entrego a tiempo.

    b. ☐ Muchas veces le doy excusas al profesor/a la profesora y se lo entrego tarde.

    c. ☐ Muchas veces no le hago caso (*pay attention*) al asunto (*matter*).

¿Es Ud. así? Indique si las siguientes declaraciones son ciertas o falsas para Ud.

		C	F
1.	Una vez no me acordé de poner el despertador y llegué tarde a un examen.	☐	☐
2.	Casi nunca me equivoco cuando marco (*I dial*) un número de teléfono.	☐	☐
3.	Una vez le pegué a alguien con un objeto, y se enojó conmigo.	☐	☐
4.	Si recojo a mis amigos en mi auto, ellos me ayudan a pagar la gasolina.	☐	☐
5.	No sufro muchas presiones este semestre porque tengo un horario fácil.	☐	☐
6.	A veces pierdo las llaves de mi coche.	☐	☐

C. ¡Pobre Pedro! Exprese en español las palabras o expresiones en inglés.

Pedro Peralta, un joven algo distraído, va a ver al doctor después de un accidente.

PEDRO: Doctor, ¡qué _____¹ (*clumsy*) soy! Esta mañana _____²

(*I fell*) en la calle y creo que _____³ (*I injured*) el pie. Me

_____⁴ (*hurts*) mucho.

DOCTOR: Vamos a ver... Parece que no es nada serio.

PEDRO: ¿Seguro que _____⁵ (*you're not wrong*) Ud.? Creo que me

_____⁶ (*I broke*) algo. Me duele la pierna.

DOCTOR: Nada de eso... Tome dos _____⁷ (*aspirin*) cada cuatro horas; vuelva a

verme en dos días si no _____⁸ (*feel*) mejor. Ah, y quédese en casa

mañana.

PEDRO: ¡_____⁹! (*What bad luck!*) Ahora _____¹⁰

(*I remember*) que mañana es la fiesta anual de la oficina.

D. Mónica, una estudiante excepcional. Lea el itinerario de Mónica y conteste las preguntas.

Mónica tiene tres clases de fotografía en la universidad. Tiene dos clases muy temprano por la mañana y otra clase por la noche. Esto causa muchas presiones en su vida porque, como vive lejos de la universidad, tiene que levantarse muy temprano y luchar contra el terrible tráfico que va hacia la ciudad. Cuando no encuentra dónde estacionarse, llega tarde a clase y se disculpa con el profesor. Por las noches, cuando vuelve a casa, está cansada y sólo tiene ganas de dormir. Y, lo que es peor, a veces tiene que entregar un trabajo por la noche y otro a la mañana siguiente. El problema es que no sólo tiene que sacar las fotos, sino (*but*) revelarlas, copiarlas y presentarlas. Por eso, a veces no duerme en toda la noche, tratando de (*trying to*) terminar su tarea a tiempo. Como es una estudiante muy seria, le preocupa exceder (*exceeding*) la fecha límite para entregar sus trabajos, porque no quiere sacar malas notas. Sin duda, le queda poco tiempo para reunirse con su familia, sus amigos y su pobre novio.

Comprensión

1. ¿Qué estudia Mónica en la universidad?

_____

2. ¿Cuándo tiene clases?

_____

3. ¿Por qué llega tarde a clase algunas veces?

_____

4. ¿Cuál es la primera cosa que tiene que hacer para sus clases?

_____

5. ¿Por qué no quiere exceder la fecha límite para entregar sus trabajos?

_____

6. a. En la opinión de Ud., el horario de Mónica este semestre es fácil o difícil?

_____

   b. ¿Y qué puede hacer el próximo semestre para no sufrir tanto estrés?

_____

E. Más partes del cuerpo. Identifique las partes del cuerpo indicadas.

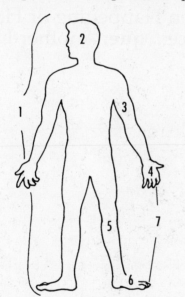

1. _____

2. _____

3. _____

4. _____

5. _____

6. _____

7. _____

More on Adverbs

A. Adjetivos → adverbios. Convierta los adjetivos en adverbios.

1. fácil _____   5. total _____

2. inmediato _____   6. directo _____

3. impaciente _____   7. aproximado _____

4. lógico _____   8. furioso _____

B. Más adverbios. Complete las oraciones con adverbios derivados de los siguientes adjetivos.

aproximado, final, posible, sincero, solo, tranquilo

1. Después de jugar todo el día, los niños están durmiendo _____.

2. Después de esperar casi una hora, _____ vamos a subir al avión.

3. No sé cuándo llegan mis amigos. _____ mañana.

4. Creo que son _____ las dos y media.

5. Te digo _____ que no me gusta esa clase.

6. Juan tiene cien pesos, pero yo tengo _____ cincuenta.

Minidiálogos y gramática

33. Telling How Long Something Has Been Happening or How Long Ago Something Happened • Hace... que: Another Use of hacer

❖A. ¿Cierto o falso?

		C	F
1.	Hace un año que no voy al médico/dentista.	☐	☐
2.	Hace una semana que me siento mal.	☐	☐
3.	Hace mucho tiempo que no fumo.	☐	☐
4.	Hace menos de un año que asisto a esta universidad.	☐	☐
5.	Hace más de dos años que llevo lentes (de contacto).	☐	☐
6.	Hace más de cinco años que conocí a mi mejor amigo/a.	☐	☐
7.	Hace diez años que aprendí a manejar (drive).	☐	☐
8.	Hace menos de un año que me mudé (I moved) a esta ciudad.	☐	☐

B. Un estudiante en Puebla. Imagine that after one semester of studying Spanish, you have gone to Mexico where you have been traveling for two weeks. For one week you have been in the Hotel Aristos in Puebla, taking part in an intensive language program. Answer the questions that another student asks you, using **hace... que.**

1. ¿Cuánto tiempo hace que visitas México?

_____

2. ¿Cuánto tiempo hace que estudias español?

_____

3. ¿Cuánto tiempo hace que estás en Puebla?

_____

C. ¡A Ud. le toca! Create questions to find out the following information from a classmate.

How long he or she has been . . .

1. studying Spanish

_____

2. attending this university

_____

3. living in the same place

_____

How long he or she has *not* . . .

MODELO: had a car → ¿Cuánto tiempo hace que no tienes coche?

4. gone to the movies

_____

5. received money from his/her (**tu**) family

_____

D. Conversación. Imagínese que hace mucho tiempo que Ud. no ve a un amigo. Por eso, él le hace muchas preguntas sobre la vida de Ud. Use las palabras indicadas para formar las preguntas de él y luego contéstelas. Siga el modelo.

Palabras útiles: anoche, el año pasado, hace dos días (una semana, un mes, un año)

MODELO: salir a bailar →
—¿Cuándo fue la última vez que saliste a bailar?
—Fue hace un mes.

1. enfermarse   —¿_____?
   —_____

2. dar / fiesta   —¿_____?
   —_____

3. estar / restaurante / elegante   —¿_____?
   —_____

4. hacer / viaje   —¿_____?
   —_____

34. Expressing Unplanned or Unexpected Events • Another Use of **se**

A. **¡Problemas, problemas!** Empareje las situaciones con las explicaciones.

1. _____ Necesito comprarme otras gafas porque...

2. _____ Tengo que volver a casa porque...

3. _____ Necesito hablar con un policía porque...

4. _____ Tengo que ir a la tienda porque...

5. _____ Rompí la ventana del coche porque...

a. se me perdió la bolsa con doscientos dólares adentro.
b. se me rompieron las (*those*) que tenía.
c. se me acabó el papel.
d. se me olvidó la cartera.
e. se me quedaron las llaves adentro.

B. **En otras palabras...** Modifique las siguientes oraciones usando una forma más directa. Siga el modelo.

MODELO: A Julio se le perdieron los boletos. → Julio perdió los boletos.

1. A Juan se le perdió el dinero. _____

2. A mi hermano se le rompió una ventana. _____

3. Se me olvidaron los libros. _____

4. ¿Se te olvidó traer dinero? _____

5. ¿Se te quedaron los boletos en casa? (Use **dejar**.)

_____

C. **Accidentes.** Describa lo que les pasó a estas personas, seleccionando los verbos apropiados.

1.

Al pasajero se le *olvidó/olvidaron* las maletas.

2.

A la camarera se le *cayó/cayeron* un vaso de vino.

3.

A la mujer se le *acabó/acabaron* la leche.

4.

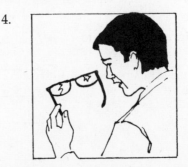

Al hombre se le *rompió/rompieron* las gafas.

❖**D.** **Cosas inesperadas** (*unexpected*). Describa lo que le pasó una vez. Después indique las consecuencias.

MODELO: Una vez se me *olvidó/olvidaron* guardar un trabajo en la computadora y lo perdí todo.

1. Una vez se me *cayó/cayeron* _____

   _____.

2. Una vez se me *olvidó/olvidaron* _____

   _____.

3. Una vez se me *rompió/rompieron* _____

   _____.

4. Una vez se me *quedó/quedaron* en casa _____

   _____.

35. ¿**Por** o **para**? • A Summary of Their Uses

A. **Expresiones con *por*.** Complete las oraciones con **por** o con una expresión o frase con **por**.

1. ¡_____ _____! ¡No debes manejar (*drive*) tan rápidamente _____ esta calle!

2. ¿Dónde está Inés? No está en la clase _____ _____ vez este semestre.

3. Elena no se cuida mucho; _____ _____ se enferma frecuentemente. Debe comer más frutas y verduras ricas en vitamina C como, _____ _____, naranjas y pimientos (*peppers*).

4. Creo que tenemos bastante leche en casa, pero voy a comprar otra botella, _____

   _____ _____.

5. _____ _____ _____ las madres recogen a sus niños en la escuela.

6. Tu hija no debe caminar sola _____ ese parque; es peligroso.

7. Necesito _____ _____ _____ treinta dólares para pagar esta receta para antibióticos.

8. Carmen está muy contenta _____ los resultados del examen. ¡_____

   _____ recibió una «A»!

B. **Un viaje a España.** Exprese en español las siguientes oraciones. Use **por** o expresiones con **por**.

1. My brother and I went to Europe for the first time in the summer of 1992. _____

   _____

2. We visited Spain for (*because of*) the Olympics (**las Olimpíadas**). _____

   _____

3. We traveled from Los Angeles to Barcelona by plane. _____

_____

4. We went through New York. _____

5. We spent (**pasar**) at least thirteen hours in the plane. _____

_____

C. La maravillosa María Rosa. Dos hermanos hablan de la visita de una amiga de la familia. Complete el diálogo usando **para**, según las indicaciones.

MODELO: ¿Cuándo necesita papá el coche? (jueves) → Lo necesita para el jueves.

1. ¿Para qué lo necesita él? (ir a recoger a María Rosa) _____

_____

2. ¿Para qué viene a Reno ahora? (esquiar) _____

3. ¿Para quién son esos esquís? ¿para mí? (no, ella) _____

4. ¿Es verdad que ella sólo tiene 17 años y ya está en la universidad? (sí, lista, edad [*age*])

_____

5. ¿Qué carrera estudia ella en la universidad? (sicóloga) _____

_____

6. ¿Trabaja también? (sí, compañía de teléfonos) _____

_____

D. Viajando por Europa. Complete las oraciones con **por** o **para**.

Los esposos García fueron a Madrid _____[1] avión y se quedaron allí _____[2] un mes. Antes de llegar a Madrid pasaron _____[3] Portugal y después fueron a Italia _____[4] ver a su hija Cecilia. La chica estudia _____[5] actriz y _____[6] las noches trabaja _____[7] el Cine Paradiso. Dicen que la muchacha va a pasar sus vacaciones en Francia. Viaja mucho _____[8] ser tan joven.

En Italia los García manejaron[a] un pequeño coche Fiat _____[9] varias ciudades de la costa _____[10] no gastar mucho dinero en trenes o aviones. El papá de Cecilia le mandó dinero a ella _____[11] pagar el alquiler, pero ella lo gastó en regalos _____[12] su familia. Sus padres no estuvieron muy contentos _____[13] lo que hizo con el dinero.

[a]*drove*

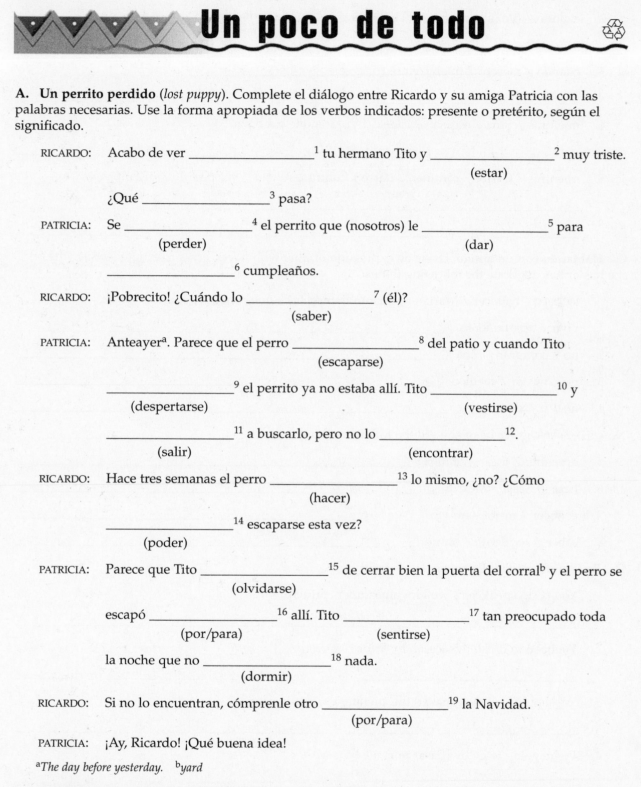

Un poco de todo

A. Un perrito perdido (*lost puppy*). Complete el diálogo entre Ricardo y su amiga Patricia con las palabras necesarias. Use la forma apropiada de los verbos indicados: presente o pretérito, según el significado.

RICARDO: Acabo de ver _____¹ tu hermano Tito y _____² muy triste.

(estar)

¿Qué _____³ pasa?

PATRICIA: Se _____⁴ el perrito que (nosotros) le _____⁵ para

(perder)   (dar)

_____⁶ cumpleaños.

RICARDO: ¡Pobrecito! ¿Cuándo lo _____⁷ (él)?

(saber)

PATRICIA: Anteayerᵃ. Parece que el perro _____⁸ del patio y cuando Tito

(escaparse)

_____⁹ el perrito ya no estaba allí. Tito _____¹⁰ y

(despertarse)   (vestirse)

_____¹¹ a buscarlo, pero no lo _____¹².

(salir)   (encontrar)

RICARDO: Hace tres semanas el perro _____¹³ lo mismo, ¿no? ¿Cómo

(hacer)

_____¹⁴ escaparse esta vez?

(poder)

PATRICIA: Parece que Tito _____¹⁵ de cerrar bien la puerta del corralᵇ y el perro se

(olvidarse)

escapó _____¹⁶ allí. Tito _____¹⁷ tan preocupado toda

(por/para)   (sentirse)

la noche que no _____¹⁸ nada.

(dormir)

RICARDO: Si no lo encuentran, cómprenle otro _____¹⁹ la Navidad.

(por/para)

PATRICIA: ¡Ay, Ricardo! ¡Qué buena idea!

ᵃ*The day before yesterday.*   ᵇ*yard*

B. Accidentes. Complete la descripción de las siguientes situaciones. Use el imperfecto y el pretérito de los verbos.

1.   ayer / mientras /(yo) pelar (*to peel*) / patatas, / cortarme / y / lastimarme / dedo

_____

2. cuando / (yo) sacar / mi / coche / garaje, / chocar (*to bump*) / con / coche / papá

_____

3. cuando / mesero / traer / vino, / caérsele / vasos

_____

4. mientras / Julia / esquiar, / caerse / y / romperse / brazo

_____

5. mientras / Carlos / caminar, / darse / contra / señora / y / pedirle / disculpas

_____

_____

C. Hablando con un amigo. Using an expression of time with **hacer**, ask a friend *for how long* he or she has or has not done the following things.

MODELO: conocer / María → ¿Cuánto tiempo hace que conoces a María?

1. vivir / apartamento _____

2. no / comprar / ropa _____

3. no / visitar / médico _____

4. no / ir / cine _____

Now ask *how long ago* he or she did the following things.

5. aprender / tocar / guitarra _____

6. hacer / viaje / México _____

7. conocer / mejor / amigo _____

8. saber / accidente / Mario _____

D. En la universidad. En español, por favor.

1. You (**Ud.**) speak very well for a beginner (**principiante**).

_____

2. We need to finish this lesson by Friday.

_____

3. We should review (**repasar**) the commands, just in case.

_____

4. We're going to go by (**pasar por**) the library.

_____

5. I need to take out some books for (to give to) my brother.

_____

Panorama cultural: Puerto Rico

Conteste brevemente las siguientes preguntas.

1. ¿Cuál es el nombre oficial de este país? _____

2. ¿Cuáles son sus dos idiomas oficiales? _____

3. ¿Qué moneda usan los puertorriqueños? _____

4. ¿Desde qué año existe Puerto Rico como un Estado Libre Asociado? _____

5. A pesar de ser ciudadanos (*In spite of being citizens*) estadounidenses, ¿qué no pueden hacer los

   puertorriqueños que viven en la isla de Puerto Rico? _____

6. ¿Qué es el Yunque y por qué es importante? _____

7. ¿Qué importancia tiene la novela *Infortunios de Alonso Ramírez*? _____

Póngase a prueba

A ver si sabe...

A. *Hace... que:* **Another Use of *hacer*. Complete las oraciones.**

1. How long has the following been happening?

   a. (vivir: *nosotros*) _____ diez años _____ _____ en esta
      casa.

   b. (estudiar: *tú*) ¿Cuánto tiempo _____ _____ _____
      español?

2. How long ago did the following happen?

   a. (entregar: *yo*) _____ dos días _____ _____ mi trabajo.

   b. (recoger: *ellos*) _____ una hora _____ _____ los
      documentos.

B. Another Use of *se*. Exprese las siguientes oraciones usando construcciones con el reflexivo *se*.

1. Perdí mi paraguas.   ____ ____ _____ el paraguas.

2. Perdimos la llave.   ____ ____ _____ la llave.

3. Juan rompió los lentes.   (A Juan) ____ ____ _____ los lentes.

4. Olvidaron poner el despertador.   ____ ____ _____
                                        el despertador.

C. *¿Por o para?* Escriba el número del ejemplo apropiado para cada uso de la lista de la izquierda.

1. Usos de **para**

   _____ a. destination (in time or in space)

   _____ b. "in order to" + infinitive

   _____ c. compared with others

   _____ d. in the employ of

   1. Ella lee muy bien para una niña de siete años.
   2. Todos trabajamos para Microsoft.
   3. Salimos para París el 14 de junio.
   4. Hay que estudiar para sacar buenas notas.

2. Usos de **por**

   _____ a. by means of

   _____ b. through, along

   _____ c. in exchange for

   _____ d. during

   1. Lo vi cuando caminaba por la playa.
   2. Gracias por ayudarme.
   3. Preferimos viajar por tren.
   4. Siempre estudia por la noche.

Prueba corta

A. En español, por favor. Use una expresión de tiempo con **hacer**.

1. I went to see the doctor a week ago. _____

2. I took my pills an hour ago. _____

3. I've been sick for three weeks. _____

4. I've been feeling better for two days. _____

B. Select the form that best expresses the meaning of the verb in italics.

1. *Olvidé* la tarea en casa.
   a. Se le olvidó
   b. Se me olvidó

2. Josefina *perdió* veinte dólares.
   a. (A Josefina) se le perdió
   b. (A Josefina) se le perdieron

3. Mis libros *cayeron* de la mochila.
   a. se me cayeron
   b. se me cayó

4. ¿Cómo *rompiste* tu bicicleta?
   a. se te rompió
   b. se me rompió

5. Julio *acabó* toda la leche.
   a. (A Julio) se le acabó
   b. (A Julio) se me acabó

C. Llene los espacios en blanco con **por** o **para**.

1. Marta fue a Dallas _____ la enfermedad de su madre.

2. Picasso pintaba _____ ganarse la vida (*earn his living*).

3. En la universidad estudio _____ ser arquitecto.

4. Fueron a París en avión _____ la ruta del Polo Norte.

5. Habla muy bien el francés _____ ser americano.

6. Mi hermano trabaja _____ Teléfonos de México.

Punto final

❖ ¡Repasemos!

Recuerdos de Málaga. Complete la narración con el *pretérito* y el *imperfecto*. Use la forma apropiada de los verbos y adjetivos indicados. Cuando haya dos posibilidades, use la correcta. Llene los otros espacios con las palabras necesarias.

El verano pasado, Emilia y yo _____[1] (hacer) un viaje a

España. Pasamos una semana en Málaga porque allí _____[2]

(tener: *yo*) una amiga _____[3] (alemán) que

_____[4] (estudiar) español en el Malaca Instituto Internacional.

_____[5] (Quedarse: *Nosotros*) en el Hotel Las Vegas, un hotel bueno y no

muy caro, cerca de la playa. _____[6] (Llegar) el lunes _____[7]

(de/por) la noche, y _____[8] (a la / al) día siguiente _____[9] (ir) a ver

_____[10] mi amiga Heidi. Ella _____[11] (servirnos) de guía[a]

y _____[12] (llevarnos) a ver _____[13] (vario) lugares donde

se _____[14] (tocar) música española popular y donde todo el mundo[b]

_____[15] (beber) vino y_____[16] (bailar).

El viernes por la noche Heidi _____[17] (invitarnos) a una fiesta en

el Instituto donde _____[18] (conocer: *nosotros*) a Ida y Joaquín Chacón, los dueños,

con _____[19] (quien/quienes) _____[20] (viajar) el sábado a Granada,

la _____[21] (antiguo) y hermosísima[c] ciudad mora[d]. _____[22]

(Nuestro) semana en Málaga fue _____[23] (magnífico), pero el domingo

_____[24] (tener) que _____[25] (despedirse) de nuestra

amiga y salir para Madrid en el Talgo, uno de los trenes más _____[26] (rápido) y

_____[27] (moderno) de Europa.

[a]de... *as a guide* [b]todo... *everybody* [c]*very beautiful* [d]*Moorish*

❖ Mi diario

Lea la historia que escribió Diana Lucero Hernández sobre un cumpleaños en que nada le salió bien. Después, escriba sobre un día igualmente «desastroso» en su propia vida. Si Ud. es una de esas personas a quien todo siempre le sale bien, ¡invente algo!

Use el *imperfecto* para describir

- el día que era (¿Era alguna fiesta especial?)
- el tiempo que hacía

- dónde estaba Ud.
- si había otras personas con Ud. o si estaba solo/a

Use el *pretérito* para hablar de

- las cosas inesperadas (*unexpected*) que se le ocurrieron
- cómo reaccionó Ud. y/o las otras personas que estaban allí
- lo que le pasó al final

Un cumpleaños inolvidable: ¡Todo salió mal!

Diana Lucero Hernández, Colombia, 18 años

El día en que cumplí los 15 años no lo puedo olvidar porque la mayoría de las cosas me salieron mal ese día. Mi fiesta de quinceañera era para las 8:30 P.M. Yo salí de la peluquería[a] a las 8:24... y estaba cayendo un aguacero[b] terrible. Con la lluvia se me dañó el peinado[c] y tuve que correr a casa para ponerme mi nuevo vestido de fiesta. Cuando llegué, no podía ponérmelo porque las mangas me quedaban apretadas[d] y tuve que cortarlas un poco...

En eso empezaron a llegar los invitados (la fiesta fue en casa de una vecina). Llegó el fotógrafo y empezó a tomarme fotos, pero a la media hora se dio cuenta[e] que no tenía película en la cámara. Me tomó más fotos y finalmente pude llegar a la fiesta a eso de las 11:30. ¡Estaba furiosa! Después bailé el vals con mi papá y, como es costumbre, debía cambiar de pareja[f], pero mis amigos no quisieron bailar. Luego se cortó la energía eléctrica por casi una hora, y con eso empecé a llorar... ¡y lloré toda la noche!

[a]*hairdresser's* [b]lluvia [c]*se... my hairdo got ruined* [d]*las... the sleeves were tight* [e]*se... he realized* [f]*partner*

CAPÍTULO **12**

Vocabulario: Preparación

Tengo... Necesito... Quiero...

❖**A.** **Lo que tengo y lo que quiero.** Exprese su situación o deseo, según el modelo.

> MODELO: un disco compacto →
> Ya tengo uno. (Me encantaría [*I would love*] tener uno. [No] Me interesa tener uno.)

1. un coche descapotable _____
2. una videocasetera _____
3. una cámara de vídeo _____
4. un contestador automático _____
5. una motocicleta _____
6. una computadora portátil _____
7. una impresora _____
8. un equipo estereofónico _____
9. un teléfono celular _____

B. **Él y ella.** A él le gustan los bistecs y las motos. Ella es vegetariana y le encantan las bicicletas. Piense Ud. en la personalidad de estas dos personas y diga qué cosas les gustan a los dos, y qué cosas le interesan sólo a él o a ella.

> MODELO: almorzar en un parque →
> Les gusta a los dos.

1. sacar fotos de pájaros y flores _____
2. manejar a toda velocidad _____
3. grabar vídeos de sus amigos _____
4. usar el correo electrónico _____
5. comer sanamente (*healthily*) _____

6. cambiar de canal frecuentemente _____

7. navegar la red _____

8. usar su monopatín en la calle _____

C. El aparato Sony. Lea el anuncio
y complete las oraciones.

1. Las ventajas de la radiograbadora
   Sony con Compact Disc son:

   a. Ud. puede llevar su música

      _____.

   b. Ud. puede grabar su música en

      _____.

   c. Ud. puede escuchar las emisoras

      _____.

2. ¿Qué significa la expresión, «No me
   pierdo una»?

   a. *I don't lose one.*
   b. *I don't miss a thing.*

3. The literal translation of **prender** is *to turn on*. What is the most likely meaning of «¡ ...**que se prenda la rumba!**»?

   a. *. . . let the rumba begin!*
   b. *. . . that the rumba is turned on!*

❖4. ¿Qué le parece la idea de tener una radiograbadora con compact disc? ¿O ya tiene una?

_____

> # ¡Mi Sony con Compact Disc hace que toda la música sea mi música!
>
> **Cada vez tengo más música porque todo lo que me gusta está en Compact Disc. Además, con mi Sony puedo llevar mi música a todas partes, pasarla a cassette y gozar con el Compact, con el cassette y con todo lo que hay en las emisoras de AM y de FM Stereo.**
> **En realidad, con mi radiograbadora Sony con CD no me pierdo una.**
> **Entonces... ¡que se prenda la rumba!**

D. Cosas del trabajo. Imagínese que Ud. habla con un amigo sobre algunos problemas de su trabajo. Complete las oraciones con la forma apropiada de las palabras de la lista.

1. Si la _____ no me da un _____ de

   sueldo, voy a _____. Pero no debo dejar mi trabajo

   antes de _____ otro.

2. Del sueldo que yo _____ cada mes, el gobierno me

   quita (*takes away*) el 15%. Creo que necesito buscar otro trabajo de

   tiempo _____.

3. ¡Qué lata! (*What a pain!*) La computadora de la oficina _____ (*pret.*) hoy y fue
   imposible terminar el trabajo.

4. Esta mañana tuve que _____ mi motocicleta a la oficina porque mi coche no
   funcionaba.

aumento
cambiar de trabajo
conseguir
fallar
ganar
jefe/a
manejar
parcial

La vivienda

Nuestra vida en el edificio de apartamentos. Complete el párrafo con la forma apropiada de las palabras de la lista.

Mi compañero/a y yo acabamos de _____[1] un apartamento en

Nueva York. Nuestra nueva _____[2] es 154 E. 16th St. Nos gusta

esta _____[3] porque es relativamente tranquila y limpia. El

_____[4] del apartamento no es muy caro porque está en el tercer

_____[5] y no tiene muy buena _____[6]. Pero como el

edificio está en el _____[7] de la ciudad, podemos ir caminando a

todas partes. En verdad, nos gusta más vivir en el centro que en las

_____[8] porque todo es más conveniente. Los inquilinos pagamos el

gas y la _____[9] y los _____[10] pagan el agua. Una

ventaja de vivir en este edificio es que hay un _____[11] que vive en la

_____[12] y cuida de todo. Todavía no conocemos bien a nuestros

_____[13], pero el portero dice que todos son muy simpáticos.

afueras
alquilar
alquiler
centro
dirección
dueño
luz
piso
planta baja
portero
vecindad
vecino
vista

Minidiálogos y gramática

¡RECUERDE!

Los mandatos: Ud., Uds.

A. Escriba la forma indicada del mandato formal, poniendo atención a la posición de los pronombres del complemento directo, indirecto y reflexivo.

1. dejarlo   <u>Déjelo</u>   Ud.   No <u>lo deje</u>   Ud.

2. escribirlo   _____ Uds.   No _____ Uds.

3. jugarlo   _____ Ud.   No _____ Ud.

4. decírmelo   _____ Ud.   No _____ Ud.

5. dárselo   _____ Uds.   No _____ Uds.

B. ¿Cómo se dice en español?

1. equivocarse, Ud.: *Don't make a mistake.* _____

2. hacerse daño, Uds.: *Don't hurt yourselves.* _____

3. reírse, Ud.: *Don't laugh so much.* _____

4. conseguir, Ud.: *Get another job.* _____

36. Influencing Others • **Tú** Commands

❖**A.** **¿Los ha oído** (*Have you heard*) **Ud.?** ¿Con qué frecuencia ha oído Ud. estos mandatos?

a = con mucha frecuencia   b = a veces   c = casi nunca

1. _____ Pásame la sal, por favor.

2. _____ No tomes tanta cerveza.

3. _____ Ponte una camisa limpia.

4. _____ No te pongas esos pantalones rotos (*torn*).

5. _____ Recoge (*Pick up*) tu ropa del suelo.

6. _____ No comas con los dedos; usa el tenedor.

7. _____ Ten cuidado cuando manejes en la autopista (*highway*).

8. _____ Vuelve antes de la medianoche. No vuelvas tarde.

9. _____ Dame las llaves del coche.

10. _____ Pídeselo a tu mamá. Yo no tengo dinero.

B. **¡Escúchame, Anita!** Déle mandatos afirmativos o negativos a su compañera Anita. **¡OJO!** ¡Cuidado con los acentos y la posición de los pronombres!

1. (Prender: *turn on*) _____ la computadora.

2. (cambiar) No _____ el canal.

3. (Poner) _____ otro disco compacto; no _____ ese.

4. (usar) No _____ ese teléfono ahora; _____ el celular.

5. (Apagar: *turn off*) _____ la videocasetera.

6. (Arreglar) _____ el equipo estereofónico.

7. (Prestarme) _____ tu Walkman.

8. (mandarle) No _____ un telegrama; _____ un fax.

9. (Decirle) _____ a la jefa que recibí su fax, pero no _____ que estoy aquí.

C. **Más mandatos.** Déles mandatos apropiados, afirmativos o negativos, a sus amigos y a varios miembros de su familia.

MODELO: Rosa nunca me escucha. → Rosa, escúchame.

1. Susana juega en la sala.

   Susana, _____.

2. José no deja de hablar por teléfono.

   José, _____.

3. Juan nunca llega a tiempo.

   Juan, _____.

4. Carmela se viste muy mal.

   Carmela, _____.

5. Tito no se lava las manos antes de comer.

   Tito, _____.

6. Jorge es pesado (*a pain*).

   Jorge, _____.

7. Miguel pone los pies sobre mi cama.

   Miguel, _____.

8. David toca el piano todo el tiempo.

   David, _____.

D. A la hora de cenar. Leonor le hace unas preguntas a su mamá, quien le contesta con un mandato informal. Use pronombres del complemento directo e indirecto para evitar la repetición innecesaria.

MODELO: ¿Quieres que prepare la cena? → Sí, prepárala. (No, no la prepares.)

1. ¿Quieres que ponga la mesa?

Sí, _____. No, _____.

2. ¿Le sirvo leche a Claudia?

Sí, _____. No, _____.

3. ¿Te traigo la otra silla?

Sí, _____. No, _____.

4. ¿Te lavo los platos?

Sí, _____. No, _____.

❖**E. ¡Ahora le toca a Ud.!** Escriba dos mandatos afirmativos y dos negativos dirigidos (*directed*) a sus compañeros de clase o a miembros de su familia. Indique el nombre de la persona a quien se los dirige.

MODELO: Mamá, no seas tan impaciente.

Afirmativo: 1. _____

2. _____

Negativo: 3. _____

4. _____

37. Expressing Subjective States or Actions • Present Subjunctive: An Introduction

A. ¡Recuerde! The subjunctive, like the command form, is based on the **yo** form of the present indicative. The **nosotros** and **vosotros** forms of stem-changing verbs revert to the original stem of the infinitive, except for some **-ir** verbs: **o → u** and **e → i** (**dormir → durmamos, sentir → sintamos**). Complete the following chart with the missing forms.

YO (INDICATIVO)	YO/UD. (SUBJUNTIVO)	NOSOTROS (SUBJUNTIVO)
llego	que llegue	que _____
empiezo	que _____	que empecemos
conozco	que conozca	que _____
juego	que _____	que juguemos
consigo	que consiga	que _____
divierto	que divierta	que _____
duermo	que _____	que durmamos

B. ¡Termínelo Ud.! Indique cuáles de las opciones son correctas en cada caso. ¡OJO! Hay dos opciones posibles en cada caso.

1. Prefiero...
   a. quedarme en casa.
   b. que te quedas en casa.
   c. que te quedes en casa.

2. No me gusta...
   a. que sales sin mí.
   b. que salgas sin mí.
   c. salir solo.

3. Es importante...
   a. mandar este fax hoy.
   b. que lo mandemos hoy.
   c. que lo mandamos hoy.

4. Me alegro de...
   a. que estés aquí.
   b. estar aquí.
   c. que estás aquí.

5. Queremos...
   a. encontrarnos allí.
   b. que nos encuentras allí.
   c. que nos encuentres allí.

6. Dudo...
   a. que él sabe resolver este problema.
   b. que él sepa resolver este problema.
   c. poder resolver este problema.

C. Formando oraciones. Haga oraciones, cambiando el infinitivo por la forma apropiada del subjuntivo.

1. Espero que Ud... _____ (poder) acabar hoy.

   no se _____ (olvidar) de guardar la información.

   _____ (saber) usar esta computadora.

2. Dudo que ellos... _____ (empezar) hoy.

   nos _____ (mandar) el fax hoy.

   nos _____ (decir) todos los problemas que tienen.

3. Insisten en que tú... _____ (llegar) a tiempo.

   _____ (ser) más responsable.

   _____ (buscar) otro modelo más económico.

4. No quieren que (nosotros)... _____ (ir) solos.

   _____ (alquilar) un apartamento en esta vecindad.

   _____ (perder) mucho tiempo.

38. Expressing Desires and Requests • Use of the Subjunctive: Influence

❖A. De vacaciones. Cuando Ud. va de vacaciones, ¿qué le recomiendan sus amigos?

	SÍ	NO
1. Recomiendan que (yo) no viaje solo/a.	☐	☐
2. Sugieren que no olvide mi pasaporte.	☐	☐
3. Recomiendan que no lleve mucho dinero en efectivo.	☐	☐
4. Recomiendan que haga reservaciones si viajo en verano.	☐	☐
5. Insisten en que no vaya a lugares de mucho terrorismo.	☐	☐
6. Recomiendan que viaje en tren, en clase turística.	☐	☐
7. Piden que les mande tarjetas postales.	☐	☐
8. Quieren que les traiga regalos.	☐	☐

❖Ahora escriba tres cosas que Ud. quiere que hagan sus amigos cuando ellos viajan.

1. _____

2. _____

3. _____

B. Jefes y empleados. What qualities are the boss and the employee looking for in each other? Complete each sentence by giving the appropriate present subjunctive form of the infinitive.

1. La jefa: Insisto en que mis empleados...

(decir la verdad) _____.

(llegar a tiempo) _____.

(aceptar responsabilidades) _____.

(saber usar una computadora) _____.

2. El empleado: Es importante que mi trabajo...

(resultar interesante) _____.

(gustarme) _____.

(no estar lejos de casa) _____.

(darme oportunidades para avanzar [*to advance*]) _____

_____.

C. En Compulandia. ¿Qué quiere el vendedor (*salesman*) de computadoras que hagamos? ¡OJO! Use la forma **nosotros** de los verbos indicados.

Quiere que _____¹ (ver) el último modelo de Macintosh y nos recomienda que

también _____² (comprar) una pantalla a colores. Prefiere que _____³

(pagar) al contado.ª Nos pide que _____⁴ (volver) mañana para recogerla.ᵇ Nos dice

que la _____⁵ (traer) a la tienda si tenemos algún problema.

ªal... *cash*   ᵇ*pick it up*

D. ¿Qué quieres que haga yo? Imagínese que Ud. quiere ayudar a un amigo que va a dar una fiesta. Hágale las siguientes preguntas en español. Siga el modelo del título.

1. What do you want me to buy? _____

2. What do you want me to bring? _____

3. What do you want me to prepare? _____

4. What do you want me to look for? _____

5. What do you want me to cook? _____

E. Cosas del trabajo. Imagínese que Ud. comenta algunas cosas relacionadas con su trabajo. Use la forma apropiada del verbo entre paréntesis: el infinitivo, el presente de indicativo o el presente de subjuntivo.

1. (trabajar) Mi jefe es exigente[a] y antipático; quiere que (nosotros) _____ este

   sábado, pero ya tengo otros planes y no quiero _____.

2. (almorzar) Nuestro director prefiere que (nosotros) _____ en la oficina, pero

   yo prefiero _____ en el parque.

3. (traer) No puedes _____ cerveza a la oficina. La jefa prohíbe que (nosotros)

   _____ bebidas alcohólicas.

4. (pedir) En la oficina no permiten que (nosotros) _____ vacaciones en verano.

   Por eso, voy a _____ mis dos semanas en enero.

5. (conseguir) Si yo no _____ un trabajo de tiempo completo, es urgente que (yo)

   _____ uno de tiempo parcial, por lo menos.

   [a]demanding

❖**F. ¿Y Ud.?** Escriba tres cosas que su jefe (o sus profesores) desea(n) que haga Ud. Use cualquier (*any*) de las siguientes expresiones: Quiere(n) que... , Insiste(n) en que... , Me pide(n) que... , Me recomienda(n) que...

_____

_____

_____

Un poco de todo

A. Un anuncio comercial. Imagínese que Ud. trabaja en una compañía de propaganda comercial. Su jefe le da el siguiente anuncio de una compañía nacional de ferrocarriles (*railroad*) para que Ud. lo cambie de la forma formal (Ud.) a la informal (tú). Lea el anuncio y haga todos los cambios necesarios.

Oiga, mire.

Abra los ojos y vea todos los detalles del paisaje[a]. Viaje a su

destino sin preocuparse por el tráfico. Haga su viaje sentado

cómodamente y llegue descansado. Goce de[b] la comida exquisita

en el elegante coche-comedor.

Juegue a las cartas o converse con otros viajeros como Ud. Y

recuerde: ¡Esto pasa solamente viajando en tren!

[a]*landscape* [b]Goce (Gozar)... *Enjoy*

B. Consejos y opiniones. Complete las oraciones con la forma apropiada del verbo indicado. Use complementos pronominales cuando sea posible. **¡OJO!** No se usa el subjuntivo en todas las oraciones.

> MODELOS: Isabel piensa *escribirles otra carta* a sus primos mañana, pero es importante _____ hoy. → ...es importante escribírsela hoy.
>
> Isabel piensa *escribirles otra carta* a sus primos mañana, pero es importante que _____ hoy. → ...es importante que se la escriba hoy.

1. Tienes que *mandarles el cheque* a los muchachos. Es urgente que _____ hoy.

2. No olvides *pedirle el aumento* al jefe. Es necesario que _____ hoy.

3. Alicia debe *ir* a la oficina. Necesita _____ antes de las seis.

4. Ellos *buscan un taxi* delante del cine, pero es mejor _____ en la esquina (*corner*).

5. Manuel no quiere *empezar su trabajo* hasta el lunes. Su jefe prefiere que

   _____ mañana.

6. José dice que va a *traerme el dinero* esta noche, pero no es necesario que

   _____ hasta mañana.

C. La familia Rosales. The Rosales family just moved to a new house. What does the mother say to her family? Form complete sentences, using the words provided in the order given. Make any necessary changes, and add other words when necessary. *Note:* / / indicates a new sentence.

1. chicos, / venir / aquí / / (yo) necesitar / enseñarles / manejar / nuevo / lavadora

   _____

   _____

2. María, / ayudar / tu hermano / barrer / patio

   _____

   _____

3. Pepe, / (yo) recomendar / que / hacer / tarea / antes de / salir / jugar

   _____

   _____

4. María, / no / olvidarse / llamar / Gabriela / para / darle / nuestro / nuevo / dirección

   _____

   _____

5. Pepe, / ir / tu cuarto / y / ponerse / uno / camisa / limpio

   _____

   _____

Panorama cultural: Perú

Conteste las preguntas brevemente.

1. ¿Cuál es la población del Perú? _____

2. ¿Qué idiomas hablan en el Perú? _____

3. ¿Qué importancia tiene el lago Titicaca? _____
   _____

4. ¿Qué comida importante originó en el Perú? _____

5. ¿Por dónde se extendía el imperio de los incas cuando los españoles llegaron en 1532? _____
   _____

6. ¿Cómo era el sistema de gobierno de los incas? _____
   _____

7. ¿Qué artes y técnicas eran importantes en el imperio inca? _____
   _____

Póngase a prueba

A ver si sabe...

A. *Tú* Commands. Complete la siguiente tabla.

INFINITIVO	AFIRMATIVO	NEGATIVO	INFINITIVO	AFIRMATIVO	NEGATIVO
decir		no digas	**salir**		no
escribir	escribe		**ser**		no
hacer		no	**tener**	ten	no
ir		no	**trabajar**		no trabajes

B. Present Subjunctive: An Introduction

1. Escriba el modo subjuntivo para la tercera persona singular (él/ella) de los siguientes verbos.

   a. buscar: que _____

   b. dar: que _____

   c. escribir: que _____

   d. estar: que _____

   e. estudiar: que _____

   f. ir: que _____

   g. oír: que _____

   h. poder: que _____

   i. saber: que _____

   j. ser: que _____

   k. traer: que _____

   l. vivir: que _____

2. Complete la siguiente tabla.

comenzar	que yo	que nosotros
dormir	que yo duerma	que nosotros
perder	que yo	que nosotros perdamos
sentirse	que yo me	que nosotros nos

C. Use of the Subjunctive: Influence. Subraye la forma apropiada del verbo.

1. Juan (prefiere / prefiera) que ellos (vienen / vengan) a casa.
2. (Es / Sea) urgente que Ricardo (comience / comienza) a trabajar.
3. El profesor (prohíba / prohíbe) que (entramos / entremos) tarde.
4. Mis padres (insisten / insistan) en que sus amigos (se quedan / se queden) a comer.
5. (Sea / Es) mejor que tú (traes / traigas) el vino.

Prueba corta

A. Pídale a su compañero/a de cuarto que haga las cosas indicadas usando el verbo entre paréntesis. Use mandatos informales.

1. _____ (Venir) a mirar este programa.

2. No _____ (apagar: *to turn off*) la computadora; necesito trabajar más tarde.

3. _____ (Llamar) al portero y _____ (decirle) que la luz se nos apagó.

4. No _____ (poner) el televisor ahora; _____ (ponerlo) después.

5. No _____ (preocuparse) por el trabajo; _____ (descansar) un poco.

B. Complete las siguientes oraciones con el infinitivo o con la forma apropiada del subjuntivo del verbo entre paréntesis.

1. Sugiero que _____ (buscar: *tú*) otro modelo con más memoria.

2. Todos queremos _____ (comprar) una computadora nueva.

3. Un amigo recomienda que _____ (ir: *nosotros*) a Compulandia.

4. Insistimos en _____ (hablar) con el director. Es necesario que

   _____ (hablar) primero con él.

5. ¿Es tan importante que tú _____ (saber) navegar la red? Francamente, prefiero

   que no _____ (perder) tu tiempo en eso.

Punto final

❖ ¡Repasemos!

Una amistad internacional

Paso 1. Complete la narración con la forma apropiada del pretérito o imperfecto de los verbos entre paréntesis.

El mes pasado, durante una excursión para esquiar en las sierras centrales de California, los Burke

_____ [1] (conocer) al Sr. Dupont, un turista del sur de Francia que

_____ [2] (visitar) los Estados Unidos por esas fechas[a]. Los Burke le

_____ [3] (decir) que _____ [4] (ir: *ellos*) a hacer un viaje a Francia en

mayo. El Sr. Dupont _____ [5] (ponerse) muy contento al oír[b] eso y los

_____ [6] (invitar) a visitarlo en su casa. Los Burke _____ [7] (aceptar)

con mucho gusto y _____ [8] (quedar) en[c] llamarlo desde París. El Sr. Dupont les

_____ [9] (prometer) que los _____ [10] (ir) a llevar a los mejores restau-

rantes de la región.

Después de esquiar una semana, todos _____ [11] (volver) juntos a Los Ángeles y

los Burke _____ [12] (llevar) a su nuevo amigo al aeropuerto. _____ [13]

(Despedirse: *Ellos*) y _____ [14] (prometer) verse pronto en Europa.

[a]*por... at that time*   [b]*al... upon hearing*   [c]*quedar... agreed to*

Paso 2. Conteste las preguntas según la narración anterior.

1. ¿Adónde fueron los Burke para esquiar? _____

2. ¿Quién era el Sr. Dupont? _____

3. ¿Qué le dijeron los Burke al Sr. Dupont? _____

4. ¿Cómo reaccionó el Sr. Dupont cuando supo del viaje de los Burke a Francia? _____

5. ¿Cuánto tiempo pasaron juntos (*together*)? _____

6. ¿Adónde llevaron los Burke al Sr. Dupont? _____

7.   ¿Qué se prometieron los nuevos amigos? _____

_____

❖ Mi diario

Antes de escribir en su diario, lea la siguiente nota curiosa sobre un invento muy popular.

La invención del teléfono por Alexander Graham Bell en 1876 ciertamente ha cambiado[a] la rapidez de las comunicaciones en todo el mundo, pero se dice que el inventor mismo[b], hasta el día de su muerte en 1922, no permitió tener un teléfono dentro de su oficina porque lo considera-ba una distracción. «Cuando estoy pensando, no quiero que me molesten por ninguna razón. Los mensajes pueden esperar; las ideas no.»

[a]ha... *has changed*   [b]*himself*

¿Qué cree Ud.? ¿El teléfono interrumpe o facilita (*interrupts or facilitates*) el proceso creativo? ¿Y los demás aparatos «modernos»? Piense en todos los aparatos que usa Ud. y haga una lista de ellos.

> **Palabras útiles:** la computadora (portátil), el fax, la lavadora, el lavaplatos, la secadora, el secador de pelo (*hair dryer*)

Ahora escriba en su diario cuáles son los aparatos más importantes para Ud. y diga por qué. Explique cómo le afectan la vida.

CAPÍTULO **13**

Vocabulario: Preparación

Las artes; En el teatro; La expresión artística; La tradición cultural

❖**A.** **¿A quién conoce Ud.?** ¿Reconoce Ud. a estos escritores y artistas hispánicos?

	SÍ	NO
1. Miguel de Cervantes, novelista español	☐	☐
2. Pablo Neruda, poeta chileno	☐	☐
3. Carmen Lomas Garza, pintora estadounidense	☐	☐
4. Antonio Banderas, actor español	☐	☐
5. Alicia Alonso, bailarina de ballet cubana	☐	☐
6. Jorge Luis Borges, escritor argentino	☐	☐
7. José Carreras, tenor español	☐	☐
8. Fernando Botero, pintor colombiano	☐	☐
9. Pablo Picasso, pintor español	☐	☐
10. Carlos Fuentes, novelista y ensayista (*essayist*) mexicano	☐	☐
11. Sandra Cisneros, escritora estadounidense	☐	☐
12. Mario Vargas Llosa, novelista peruano	☐	☐
13. Celia Cruz, cantante cubana	☐	☐
14. Pedro Almodóvar, director de cine español	☐	☐

❖**B.** **Opiniones.** ¿Qué opina Ud. de los siguientes ejemplos de expresión artística?

	ME ENCANTA(N)	NO ME AGRADA(N)	NO LO(S)/LA(S) CONOZCO
1. la música de los cantos gregorianos	☐	☐	☐
2. la pintura impresionista francesa	☐	☐	☐
3. la cerámica de los indígenas de Nuevo México	☐	☐	☐
4. los tejidos de los indios Navajo	☐	☐	☐
5. la música de Joaquín Rodrigo	☐	☐	☐
6. las novelas de Isabel Allende	☐	☐	☐
7. las películas italianas	☐	☐	☐
8. la arquitectura de Antonio Gaudí	☐	☐	☐
9. las canciones de Gloria Estefan	☐	☐	☐
10. la artesanía peruana	☐	☐	☐
11. las novelas de Toni Morrison	☐	☐	☐
12. la escultura de Miguel Ángel	☐	☐	☐

C. ¿Qué hicieron? Empareje el nombre del / de la artista con lo que hizo. Use el pretérito del verbo apropiado.

1.	Gabriel García Márquez	esculpir	de Dorothy, en *El Mago de Oz*
2.	Diego Rivera	escribir	óperas italianas
3.	Plácido Domingo	hacer el papel (*to play the role*)	*El pensador*
4.	Robert Rodríguez	tocar	*Cien años de soledad*
5.	Andrés Segovia	pintar	*Desperado*
6.	Judy Garland	cantar	la guitarra clásica
7.	Augusto Rodin	dirigir	murales

1. _____

2. _____

3. _____

4. _____

5. _____

6. _____

7. _____

❖**D. Preguntas personales.** Conteste con oraciones completas.

1. ¿Cuál de las artes mencionadas en este capítulo le interesa más? ¿O le aburren todas las artes?

   _____

2. ¿Le gustan los dramas o prefiere las comedias?

   _____

3. Cuando visita un museo, ¿qué tipo de pintura o escultura le gusta más? ¿La pintura

   impresionista? ¿clásica? ¿contemporánea? ¿surrealista? _____

4. ¿Qué actividad artística le aburre más a Ud.? _____

5. ¿Tiene Ud. un(a) novelista o poeta preferido/a? ¿Cuándo leyó una de sus obras por primera vez?

   _____

Ranking Things: Ordinals

A. ¿Sabía Ud. eso? Use el número ordinal indicado para completar las siguientes oraciones.

1. Miguel de Cervantes escribió *Don Quijote de la Mancha*, considerada como la

   _____ (1ª) novela moderna.

2. El estudio de Pablo Picasso estaba en el _____ (4º) piso del edificio.

3. La catedral «La Sagrada Familia» de Antonio Gaudí, en Barcelona, está en su

   _____ (2º) siglo (*century*) de construcción.

4. El rey Carlos _____ (1º) de España fue al mismo tiempo Carlos

   _____ (5º) de Alemania.

5. Francisco de Goya pintó retratos (*portraits*) muy realistas de los reyes Carlos

   _____ (3º) y Carlos _____ (4º) de España.

6. Enrique _____ (8º) de Inglaterra hizo decapitar a sus esposas

   _____ (2ª) y _____ (5ª), Ana Bolena y Catalina Howard,

   respectivamente.

7. El papa (*Pope*) León _____ (10º), Juan de Médicis, fue un gran protector de las
   artes, las letras y las ciencias en el siglo XV.

8. El _____ (1er) escritor centroamericano que ganó el Premio Nóbel de literatura
   fue Miguel Ángel Asturias, de Guatemala.

9. El _____ (9º) presidente de los Estados Unidos fue William Henry Harrison,
   pero gobernó solamente por 31 días. Se resfrió durante la inauguración y nunca se recuperó.

B. De esto y aquello. Complete las oraciones con el adjetivo ordinal apropiado.

1. Este es mi _____ semestre / trimestre de español.

2. Mi _____ (1ª) clase es a las _____ (hora).

3. El domingo es el _____ día de la semana en el calendario hispánico; el viernes

   es el _____ día.

4. Franklin Delano Roosevelt murió durante su _____ (4º) término presidencial.

Minidiálogos y gramática

39. Expressing Feelings • Use of the Subjunctive: Emotion

A. Comentarios de Miguel Ángel. Escriba oraciones completas según el modelo. (Todas tienen que ver con [*have to do with*] la famosa Capilla Sixtina.)

MODELO: es una lástima / no me pagan más → Es una lástima que no me paguen más.

1. me alegro mucho / el papa (*Pope*) me manda más dinero

   _____

2. a los artesanos no les gusta / yo siempre estoy aquí

   _____

3. temo mucho / no podemos terminar esta semana

   _____

4. es mejor / nadie nos visita durante las horas de trabajo

   _____

5. espero / esta es mi obra suprema

_____

B. Reacciones personales. Express your personal reaction to the following statements. Begin your reactions with an appropriate form of one of the verbs or phrases below.

        es una lástima, es increíble, esperar, me sorprende, sentir

    MODELO: Vamos a México este verano. → Espero que vayamos a México este verano.

1. Mis amigos no pueden salir conmigo esta noche.

_____

2. Los boletos para el «show» se han agotado (*have sold out*).

_____

3. No vas nunca al teatro.

_____

4. Sabes dónde está el cine.

_____

5. ¡Las entradas son tan caras!

_____

C. Sentimientos. React to the following circumstances by completing the sentences according to the cues. Make any necessary changes. Remember that an infinitive phrase is generally used when there is no change of subject.

    MODELOS: Siento: Uds. / no / poder / venir → Siento que Uds. no puedan venir. (*two clauses*)

                Siento: (yo) no / poder / ir → Siento no poder ir. (*infinitive phrase*)

1. Es una lástima: Jon Secada / no / cantar / esta noche

_____

2. Es absurdo: las entradas (*tickets*) / costar / tanto dinero

_____

3. Es increíble: (tú) no / conocer / novelas / Gabriel García Márquez

_____

4. Sentimos: (nosotros) no / poder / ayudarlos a Uds.

_____

5. Me molesta: haber / tanto / personas / que / hablar / durante / función (*performance*)

_____

6. No me sorprende: Julia Roberts / ser / tan / popular

_____

D. Una excursión a México. Imagínese que sus padres van a regalarle un viaje a México por su graduación en la universidad. ¿Qué desea ver y hacer en México? Use **ojalá** y haga todos los cambios necesarios.

MODELO: (yo) poder / ver / ruinas / maya → Ojalá que pueda ver las ruinas mayas.

1. (yo) ver / mi / amigos / en / Guadalajara

_____

2. (nosotros) ir / juntos / Mérida

_____

3. (nosotros) llegar / Chichén Itzá / para / celebración / de / solsticio de verano

_____

4. (yo) encontrar / uno / objeto / bonito / artesanía / para / mi / padres

_____

5. (yo) tener / suficiente / tiempo / para ver / Museo de Antropología en el D.F.

_____

40. Expressing Uncertainty • Use of the Subjunctive: Doubt and Denial

A. ¿Lo cree o lo duda Ud.? Vuelva a escribir las oraciones de la derecha, combinándolas con las frases de la izquierda. ¡OJO! No todas las oraciones requieren el subjuntivo.

1. Dudo que...   A mis amigos les encanta el jazz.

_____

2. Creo que...   El museo está abierto los domingos.

_____

3. No estoy seguro/a de que...   Todos los niños tienen talento artístico.

_____

4. No es cierto que...   Mi profesora va a los museos todas las semanas.

_____

5. No creo que...   Mi profesor siempre expresa su opinión personal.

_____

B. En una librería. Imagínese que Ud. y un amigo están buscando libros en una librería en México. Escriba sus comentarios según el modelo. Empiece sus comentarios con una de las siguientes expresiones.

MODELO: Esta librería tiene las obras completas de Shakespeare. →
Dudo que esta librería *tenga* las obras completas de Shakespeare.

(No) Es verdad que...	Es imposible que...	Es probable que...
(No) Creo que...	Dudo que...	(No) Estoy seguro/a de que...

1. A mi profesor le gusta este autor.

_____

2. Este libro tiene magníficas fotos de las ruinas incaicas.

_____

3. Las novelas de García Márquez se venden aquí.

_____

4. Esta es la primera edición de esta novela.

_____

5. No aceptan tarjetas de crédito en esta librería.

_____

6. Hay mejores precios en otra librería.

_____

C. En el Museo del Prado. Haga oraciones completas según las indicaciones. Añada (*Add*) palabras cuando sea necesario.

1. creo que / hoy / (nosotros) ir / visitar / Museo del Prado

_____

2. es probable que / (nosotros) llegar / temprano

_____

3. estoy seguro/a de que / hay / precios especiales para estudiantes

_____

4. es probable que / (nosotros) tener que / dejar / nuestro / mochilas / en / entrada del museo

_____

5. dudo que / (nosotros) poder / ver / todo / obras / de Velázquez

_____

6. creo que / los vigilantes (*guards*) / ir / prohibir / que / (nosotros) sacar / fotos

_____

7. ¿es posible que / (nosotros) volver / visitar / museo / mañana?

_____

41. Expressing Influence, Emotion, Doubt, and Denial • The Subjunctive: A Summary

A. En la galería de arte. Complete las oraciones con el presente de subjuntivo de los verbos entre paréntesis.

1. Es preciso que _____ (ir: *nosotros*) a una galería de arte que ofrezca buenos precios.

2. Temo que aquí los precios _____ (ser) muy altos.

3. Me alegro de que _____ (saber: *tú*) tanto de pintura.

4. El vendedor (*salesperson*) duda que _____ (haber) una copia mejor que esta.

5. ¡Qué bueno que _____ (permitir: *ellos*) que _____ (pagar: *nosotros*) con tarjeta de crédito!

6. Quiero que ellos la _____ (empaquetar [*to pack*]) bien para llevarla en el avión.

B. Situaciones. Complete las oraciones con el subjuntivo, el indicativo o el infinitivo del verbo entre paréntesis.

1. Es mejor que _____ (apagar: *tú*) las luces al salir (*upon leaving*) del cuarto.

   Nuestra última cuenta fue altísima y no me gusta _____ (pagar) tanto.

2. Es verdad que David _____ (ser) inteligente, pero dudo que

   _____ (saber) resolver este problema con la computadora. Insiste en que el

   problema no _____ (ser) tan complicado.

3. Siento que _____ (estar: *tú*) enfermo. Ojalá que _____ (sentirte)

   mejor mañana.

4. Nuestro profesor nos prohíbe que _____ (hablar) en inglés en esta clase. Insiste

   en que _____ (tratar) de expresarnos en español, pero a veces es difícil

   _____ (hacerlo).

5. Pablo, es imposible que _____ (estudiar: *tú*) con tanto ruido. ¿Cómo es posible

   que te _____ (gustar) escuchar esa música tan fuerte? Además, temo que te

   _____ (hacer) daño a los oídos.

6. Prefiero que te _____ (estacionar [*to park*]) cerca del cine. Prefiero no

   _____ (caminar) mucho porque me duelen los pies.

7. Creo que la película _____ (empezar) a las 6:30, pero es posible que yo no

   _____ (recordar) la hora exacta.

C. ¿Qué va a pasar en clase? Express your reaction to the following scenarios. Use expressions of emotion, doubt, certainty, or influence. **¡OJO!** Examine the model carefully and notice that *if* the sentence requires the subjunctive, you must change the infinitive, not the form of **ir**.

MODELO: Va a haber examen mañana. → Dudo que haya examen mañana.
(Espero que no haya examen mañana. Dicen que va a haber examen mañana; etcétera.)

1. Todos vamos a sacar (*get*) una «A» en el próximo examen.

   _____

2. El profesor / La profesora va a olvidarse de venir a clase mañana.

   _____

3. No vamos a tener tarea para mañana.

   _____

4. Vamos a aprender todo sin estudiar.

   _____

5. Vamos a divertirnos mucho.

   _____

6. El profesor / La profesora va a darnos una fiesta.

   _____

Un poco de todo

A. ¡Problemas y más problemas! Los Sres. Castillo son muy conservadores y a veces no están de acuerdo con lo que hacen sus hijos Carlitos, Jaime y Luisa. Exprese esto según el modelo.

MODELO: Jaime fuma delante de ellos. → No les gusta que *fume* delante de ellos.

1. Luisa desea estudiar para ser doctora.

   Les sorprende que _____.

2. Jaime y Luisa vuelven tarde de las fiestas.

   No les gusta que _____.

3. Carlitos juega en la calle con sus amigos.

   Le prohíben a Carlitos que _____.

4. Jaime va de viaje con su novia y otros amigos.

   No les agrada que _____.

5. Luisa busca un apartamento con otra amiga.

   Les molesta que _____.

6. Carlitos quiere ser músico.

   Temen que _____.

7. Los amigos de sus hijos son una influencia positiva.

   Dudan que _____.

B. **El arte se hace** (*becomes*) **realidad.** Observe lo que hace Cándido y conteste las preguntas.

Palabras útiles: asombrado (*astonished*), de verdad (*real*), esculpir, la escultura, el mármol (*marble*), rajarse (*to crack*), la yema (*yolk*)

1. ¿Qué está haciendo Cándido?

   _____

2. ¿Qué empieza a pasar en el tercer cuadro?

   _____

3. ¿Qué pasa al final y qué descubre (*discovers*) Cándido?

   _____

4. ¿Cómo se siente Cándido en el tercer cuadro? ¿Y al final?

   _____

Panorama cultural: Bolivia y el Ecuador

A. Llene los espacios en blanco con la información apropiada.

	EL ECUADOR	BOLIVIA
1. capital	_____	_____
2. población	_____	_____
3. moneda	_____	_____
4. idiomas	_____	_____

B. Conteste brevemente las siguientes preguntas.

1. ¿De qué imperio formó parte Bolivia? _____

2. ¿Qué porcentaje de los bolivianos es de origen indio? _____

3. ¿De qué héroe de la independencia proviene (*comes*) el nombre de la república boliviana?

_____

4. ¿A qué país pertenecen las Islas Galápagos? _____

5. ¿En qué año fueron descubiertas esas islas? _____

6. ¿Qué pintor nos da un testimonio de la vida de los indios y los pobres de su país? _____

_____

Póngase a prueba

A ver si sabe...

A. Use of the Subjunctive: Emotion. Cambie los infinitivos a la forma apropiada del subjuntivo.

1. Espero que _____ (llegar: *tú*) temprano.

2. Me alegro de que Uds. _____ (estar) aquí.

3. Es extraño que nosotros no _____ (ver) a nadie.

4. Esperamos que Uds. _____ (poder) descansar luego.

5. Ojalá que nosotros _____ (salir) a tiempo.

6. Ojalá que los chicos no _____ (aburrirse) en el concierto.

B. Use of the Subjunctive: Doubt and Denial. Escriba la forma apropiada del verbo: presente de indicativo o de subjuntivo.

1. Dudo que la obra _____ (ser) de Rivera.

2. Creo que _____ (ser) de Siqueiros.

3. No creo que _____ (saber: *tú*) apreciar el arte moderno.

4. ¿Cómo es posible que a la gente le _____ (gustar) este tipo de arte?

5. Es verdad que muchos _____ (decir) que el arte moderno es incomprensible,

    pero a mí me gusta.

Prueba corta

A. Escriba oraciones completas según las indicaciones. Haga todos los cambios necesarios.

1. Me alegro: Uds. / ir / con nosotros / al concierto

_____

2. Es una lástima: Juan /no poder / acompañarnos

_____

3. Es probable: Julia / no / llegar / a tiempo / / acabar / llamar / para decir / que / tener / trabajar

_____

_____

4. Ojalá: (tú) conseguir / butacas (*seats*) / cerca / orquesta

_____

5. Es cierto: Ceci y Joaquín / no / ir / sentarse / con nosotros

_____

6. Me sorprende: otro / músicos / no estar / aquí / todavía

_____

7. Es extraño: nadie / saber / quién / ser / nuevo / director (*conductor*)

_____

B. Los números ordinales. Escriba la forma apropiada del número ordinal indicado.

1 el _____ (*third*) hombre   4. el _____ (*seventh*) día

2. la _____ (*first*) vez   5. el _____ (*fifth*) grado

3. su _____ (*second*) novela

Punto final

❖ ¡Repasemos!

A. Hablando de aprender francés. Form complete sentences, using the words provided in the order given. Make any necessary changes, and add other words when necessary.

1. si / (tú) querer / aprender / hablar / francés, / (tú) deber / practicar más

_____

_____

2. profesor / dudar / que / (nosotros) poder / hablar bien / antes / terminar / tercero / año

_____

_____

3. (nosotros) acabar / tomar / nuestro / segundo / examen / / ahora / ir / celebrar

_____

_____

4. ¿(tú) acordarse / lo fácil / que / ser (*pret.*) / el / primero / examen? / / ¡este / ser (*pret.*) / dificilísimo!

_____

_____

5. profesor Larousse / insistir (*pres.*) / que / (nosotros) empezar / estudiar más / / (yo) tener / ir / laboratorio / todo / días

_____

_____

6. ¿por qué / (tú) no pedirle (*pres.*) / Marcel Dupont / que / ayudarte?

_____

7. ¿es cierto / que / (tú) pensar / tomar / quinto / semestre / francés?

_____

8. ¡ahora / (yo) querer / olvidarse / de / estudios y / de / universidad!

_____

B. La antropología y la cultura

Paso 1. Lea la inscripción que se encuentra en la entrada del Museo de Antropología de la Ciudad de México. Luego complete las oraciones que siguen.

El hombre creador[a] de la cultura ha dejado[b] sus huellas[c] en todos los lugares por donde ha pasado[d]. La antropología, ciencia del hombre que investiga e interpreta esas huellas... nos enseña la evolución biológica del hombre, sus características y su lucha por el dominio de la naturaleza[e]. Las cuatro ramas[f] de esa ciencia única —antropología física, lingüística, arqueología y etnología— nos dicen que... todos los hombres tienen la misma capacidad para enfrentarse a[g] la naturaleza, que todas las razas son iguales, que todas las culturas son respetables y que todos los pueblos[h] pueden vivir en paz.

[a]*creator* [b]*ha... has left* [c]*traces* [d]*ha... he has passed* [e]*nature* [f]*branches* [g]*enfrentarse... confront* [h]*peoples*

Según esta inscripción...

1. las cuatro ramas de la antropología son _____, _____,

   _____ y la etnología.

2. el antropólogo investiga e _____ la cultura del hombre.

3. todos los hombres tienen _____ para enfrentarse a la naturaleza.

4. todas las razas son _____.

5. todas las culturas son _____.

6. todos los pueblos pueden _____.

Paso 2. Ahora comente sobre tres puntos de esta inscripción usando algunas de las siguientes frases.

Dudo que... , Espero que... , (No) Es posible que... , Ojalá que... , Es cierto que...

1. _____

2. _____

3. _____

❖Mi diario

Describa una experiencia cultural que Ud. tuvo. Por ejemplo, una visita a un museo, una galería de arte, un teatro o incluso (*even*) un recital de poesía o un concierto de música. Mencione dónde y cuándo fue, qué vio u oyó y cómo le afectó. Al final, mencione si le gustaría (o no) repetir esa experiencia, y por qué.

CAPÍTULO **14**

Vocabulario: Preparación

El medio ambiente

❖**A.** **Ud. y el medio ambiente.** ¿Qué hace Ud. para proteger los recursos naturales y el medio ambiente?

		SÍ	NO
1.	Reciclo papel.	☐	☐
2.	Reciclo botellas y latas (*cans*) de aluminio.	☐	☐
3.	Cierro el grifo (*tap*) cuando me cepillo los dientes.	☐	☐
4.	Trato de limitar mis duchas a tres minutos.	☐	☐
5.	Camino o voy en bicicleta a la universidad.	☐	☐
6.	Uso un transporte colectivo (*carpool*) cuando es posible.	☐	☐
7.	Llevo mi propia bolsa al mercado para no usar bolsas de plástico o papel.	☐	☐

B. **El reciclaje.** Lea el siguiente anuncio público y conteste las preguntas.

> **Palabras útiles:** aparecer (*to appear*), el aporte (la contribución), impresas (*printed*), perdurar (*to last a long time*)

1. ¿Cuánto papel de periódicos fue reciclado en los Estados Unidos el año pasado?

_____

_____

2. Según este anuncio, ¿cómo podemos contribuir a la preservación del medio ambiente?

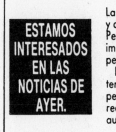

ESTAMOS INTERESADOS EN LAS NOTICIAS DE AYER.

Las noticias aparecen un día y desaparecen al siguiente. Pero el papel en que están impresas puede y debe perdurar.

El año pasado más de la tercera parte del papel de periódicos de los E.U. fue reciclado. Y esa proporción aumenta cada día.

Reciclar es la única forma de hacer nuestro aporte a la conservación del medio ambiente.

Lea y recicle.

_____

_____

❖¿Y Ud.? ¿Recicla sus periódicos, botellas y latas de aluminio?

_____

C. **Una sequía** (*drought*) **en California.** Lea la siguiente narración e indique si las declaraciones al final son ciertas o falsas.

Hace más de diez años que el sur de California sufre de una escasez de agua. Muchos científicos creen que la sequía y el alza[a] de temperaturas en todo el mundo se deben en gran parte a la destrucción de los bosques[b] tropicales del Amazonas.

[a]*rising* [b]*forests*

Se sabe que estos bosques tropicales contienen muchas plantas medicinales, además del[c] 50 por ciento de las especies[d] de plantas que existen en la tierra[e], y que producen el 40 por ciento del oxígeno que respiramos. Si se permite la desforestación al paso[f] que vamos, las consecuencias serán desastrosas[g], no sólo para el Brasil, sino[h] para todo el mundo.

[c]además... *in addition to*   [d]*species*   [e]*Earth*   [f]al... *at the rate*   [g]serán... *will be disastrous*   [h]*but*

	C	F
1. Hay insuficiencia de agua en California desde hace más de diez años.	☐	☐
2. La destrucción de los bosques en la región del Amazonas no afecta al resto del mundo.	☐	☐
3. Cuando se destruyen los bosques, se pierden plantas medicinales que pueden ayudar a la humanidad.	☐	☐
4. Necesitamos proteger los densos bosques amazónicos porque producen gran parte del oxígeno del mundo.	☐	☐

❖**D. En mi ciudad.** ¿Cómo es su vida en la ciudad donde reside? Lea las siguientes declaraciones e indique si son ciertas o falsas para Ud.

	C	F
1. En mi ciudad tengo miedo de salir a la calle por la noche porque hay muchos delitos y violencia.	☐	☐
2. La falta de viviendas adecuadas para la gente de pocos recursos económicos es un problema.	☐	☐
3. El transporte público (los trenes y/o autobuses) es bueno.	☐	☐
4. Hay muchos árboles y zonas verdes en mi ciudad.	☐	☐
5. Constantemente se construyen nuevos centros comerciales.	☐	☐

E. ¿La ciudad o el campo? A Guillermo le parece que la vida en la ciudad causa muchos problemas. Por eso se ha mudado (*he has moved*) al campo. Para él es un lugar casi ideal. Complete las opiniones de Guillermo con la forma apropiada de las palabras de la lista.

1. A mí me gusta el campo. Aquí en mi finca el aire es más

_____ y la naturaleza más _____.

2. El gran número de personas, de coches y de _____ en los

centros urbanos contamina el _____.

3. Prefiero el _____ de vida tranquilo del campo a la vida

agitada de la ciudad.

4. La _____ de viviendas adecuadas para los pobres es un

problema serio en las ciudades. Casi siempre hay más delitos en los

barrios de _____ densa.

5. Los _____ públicos en la ciudad no son muy buenos; los trenes llegan

atrasados y se necesitan más autobuses.

bello
desarrollar
destruir
escasez
fábrica
medio ambiente
población
proteger
puro
ritmo
transporte

6. Cada año, en la ciudad se _____ edificios históricos para construir más rascacielos.

7. Es importante que cada generación _____ los recursos naturales para que no se

acaben. Al mismo tiempo es necesario buscar y _____ nuevos métodos de energía.

Los coches

❖**A. Los coches y Ud.** ¿Qué tipo de conductor(a) es Ud.? Si Ud. no maneja, evalúe (*evaluate*) los hábitos de otra persona.

☐ Me evalúo a mí mismo/a.   ☐ Evalúo a _____.

		C	F
1.	Siempre llevo mi licencia de manejar cuando conduzco.	☐	☐
2.	Sé cambiar una llanta desinflada (*flat*).	☐	☐
3.	Sé cambiarle el aceite a un coche.	☐	☐
4.	Cuando llego a un semáforo en amarillo, paro el coche.	☐	☐
5.	Si llego a una esquina y no estoy seguro/a por dónde ir, sigo todo derecho, sin preguntar.	☐	☐
6.	Reviso el aceite y la batería una vez por mes.	☐	☐
7.	Nunca me han puesto una multa (*I've never gotten a ticket*) por infracciones de tránsito.	☐	☐
8.	Tampoco me han puesto ninguna multa por estacionarme en zonas prohibidas.	☐	☐

B. Necesito un servicio completo. Tell the attendant to perform the necessary service on the indicated parts of your car. Refer to the two lists if necessary.

arreglar	aceite
cambiar	batería
lavar	coche
limpiar	frenos
llenar	llanta
revisar	parabrisas
	tanque

MODELO: 1.   Lave el coche, por favor.

2. _____

3. _____

4. _____

5. _____

6. _____

7. _____

C. Consejos. Déle consejos a un amigo que acaba de recibir su licencia de manejar. Llene los espacios con la forma apropiada de las palabras de la lista.

1. Es muy peligroso _____ si los frenos no _____

   bien porque es difícil _____ el coche.

2. Si necesitas un buen taller, tienes que _____ a la izquierda y

   luego _____ todo derecho hasta llegar a la gasolinera Yáñez.

   Allí los mecánicos son honrados y atentos.

3. Es mejor comprar un coche pequeño; es más económico porque

   _____ poca gasolina.

4. Se prohíbe _____ el coche en esta calle durante las horas de
   trabajo.

5. No manejes sin _____ porque es ilegal.

6. Si la batería no está cargada (*charged*), tu coche no va a _____.

7. ¡Cuidado! Si _____ en el lado izquierdo de la _____, vas a

   _____ con alguien.

8. Debes ir por la Segunda Avenida; allí la _____ es más rápida y no hay tantos

   _____ para controlar el tráfico.

9. En muchas _____ la velocidad máxima es ahora de 65 millas por hora. No
   debes manejar más rápido.

arrancar
autopista
carretera
chocar
circulación
conducir
doblar
estacionar
funcionar
gastar
licencia
manejar
parar
seguir
semáforo

Minidiálogos y gramática

42. Más descripciones • Past Participle Used as an Adjective

A. Problemas del medio ambiente. ¿Cuánto sabe Ud. de los problemas del medio ambiente?

	C	F
1. El agua de muchos ríos está contaminada.	☐	☐
2. La capa de ozono está completamente destruida.	☐	☐
3. Hay algunas especies de pájaros que no están protegidas.	☐	☐
4. El agujero (*hole*) de ozono sobre el Polo Sur está creciendo (*growing*).	☐	☐
5. Los problemas para proteger los recursos naturales ya están resueltos.	☐	☐

B. Los participios pasados. Escriba el participio pasado.

1. preparar _____
2. salir _____
3. correr _____
4. abrir _____
5. romper _____

6. decir _____
7. poner _____
8. morir _____
9. ver _____
10. volver _____

C. Preparativos para una fiesta. Imagínese que Ud. va a dar una fiesta esta noche.

MODELO: planes / hacer → Los planes están hechos.

1. invitaciones / escribir _____
2. comida / preparar _____
3. muebles / sacudir _____
4. mesa / poner _____
5. limpieza (*cleaning*) / hacer _____
6. puerta / abrir _____
7. ¡yo / morir de cansancio (*dead tired*)! _____

43. ¿Qué has hecho? • Perfect Forms: Present Perfect Indicative and Present Perfect Subjunctive

❖**A. Hasta ahora...** Indique si las siguientes oraciones son ciertas o falsas para Ud.

	C	F
1. He tenido sólo un auto.	☐	☐
2. Nunca me han gustado las ostras (*oysters*).	☐	☐
3. He conocido a varias personas famosas.	☐	☐
4. Nunca he estado aburrido en mis clases.	☐	☐
5. He hecho dos viajes a México.	☐	☐
6. He vivido en una finca por dos años.	☐	☐
7. Me he roto el brazo dos veces.	☐	☐
8. He aprendido mucho en la universidad.	☐	☐
9. Nunca me he olvidado de pagar el alquiler.	☐	☐

B. ¿Qué han hecho? ¿Qué han hecho estas personas para ser famosas? Siga el modelo.

MODELO: David Letterman: (ser) → *Ha sido* comediante por muchos años.

1. Stephen King _____ (escribir) muchos libros de horror.
2. Tom Brokaw _____ (dar) las noticias desde 1976.
3. Óscar de la Hoya _____ (ganar) varias peleas (*fights*).

4. Rosie O'Donnell _____ (decir) muchas cosas divertidas.

5. Woody Allen _____ (dirigir) más de 30 películas.

6. Bill Gates _____ (hacerse: [*to become*]) rico vendiendo programas para computadoras.

C. **¿Qué has hecho últimamente?** Write the questions you would use to ask a friend if he or she has done any of the following things lately (**últimamente**).

MODELO: ir al cine → *¿Has ido al cine últimamente?*

1. tener un accidente

_____

2. acostarte tarde

_____

3. hacer un viaje a México

_____

4. ver una buena película

_____

5. volver a ver al médico

_____

6. romper un espejo (*mirror*)

_____

D. **Las sugerencias de Raúl.** Imagínese que Tina lo/la llama a Ud. por teléfono para decirle lo que su amigo Raúl quiere que Ud. haga. Use complementos pronominales cuando sea posible. Siga el modelo.

MODELO: (arreglar el coche) → TINA: Raúl quiere que arregles el coche.
                                  UD.: Ya lo he arreglado.

1. (ir al centro)   TINA: _____

                                UD.: _____

2. (hacer las compras)   TINA: _____

                                UD.: _____

3. (abrir las ventanas)   TINA: _____

                                UD.: _____

4. (darle la dirección de Bernardo)   TINA: _____

                                UD.: _____

5. (escribir el informe)   TINA: _____

                                UD.: _____

E. Las noticias. When your friend tells you the latest news, respond with an appropriate comment, using the cues provided. Use the present perfect subjunctive of the verbs in italics. Use object pronouns to avoid unnecessary repetition.

1. Por fin *arreglaron* la autopista 91. (Dudo que) _____
_____.

2. *Construyeron* otro rascacielos en el centro. (Es increíble) _____
_____.

3. *Plantaron* veinte árboles en el parque. (Es bueno) _____
_____.

4. *Cerraron* el tráfico en la autopista. (Es terrible) _____
_____.

5. Nuestros mejores amigos *se fueron* a vivir al campo. (Es una lástima) _____
_____.

6. Jorge Romero *perdió* su finca. (Siento) _____
_____.

7. Su esposa *consiguió* un buen trabajo. (Me alegro) _____
_____.

❖**F. ¿Y Ud.?** Ahora escriba las tres cosas más interesantes que Ud. ha hecho en su vida. Use el presente perfecto de indicativo.

1. _____
2. _____
3. _____

G. Antes de 1999. ¿Qué cosas había hecho —o *no* había hecho— Ud. antes de 1999? Dé oraciones nuevas según las indicaciones.

MODELO: (nunca) pensar en... → Antes de 1999 (nunca) había pensado seriamente en el futuro.

1. (nunca) tener _____
_____

2. (nunca) aprender a _____
_____

3. (nunca) escribir _____
_____

4. (nunca) hacer un viaje a _____
_____

5. (nunca) estar en _____

_____

❖ 6.   ¿ ? _____

_____

Un poco de todo

A. Una artista preocupada por el medio ambiente. Complete la siguiente selección con la forma apropiada de las palabras entre paréntesis.

No sólo los científicos[a], sino[b] también los artistas están _____[1] (preocupar) por

los _____[2] (diverso) aspectos del medio ambiente en Latinoamérica.

La pintora _____[3] (puertorriqueño) Betsy Padín muestra _____[4]

(este) preocupación en sus cuadros. En una entrevista _____[5] (hacer) en San Juan,

Puerto Rico, nos ha _____[6] (decir) que ella ha _____[7] (pintar) una

serie[c] de cuadros sobre las urbanizaciones puertorriqueñas actuales.

En estos cuadros, Padín ha _____[8] (incluir) imágenes de edificios

_____[9] (construir) con bloques de cemento, edificios que ella llama «ruinas del

futuro». Ella se ha _____[10] (inspirar) en sus visitas a las ruinas mayas e incaicas.

También, motivada por su preocupación por el medio ambiente, ha _____[11]

(tratar) de preservar en sus pinturas los campos _____[12] (verde), los árboles

retorcidos[d] y las costas solitarias _____[13] (cubrir) de enormes rocas.

[a]*scientists* [b]*but* [c]*series* [d]*twisted*

B. ¿Qué han hecho estas personas? Use los verbos indicados para describir la situación que se presenta en cada dibujo. En la oración **a** use el presente perfecto de indicativo, y en la oración **b** comente Ud. la situación, usando el presente perfecto de indicativo o de subjuntivo, según el significado.

MODELO: a. comer
         b. probable / tener hambre →
         a. El niño ha comido mucho.
         b. Es probable que haya tenido
             mucha hambre.

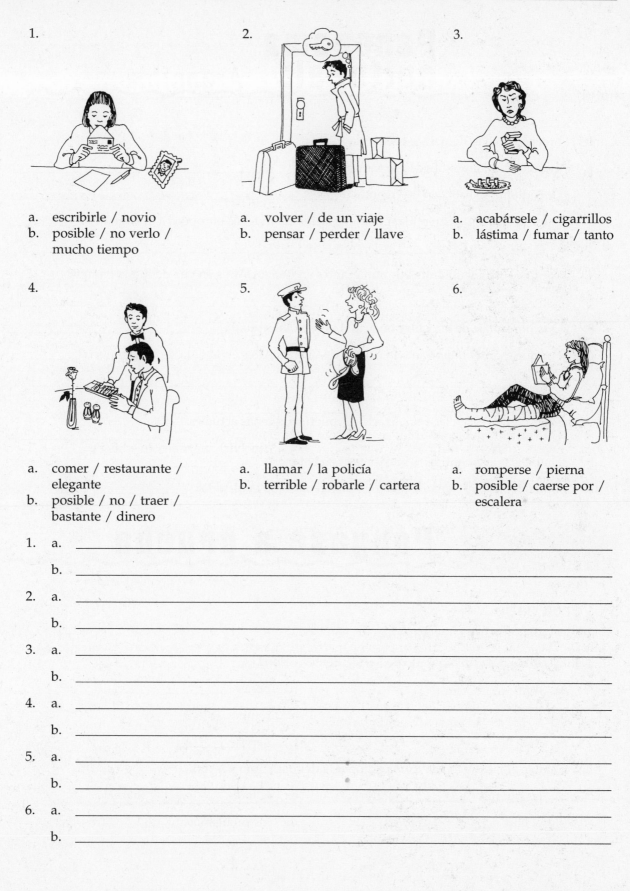

1.

a. escribirle / novio
b. posible / no verlo / mucho tiempo

2.

a. volver / de un viaje
b. pensar / perder / llave

3.

a. acabársele / cigarrillos
b. lástima / fumar / tanto

4.

a. comer / restaurante / elegante
b. posible / no / traer / bastante / dinero

5.

a. llamar / la policía
b. terrible / robarle / cartera

6.

a. romperse / pierna
b. posible / caerse por / escalera

1. a. _____
   b. _____

2. a. _____
   b. _____

3. a. _____
   b. _____

4. a. _____
   b. _____

5. a. _____
   b. _____

6. a. _____
   b. _____

Panorama cultural: Argentina

Conteste brevemente las siguientes preguntas.

1. ¿Cuántos habitantes tiene la Argentina? _____

2. ¿Qué idioma se habla en la Argentina? _____

3. ¿Durante qué siglos tuvo lugar la inmigración de muchos europeos a la Argentina? _____
   _____

4. ¿Por qué se quedaron muchos inmigrantes en Buenos Aires en vez de ir a la Pampa? _____
   _____

5. ¿Qué porcentaje de la población actual vive en la capital? _____

6. ¿Por qué es muy importante la ciudad de Buenos Aires en la vida de la Argentina? _____
   _____

7. ¿A quiénes se les llama «porteños»? _____

8. ¿Qué instrumentos musicales se usan para tocar el tango? _____

9. ¿Qué dos temas contrarios se expresan en el tango? _____

10. ¿Quién ha sido el cantante de tango más famoso de la historia? _____

Póngase a prueba

A ver si sabe...

A. Past Participle Used as an Adjective

1. Escriba el participio pasado de los siguientes verbos.

   a. decir _____   d. poner _____

   b. ir _____   e. romper _____

   c. leer _____   f. ver _____

2. Cambie el infinitivo a la forma apropiada del participio pasado.

   a. las puertas _____ (cerrar)   c. la tarea _____ (hacer)

   b. el libro _____ (abrir)   d. los problemas _____ (resolver)

B. Present Perfect Indicative and Present Perfect Subjunctive. Complete la tabla.

INFINITIVO	PRESENTE PERFECTO (INDICATIVO)	PRESENTE PERFECTO (SUBJUNTIVO)
cantar: yo	he cantado	que
conducir: tú		que hayas conducido
decir: nosotros		que
tener: vosotros		que

C. Past Perfect. Change the verbs from the present perfect indicative to the past perfect indicative.

MODELO: Nos *hemos divertido.* → Nos habíamos divertido.

1. Me *he roto* la pierna.   Me _____ la pierna.

2. *Han contaminado* el agua.   _____ el agua.

3. Luis *ha hecho* investigaciones.   Luis _____ investigaciones.

4. Hemos descubierto la verdad.   _____ la verdad.

Prueba corta

A. Escriba la forma adjetival del participio pasado para cada sustantivo.

MODELO: pájaros / proteger → los pájaros protegidos

1. capa de ozono / destruir _____

2. luces / romper _____

3. energía / conservar _____

4. montañas / cubrir de nieve _____

5. flores /morir _____

B. Seleccione la forma verbal apropiada para completar cada oración lógicamente.

1. Dudo que Juan _____ en el campo toda su vida.
   a. vive   b. haya vivido   c. ha vivido

2. Estoy seguro de que _____ este libro con papel reciclado.
   a. hayan hecho   b. han hecho   c. hacían

3. Dicen que ya _____ gran parte de los bosques amazónicos.
   a. han destruido   b. destruían   c. hayan destruido

4. Tú _____ tres viajes a Europa, ¿verdad?
   a. haces   b. hayas hecho   c. has hecho

5. No. Yo _____ a Europa sólo una vez.
   a. haya ido   b. voy   c. he ido

Punto final

❖ ¡Repasemos!

Cambie los verbos en cursivas (*italics*) al pasado, usando el pretérito, el imperfecto o el pluscuamperfecto (*past perfect*). Lea toda la narración antes de empezar a escribir. La primera oración ya se ha hecho.

Durante la Segunda Guerra Mundial, Marcelo *es*[1] estudiante interno[a] en Bélgica[b]. Cuando *se anuncia*[2] que los alemanes *han cruzado*[3] la frontera, él y dieciséis otros jóvenes *se escapan*[4] en bicicleta en dirección a Francia. *Viajan*[5] principalmente de noche y por fin *llegan*[6] a París, donde él *tiene*[7] que abandonar su bicicleta. En París *toma*[8] un tren para el sur del país, con muchísima otra gente que *ha venido*[9] del norte. Marcelo *pasa*[10] casi tres años en un pueblo pequeño de la costa mediterránea hasta que *puede*[11] regresar a Bélgica, donde *empieza*[12] a buscar a sus padres, que *están*[13] entre los muchos que *han desaparecido*[14] durante la ocupación alemana. Aunque mucha gente *muere*[15] sin dejar rastro[c], él *tiene*[16] la suerte de encontrar vivos a sus padres, quienes *piensan*[17] que Marcelo *ha desaparecido*[18] para siempre.

[a]*boarding*　[b]*Belgium*　[c]*a trace*

1. __era__
2. _____
3. _____
4. _____
5. _____
6. _____

7. _____
8. _____
9. _____
10. _____
11. _____
12. _____

13. _____
14. _____
15. _____
16. _____
17. _____
18. _____

❖ Mi diario

En este capítulo Ud. ya ha escrito las tres cosas más interesantes que ha hecho en su vida. Ahora describa con detalles una de estas cosas. O, si prefiere, puede describir cualquier (*any*) incidente, bueno o malo, que haya tenido importancia en su vida. Mencione:

- cuándo ocurrió
- dónde estaba Ud.
- con quién(es) estaba
- por qué estaba Ud. allí
- lo que pasó

Incluya todos los detalles interesantes que pueda. Al final, describa las consecuencias que esta experiencia ha tenido en su vida.

CAPÍTULO 15

Vocabulario: Preparación

Las relaciones sentimentales

❖**A.** **El amor y el matrimonio.** ¿Está Ud. de acuerdo con las siguientes ideas sobre el amor, el noviazgo y el matrimonio?

		SÍ	NO
1.	Uno puede enamorarse apasionadamente sólo una vez en la vida.	☐	☐
2.	Las personas que se casan pierden su libertad.	☐	☐
3.	La familia de la novia debe pagar todos los gastos de la boda.	☐	☐
4.	Las bodas grandes son una tontería porque cuestan demasiado dinero.	☐	☐
5.	La luna de miel es una costumbre anticuada.	☐	☐
6.	La suegra siempre es un problema para los nuevos esposos.	☐	☐
7.	Cuando una mujer se casa, debe tomar el apellido de su esposo.	☐	☐
8.	El hombre debe ser el responsable de los asuntos económicos de la pareja.	☐	☐
9.	Si una mujer rompe con su novio, ella debe devolverle (*give him back*) el anillo de compromiso (*engagement ring*).	☐	☐

B. **La vida social.** Complete las oraciones con las palabras apropiadas del vocabulario.

1. María tiene una _____ con Carlos para ir al cine mañana.

2. La _____ es una ceremonia religiosa o civil en que se casan dos personas.

3. Blanco es el color tradicional para el vestido de la _____.

4. Muchas personas creen que los _____ deben ser largos para evitar problemas

   después del _____.

5. Después de la boda los novios son _____.

6. Una persona que no demuestra cariño (*affection*) no es _____.

7. Un hombre _____ es una persona que no se ha casado.

8. Cuando una pareja no se _____ bien, debe tratar de solucionar sus problemas

   antes de _____.

9. Entre los novios hay amor; entre los amigos hay _____.

10. En los Estados Unidos, Hawai y las Cataratas del Niágara son dos lugares favoritos para pasar

    la _____.

C. Una carta confidencial. Lea la siguiente carta de «Indignada» y la respuesta de la sicóloga María Auxilio. Luego conteste las preguntas.

Querida María Auxilio:

Hace poco, mi novio decidió acabar con nuestro noviazgo y yo tuve que cancelar los planes para la boda, a la cual ya habíamos invitado a muchas personas. Por supuesto, mis padres perdieron una buena cantidad de dinero en contratos con el Country Club, la florista, etcétera. Pero lo peor para mí es que mi ex novio demanda que le devuelva el anillo de compromiso[a] que me dio hace dos años.

Yo se lo devolvería[b] sin protestar, pero mis padres insisten en que el anillo es mío[c], y que me debo quedar con él. En verdad, es un anillo precioso, con un brillante de casi un quilate[d]. ¿Qué me aconseja Ud. que haga?

Indignada

Querida «Indignada»:

Sus padres tienen razón. Legalmente, el anillo es de Ud. Yo también le recomiendo que no se lo devuelva, y si él insiste, le puede decir que Ud. consideraría[e] hacerlo si él le reembolsara[f] a sus padres todos los gastos que ellos hicieron en los preparativos para la boda.

María Auxilio

[a]anillo... *engagement ring* [b]*would give back* [c]*mine* [d]brillante... *diamond of almost one carat*
[e]*would consider* [f]*he repaid*

Comprensión

1. ¿Cuándo rompió el novio con «Indignada»?

   _____

2. ¿Qué preparativos habían hecho ya la novia y sus padres?

   _____

   _____

3. ¿Qué pide el novio que haga ahora «Indignada»?

   _____

4. Según doña Auxilio, ¿debe «Indignada» guardar o devolver el anillo?

   _____

5. Según la sicóloga,

   a. legalmente, el anillo es de _____.

   b. el ex novio debe reembolsar a _____ los _____.

❖¿Está Ud. de acuerdo con la recomendación de María Auxilio? Conteste brevemente.

_____

_____

_____

Etapas de la vida

A. Familias de palabras. Complete las oraciones con el sustantivo sugerido por la palabra indicada.

1. Los *jóvenes* sufren de problemas sentimentales durante su _____.

2. Los *adolescentes* pueden causarles muchos dolores de cabeza a sus padres durante la

   _____.

3. El _____ (acto de *nacer*) y la _____ (acto de *morir*) forman el círculo de la vida.

4. Durante su _____, el *infante* depende de sus padres para todo.

5. Se cree que una persona *madura* tiene mejor juicio (*judgment*) en la _____ que en la juventud.

6. Muchos *viejos* se quejan de dolores y problemas de salud cuando llegan a la

   _____.

7. Es importante que los *niños* tengan una _____ segura.

B. Palabras de amor y desengaño (*disillusionment*). ¿Cree Ud. en el amor a primera vista? ¿Ha tenido alguna vez un gran desengaño amoroso? Los tres primeros poemas a continuación son de *Rimas*, del gran poeta español del romanticismo Gustavo A. Bécquer (1836–1870). La cuarta selección contiene dos estrofas (*stanzas*) del poema «Canción de otoño en primavera» del libro *Cantos de vida y esperanza*, del famoso poeta del modernismo Rubén Darío, de Nicaragua (1867–1916).

Paso 1. Lea los cuatro poemas (¡preferiblemente en voz alta [*aloud*]!).

1. **LXXVII**

   Dices que tienes corazón, y sólo
   lo dices porque sientes sus latidos[a]
   Eso no es corazón... es una máquina
   que al compás que se mueve[b] hace ruido.

   [a]*beats*   [b]*al... as it keeps time*

2. **XVII**

   Hoy la tierra y los cielos[a] me sonríen;
   hoy llega al fondo de mi alma[b] el sol;
   hoy la he visto... la he visto y me ha mirado...
   ¡Hoy creo en Dios!

   [a]tierra... *earth and the heavens*   [b]al... *to the depth of my soul*

3. **XXXVIII**

   Los suspiros[a] son aire y van al aire
   Las lágrimas[b] son agua y van al mar.
   Dime, mujer: cuando el amor se olvida,
   ¿sabes tú adónde va?

   [a]*sighs*   [b]*tears*

   de *Rimas*, de Gustavo A. Bécquer

4. **Canción de otoño en primavera**

> Juventud, divino tesoro[a],
> ¡ya te vas para no volver!
> Cuando quiero llorar, no lloro...
> y a veces lloro sin querer...

> . . .

> Mas a pesar del tiempo terco[b],
> mi sed de amor no tiene fin;
> con el cabello[c] gris me acerco[d]
> a los rosales[e] del jardín...

[a]*treasure*   [b]*Mas... But in spite of relentless time*   [c]*pelo*   [d]*me... I approach*   [e]*rosebushes*

de *Cantos de vida y esperanza*, de Rubén Darío

Paso 2. Ahora identifique con números el poema que mejor coincide con las descripciones que siguen.

a. _____ Describe los sentimientos del amor a primera vista.

b. _____ Habla con tristeza (*sadness*) del amor perdido.

c. _____ Parece ser escrito por una persona en la madurez de su vida.

d. _____ Desengañado, le habla con sarcasmo a la persona amada.

Minidiálogos y gramática

44. ¿Hay alguien que... ? ¿Hay un lugar donde... ? • Subjunctive after Nonexistent and Indefinite Antecedents

A. En la playa. Mire Ud. la siguiente escena e indique si las declaraciones son ciertas o falsas.

	C	F			C	F
1. No hay nadie que juegue al béisbol.	☐	☐	5. No hay nadie que lea una revista.		☐	☐
2. Hay personas que juegan al vólibol.	☐	☐	6. Hay personas que corren.		☐	☐
3. Hay alguien que nada en el océano.	☐	☐	7. No hay nadie que practique deportes.		☐	☐
4. Hay alguien que llora.	☐	☐	8. No hay nadie que esté enamorado.		☐	☐

B. Todos buscan lo que no tienen. Complete las oraciones con la forma apropiada del subjuntivo de los verbos entre paréntesis.

a. Los Vásquez viven en un apartamento en el centro. Quieren una casa que

_____[1] (ser) más grande, que _____[2] (estar) en la costa, que

_____[3] (tener) vista a la playa y que no _____[4] (costar) un

millón de dólares. Francamente, dudo que la _____[5] (encontrar).

b. En nuestra oficina necesitamos un secretario que _____[1] (saber) lenguas

extranjeras, que _____[2] (poder) escribir a máquina más de cincuenta palabras

por minuto, que no _____[3] (fumar), que no _____[4] (pasar) todo

el día hablando por teléfono, que _____[5] (llegar) a tiempo, que no

_____[6] (ponerse) irritado con los clientes y que no _____[7]

(enfermarse) cada lunes.

c. No conozco a nadie en esta universidad. Busco amigos que _____[1] (practicar)

deportes, que _____[2] (jugar) al ajedrez, que _____[3] (escuchar)

jazz, que _____[4] (hacer) *camping* y a quienes les _____[5] (gustar)

ir al cine.

C. Situaciones. Complete las oraciones según las indicaciones. Use el subjuntivo o el indicativo, según sea necesario. ¡OJO! ¡Cuidado con la concordancia (*agreement*) de los adjetivos y con las preposiciones!

1. Tenemos unos amigos que _____ (vivir / playa), pero no

conocemos a nadie que _____ (vivir / montañas).

2. Luisa quiere conocer a alguien que _____ (enseñarle /

hablar) francés porque tiene un primo francés que _____

(venir / visitar) a su familia durante el verano.

3. Elena tiene unos zapatos que _____ (ser / bonito) pero que

_____ (hacerle) daño a los pies. Por eso está buscando unos que

_____ (ser / cómodo), que _____ (estar /

moda) y que _____ (ir bien / falda / rosado). Aquí no ve

nada que _____ (gustarle).

4. Aquí no hay ningún apartamento más barato que _____ (poder:

nosotros / alquilar) para el verano, pero en Lake Champlain siempre se encuentran uno o dos

que _____ (ser / razonable) y que no

_____ (estar / lejos / centro).

45. Lo hago para que tú... • Subjunctive after Conjunctions of Contingency and Purpose

A. De viaje. Mario y su esposa Elsa van de vacaciones. Vuelva a escribir lo que dicen, reemplazando la frase preposicional por una cláusula con el subjuntivo del verbo indicado.

1. Llama a tus padres *antes de salir*.   Llama a tus padres *antes de que* (nosotros)

    _____.

2. Cierra las maletas con llave *antes de irte*.   Cierra las maletas con llave *antes de que*

    (nosotros) _____.

3. Escribe la dirección *para no equivocarte*.   Escribe la dirección *para que* (nosotros) no

    _____.

4. Vamos al hotel *para descansar*.   Vamos al hotel *para que* (tú)

    _____.

B. Los planes de Berti y Carla. Berti y Carla están haciendo planes para ir a esquiar la semana que viene. Complete lo que dicen, según las indicaciones. ¡OJO! Fíjese en (*Note*) las conjunciones en letra cursiva que introducen los verbos que siguen.

1. Llama a Eva *en caso de que*

    a. _____ (querer: *ella*) acompañarnos.

    b. no _____ (saber) nuestra dirección.

    c. _____ (estar) en casa.

2. Eva dice que no puede ir con nosotros *a menos que*

    a. _____ (volver: *nosotros*) antes del sábado.

    b. su madre _____ (prestarle) dinero.

    c. ella _____ (conseguir) un par de esquíes.

3. Vamos a salir por la mañana *antes de que*

    a. _____ (llover).

    b. _____ (haber) mucho tráfico.

    c. _____ (empezar) a nevar.

C. Hablando de ir a la playa. Complete los comentarios con la preposición o conjunción apropiada de la lista.

antes de (que), en caso de (que), para (que), sin (que)

1. Vamos a la playa _____ jugar al vólibol.

2. Vamos a salir temprano _____ no tengas que manejar cuando hay mucho tráfico.

3. Todos siempre quieren nadar _____ comer.

4. Vamos a comer _____ sea muy tarde.

5. No salgas _____ llevar bastante dinero.

6. Lleva tu suéter _____ haga frío por la noche.

D. «¡Antes que te cases, mira lo que haces!»* Un amigo está hablando de casarse y Ud. le recomienda que haga algunas cosas antes de tomar esa decisión.

Palabras útiles: casarse, conocerse, enfermarse o haber una emergencia, amarse y llevarse bien, tener un buen trabajo

1. No te cases a menos que _____.

2. Debes tener ahorros (*savings*) suficientes en caso de que _____

_____.

3. Debes hacer que las dos familias se reúnan para que los parientes _____

_____.

4. No te preocupes si todos no se llevan bien, con tal de que tú y tu novia _____

_____.

5. Si tienes algún problema, habla con tu novia antes de (que) _____

_____.

Un poco de todo

¡Otra versión de Romeo y Julieta! Complete esta versión nueva de la historia. Use el presente de indicativo o subjuntivo, según sea necesario. Cuando se presenten dos posibilidades, escoja la correcta.

En Sevilla, nadie sabe por qué, las familias de Romeo y Julieta no _____[1] (llevarse)

bien. En verdad, _____[2] (odiarse) y (por / para) _____[3] eso viven en

barrios diferentes, separados por el río Guadalquivir. No hay nadie que no _____[4]

(saber) que la mala sangre _____[5] (haber) existido entre las dos familias (por / para)

_____[6] mucho tiempo. Las dos familias han _____[7] (hacer) todo lo

_____

*Popular saying (**dicho**) that is equivalent to "Look before you leap."

posible para que sus hijos no _____[8] (conocerse). Desafortunadamente, un día los

dos jóvenes _____[9] (encontrarse) en la universidad, se hacen[a] amigos y luego

_____[10] (enamorarse) locamente.

Para que sus padres no _____[11] (verlos), ellos _____[12]

(encontrarse) en secreto en la biblioteca, en el parque ¡y hasta[b] en la catedral! (Por / Para)

_____[13] fin, las familias lo _____[14] (descubrir) todo e insisten en

que los novios _____[15] (romper) sus relaciones. El padre de Julieta, enojadísimo,

le dice que en caso de que ella no _____[16] (obedecerlo), él la va a sacar de la

universidad y la _____[17] (ir) a mandar a vivir con su abuela en las Islas Canarias.

Confrontados con la terrible realidad de sus vidas, los enamorados dejan la universidad antes

de que _____[18] (terminarse) el curso y _____[19] (escaparse) a

Cancún, (lejos / cerca) _____[20] de la tiranía de sus familias. Cuando los padres

descubren lo que _____[21] (haber) hecho, les piden que _____[22]

(volver) a Sevilla y les prometen que van a permitirles que se casen con tal que

_____[23] (acabar) sus estudios universitarios.

[a]se... *they become*   [b]*even*

Panorama cultural: Chile

Conteste brevemente las siguientes preguntas.

1. ¿Cuántos habitantes hay en Chile? _____

2. Además del español, ¿qué lenguas se hablan en Chile? _____

3. ¿De dónde viene el nombre de este país? _____

4. ¿Qué forma particular tiene el territorio chileno? _____

5. ¿Qué industrias son importantes en la economía de Chile? _____

6. ¿Qué premio ganó Gabriela Mistral? _____

7. Además de poeta, ¿qué otra profesión tuvo ella? _____

8. ¿Qué eventos tristes ocurrieron en su vida? _____

9. ¿Cuál es el título de uno de sus poemas más famosos? _____

Póngase a prueba

A ver si sabe...

A. Use of Subjunctive After Nonexistent and Indefinite Antecedents. Complete las oraciones con el presente de indicativo o subjuntivo, según sea necesario.

1.   Tengo un amigo que _____ (ser) de Bolivia.

2.   Busco a alguien que _____ (saber) hablar alemán.

3.   Aquí hay alguien que _____ (conocer) al autor.

4.   No veo a nadie que _____ (hacer) ejercicio.

5.   ¿Hay alguien que _____ (ir) a ir a la librería?

B. Subjunctive After Conjunctions of Contingency and Purpose

1.   Escriba el número de la conjunción apropiada para completar cada oración.

   1.   _____ antes (de) que
   2.   _____ con tal (de) que
   3.   _____ a menos que
   4.   _____ para que

   a.   No voy a invitar a Juan, _____ se disculpe.
   b.   Luis reserva una mesa _____ tú y él cenen juntos.
   c.   Voy adonde tú quieras, _____ me acompañes.
   d.   Carmen se viste y se peina _____ llegue su novio.

2.   Complete las oraciones con el presente de subjuntivo o el infinitivo del verbo indicado, según sea necesario.

   a.   Vamos a salir ahora para _____ (poder) llegar a tiempo.

   b.   Llama a Elena antes de que _____ (salir: *ella*).

   c.   Lleva dinero extra en caso de que _____ (tener: *tú*) algún problema.

   d.   No te vayas sin _____ (llamarme) primero.

Prueba corta

A. Complete las oraciones con la forma apropiada del indicativo o del subjuntivo del verbo entre paréntesis, según el contexto.

1.   Estoy buscando a alguien que _____ (querer) viajar a Europa este invierno.

2.   No conozco a nadie que _____ (ir) de vacaciones en invierno, pero tengo varios

   amigos que siempre _____ (viajar) en verano.

3.   Hoy día no hay muchos bebés que _____ (nacer) en casa.

4.   Conozco a alguien que _____ (acabar) de tener una boda grande.

5.   Algunos muchachos sólo quieren encontrar una novia que _____ (ser) rica y bonita.

B. Complete las oraciones con la forma apropiada del subjuntivo o con el infinitivo, según el contexto.

1. Uds. deben conocerse bien antes de _____ (casarse).

2. Los recién casados tienen que trabajar para que _____ (poder) comprar una casa.

3. En caso de que me _____ (necesitar: *tú*), llámame.

4. No debes salir a menos que _____ (haber) estudiado para el examen.

5. ¡Voy contigo a la ópera con tal que (tú) me _____ (conseguir) una entrada!

6. Por favor, dales dinero antes de que _____ (irse: *ellos*).

Punto final

❖ ¡Repasemos!

Otra carta confidencial. Lea la siguiente carta de «Confundido» y la respuesta de la sicóloga María Auxilio. Luego conteste las preguntas.*

Querida Dra. Auxilio:

Tengo un problema grave, y espero que Ud. me pueda ayudar. Soy un chico joven y tengo una novia que vive muy lejos de mí. Como[a] vive tan lejos, no nos podemos ver con frecuencia, pero todavía nos escribimos a menudo[b] y nos queremos mucho. Otra chica quiere que yo salga con ella, pero cuando le digo que tengo novia, se ríe y me dice que no le parece que dos personas puedan ser novios de verdad[c] si viven tan lejos la una de la otra. Me dice que yo le gusto y, a decir verdad, ella me gusta a mí también. Es bien[d] guapa e inteligente. Me gustaría salir con ella, pero no quiero traicionar[e] a mi novia. ¿Qué puedo hacer?

Confundido

Querido Confundido:

Creo que tu problema es algo especial. Mi consejo es que analices tus sentimientos hacia tu enamorada[f] y, si la quieres de verdad, entonces no la traiciones. Pero eso no quiere decir[g] que no puedas salir con amigas y pasarlo bien sanamente[h]. Eres joven y a veces es bueno comparar y no atarte[i] a tus propios sentimientos. Si de verdad no te interesa ninguna otra mujer más que tu novia, entonces recuerda que cuando hay amor todo se supera[j]. Gracias por escribirme y ¡ojalá todo te salga bien!

[a]*Since* [b]*a... frecuentemente* [c]*de... realmente* [d]*muy* [e]*to betray* [f]*hacia... toward the woman you love* [g]*no... it doesn't mean* [h]*safely* [i]*tie yourself down* [j]*se... can be resolved*

Comprensión

1. ¿Qué espera «Confundido» que haga la Dra. Auxilio?

   _____

2. ¿Cuál es el problema del joven?

   _____

---

*Dos estudiantes de cuarto semestre escribieron estas cartas: Keith Olsen y Patricia Castro. Las cartas han sido un poco modificadas.

3. ¿Qué dice «la otra chica» de las personas que viven lejos la una de la otra?

    _____

4. ¿Qué no desea hacer «Confundido»?

    _____

5. Complete las siguientes oraciones para dar un resumen de la respuesta de la Dra. Auxilio. La

    Dra. Auxilio le recomienda a «Confundido» que _____[1] sus sentimientos y que

    no _____[2] a su novia si _____[3] de verdad. Pero también le dice

    que _____[4] con la otra chica porque así puede comparar sus sentimientos hacia

    las dos.

❖ Mi diario

Primero describa Ud. cómo era su vida social en la escuela secundaria. (Use el imperfecto de indicativo.) Luego, escriba sobre sus actividades sociales como estudiante universitario. (Use el presente de indicativo o subjuntivo.) Haga referencias a las amistades, noviazgos, diversiones y problemas que tenía/tiene con sus compañeros. Finalmente, haga una comparación entre las dos etapas de su vida social. Puede usar la siguiente lista de palabras útiles.

> **Palabras útiles:** pero, también, a diferencia de (*unlike*), en cambio (*on the other hand*), a pesar de (*in spite of*)

CAPÍTULO 16

Vocabulario: Preparación

Profesiones y oficios

A. ¿Qué oficio o profesión tienen? Vea la lista de abajo si necesita ayuda.

1. Es dueño/a de una compañía que produce y vende ciertos productos o servicios.

   _____

2. Es un trabajador sin especialización. _____

3. Va a las casas para arreglar o instalar aparatos que usan agua. _____

4. Generalmente tiene un almacén donde se venden artículos de varias clases. _____

5. Ayuda al doctor en su consultorio o en el hospital. _____

6. Prepara documentos legales para sus clientes. _____

7. Es un médico que ayuda a las personas que tienen problemas mentales o sicológicos.

   _____

8. Enseña en una escuela primaria o secundaria. _____

9. Ayuda a construir casas, edificios, calles, etcétera. Debe ser un buen matemático.

   _____

10. Trabaja en un hospital o en su consultorio privado. Gana mucho dinero. _____

11. Escribe las noticias que se publican en el periódico. _____

12. Trabaja en una biblioteca. _____

> abogado, bibliotecario, comerciante, enfermero, hombre/mujer de negocios, ingeniero, maestro, médico, obrero, periodista, plomero, siquiatra

B. Oficios y profesiones. Lea la siguiente anécdota y conteste las preguntas.

Dos hombres viajaban en autobús de Guayaquil a Quito. Iban sentados juntos y pronto empezaron a conversar sobre sus familias. Uno de ellos dijo:

—Yo solamente tengo tres hijos. Todos ya mayores... y profesionales. Los tres son intelectuales. Mi hija es profesora, un hijo es abogado y el otro, arquitecto.

—¡Qué bueno, hombre! Y Ud., ¿qué hace? —le preguntó curioso el otro viajero.

—¿Yo?... Pues... yo soy comerciante. Tengo una tienda de abarrotes[a] en Guayaquil. No es un gran negocio pero me permite ganar lo suficiente para poder mantener[b] a mis tres hijos y a sus familias.

[a]tienda... *grocery store*   [b]*to support*

1. ¿Cómo y adónde viajan los dos hombres?

   _____

2. ¿Cómo son los hijos y qué profesiones tienen?

   _____

3. ¿Cuál es el oficio del padre?

   _____

4. Siendo profesionales los hijos, ¿ganan lo suficiente para mantener a sus familias?

   _____

5. Según esta anécdota, ¿cuál es el problema de algunos profesionales en Hispanoamérica?

   _____

El mundo del trabajo; Una cuestión de dinero

A. Consejos para encontrar empleo. Déle consejos a su hermana menor. Complete las oraciones con la forma apropiada de las palabras de la lista. Use el mandato familiar cuando sea necesario.

caerle bien
currículum
dejar
director de personal
empleo
empresa
entrevista
escribirlo a máquina
llenar
renunciar
solicitud
sucursal

1. Prepara tu _____ con cuidado, incluyendo todos los empleos y experiencia que has tenido.

2. No lo escribas a mano; _____ o con computadora y ten cuidado que no haya errores.

3. Ve a la oficina de _____ de la universidad y busca anuncios en el periódico.

4. Llama a todas las oficinas que ofrezcan posibilidades; no te limites a sólo una. Pide una _____ con el _____.

5. Ve a la biblioteca e infórmate sobre la _____: su historia, dónde tiene _____, qué tipo de trabajo hacen, etcétera.

6. Si te llaman para entrevistarte, vístete como mujer de negocios. Si quieres _____ al director de personal, lleva ropa que te dé aspecto profesional.

7. _____ la _____ con bolígrafo; no uses lápiz.

8. Si te dan el puesto, ¡magnífico! Pero, si después de algún tiempo no ves oportunidades de avanzar en la empresa, piensa en _____ al puesto, pero no lo _____ antes de conseguir otro empleo.

B. Situaciones. Conteste las preguntas según los dibujos.

1. 2. 3.

1. a. ¿Qué busca el joven a quien están entrevistando? _____

    b. ¿Duda él mucho de poder colocarse allí? ¿O parece que tiene contactos (*connections*)?

        _____

        _____

2. a. ¿El jefe está despidiendo o empleando (*hiring*) al joven?

        _____

    b. ¿Qué es necesario que haga el joven para obtener otro puesto?

        _____

3. a. ¿Qué está haciendo esta aspirante? _____

    b. ¿Qué espera que suceda (*will happen*) durante la entrevista? _____

❖**C. El dinero y yo.** Indique lo que Ud. hace con su dinero según las siguientes declaraciones.

		C	F
1.	Si quiero comprar algo y no tengo suficiente dinero, espero hasta ahorrar lo suficiente.	☐	☐
2.	Si quiero comprar algo y no tengo suficiente dinero, se lo pido prestado a alguien.	☐	☐
3.	No me gusta ir solo/a al cajero automático por la noche.	☐	☐
4.	Tengo una cuenta corriente.	☐	☐
5.	Casi siempre tengo problemas para sacar el saldo de mi cuenta corriente.	☐	☐
6.	Prefiero pagar al contado para controlar mejor mis gastos.	☐	☐
7.	Uso mucho la tarjeta de crédito y casi siempre tengo que pagar intereses.	☐	☐
8.	Cuando pido un préstamo a un amigo, siempre se lo devuelvo en la fecha prometida.	☐	☐
9.	Hacer un presupuesto es una pérdida de tiempo.	☐	☐
10.	Estoy comprando un coche a plazos.	☐	☐

D. Roberto y Elena. Roberto y su esposa Elena están hablando de su presupuesto mensual (*monthly*). Complete el diálogo con la forma apropiada de las palabras de la lista.

ROBERTO: En los últimos dos meses hemos _____¹ tanto dinero que no hemos podido _____² nada. Debemos economizar más.

ELENA: Es cierto, pero es difícil seguir nuestro _____³ mensual con el constante aumento de gastos.

ROBERTO: Hoy es el primero de abril y tenemos que pagar el _____⁴ de la casa.

ELENA: Si no depositamos más dinero en nuestra cuenta _____,⁵ no vamos a poder pagar nuestras _____.⁶

ROBERTO: Realmente creo que debes _____⁷ esos dos vestidos de Gucci que compraste ayer, ¿no te parece?

ELENA: ¡Tú siempre _____⁸ de mis gastos pero no dejas de manejar tu Porsche!

ahorrar
alquiler
corriente
devolver
factura
gastar
presupuesto
quejarse

E. En la agencia de automóviles. Carlos está comprando un coche de segunda mano y habla con el agente. Complete el diálogo con la forma apropiada de las palabras de la lista.

CARLOS: Me gustaría comprar el coche _____¹ para ahorrar los intereses, pero no tengo suficientes ahorros.

AGENTE: No hay ningún problema. Ud. puede pagarlo _____.² Y si necesita un _____,³ se lo damos a sólo el doce por ciento.

CARLOS: Es una buena idea. Puedo usar mi _____⁴ para hacer el primer pago, ¿verdad?

AGENTE: ¡Cómo no! Pase a la oficina. La _____⁵ le va a dar el recibo (*receipt*).

a plazos
al contado
cajera
préstamo
tarjeta de crédito

F. Finanzas creativas. Lea la tira cómica y conteste las preguntas.

ªgastar con exceso   ᵇdinero... *cash*

1. ¿Qué ha decidido hacer la pareja que gasta demasiado?

   _____

2. ¿Qué tipo de fondos (*funds*) les pide el cajero para abrir la cuenta?

   _____

3. ¿Qué quiere usar la pareja?

   _____

4. ¿Qué muestra este chiste con respecto al uso de la tarjeta de crédito?

   _____

❖**¿Y Ud.?** ¿Cómo es Ud. con respecto al uso de las tarjetas de crédito? ¿Cuántas tiene? ¿Con qué frecuencia las usa? ¿En qué circunstancias?

_____

_____

_____

Minidiálogos y gramática

46. Talking about the Future • Future Verb Forms

❖**A.** **¿Cómo será mi vida el próximo año?** Indique lo que Ud. piensa que hará o le pasará a Ud.

1. ☐ Estaré en el segundo año de español.
2. ☐ Tendré un nuevo apartamento o una nueva casa.
3. ☐ Haré un viaje a Europa.
4. ☐ Me enamoraré otra vez.
5. ☐ Volveré a vivir con mis padres / Viviré con mis hijos.
6. ☐ Conseguiré un buen puesto / un mejor puesto.
7. ☐ Seguiré estudiando en la universidad.
8. ☐ Podré ahorrar más dinero.
9. ☐ Me compraré ropa nueva.

B. **¿Qué pasará este verano?** Complete las oraciones con el futuro de los verbos.

1. Yo _____ (buscar) otro trabajo que me pague más y _____ (comprar) un coche nuevo.

2. Tú _____ (hacer) un viaje a Francia y _____ (vivir) con una familia allí.

3. Mi primo Miguel _____ (venir) a visitarnos y _____ (estar) un mes con nosotros.

4. Nosotros _____ (ir) de excursión y _____ (divertirse).

5. Patricia y Antonio _____ (tener) que mudarse (*move*) a fines de junio y por eso

   no _____ (poder) acompañarnos.

6. Nosotros _____ (salir) para México en julio y no _____ (volver) hasta fines de agosto.

C. El viernes por la noche. Imagínese que Ud. conoce bien a sus parientes y amigos y sabe lo que harán o *no* harán el viernes después de clases. Complete las oraciones con el futuro de los verbos entre paréntesis.

1. Mi hermano _____ (cobrar) su cheque y _____ (ponerlo) todo en su cuenta de ahorros.

2. Mis padres no _____ (querer) hacer nada y _____ (sentarse) a mirar la televisión.

3. Mi hermana Julia no _____ (saber) qué hacer y también _____ (quedarse) en casa.

4. Tito _____ (decirles) a todos que tiene que estudiar.

5. Andrés y yo _____ (tener) que trabajar, pero a las once _____ (ir)

   a una discoteca y _____ (bailar) hasta las dos.

D. ¿Qué pasará si... ? Complete las oraciones lógicamente con el futuro de los verbos entre paréntesis.

1. Si ahorro dinero, pronto (poder) _____.

2. Si vamos por la autopista a estas horas, (haber) _____.

3. Si no llamo a Anita esta noche, ella (ponerse) _____.

4. Si no me das un mapa, (yo) no (saber) _____.

E. Especulaciones. ¿Qué harán sus compañeros de la escuela secundaria? Haga especulaciones acerca de (*about*) lo que hacen ellos *ahora*, según las indicaciones. Use el futuro de probabilidad.

> MODELO: A Pepe le gustaban los coches. (trabajar / taller de automóviles) →
> Ahora trabajará en un taller de automóviles.

1. A Mario le gustaban las matemáticas. (estudiar / ingeniería)

   _____

2. A Bárbara le encantaban las computadoras. (ser / programadora)

   _____

3. Julia sólo pensaba en casarse. (estar / casada)

   _____

4. Tito jugaba muy bien al basquetbol. (jugar / equipo profesional)

   _____

47. Expressing Future or Pending Actions • Subjunctive and Indicative after Conjunctions of Time

A. ¿Cuándo hace Ud. estas cosas? Indique la mejor manera de completar las siguientes oraciones. Luego indique si se refiere a una acción habitual (el indicativo) o a una acción futura (el subjuntivo).

1. Siempre le pido un préstamo a mi hermano cuando...   HABITUAL   FUTURO
   a. me falta dinero   b. me falte dinero   ☐   ☐

2. Depositaré mi cheque en cuanto...
   a. salgo del trabajo   b. salga del trabajo   ☐   ☐

3. Firmaré los cheques después de que...
   a. llego al banco   b. llegue al banco   ☐   ☐

4. El cajero siempre me da un recibo (*receipt*) después de que...
   a. deposito mi dinero   b. deposite mi dinero   ☐   ☐

5. Pienso cobrar mi cheque tan pronto como...
   a. se abra el banco   b. se abre el banco   ☐   ☐

B. ¿Cómo se dice en español? ¡RECUERDE! The use of the subjunctive or the indicative, *after conjunctions of time*, is entirely dependent on whether you are talking about a present, habitual action (use present indicative), a past action (use preterite, imperfect, and so on), or a future action (use present subjunctive).

1. (cuando / casarse)
   a. When I got married . . . _____
   b. When I get married (*future*) . . . _____

2. (tan pronto como / volver)
   a. As soon as I return (*habitual, present*) . . . _____
   b. As soon as I returned (*last night*) . . . _____
   c. As soon as I return (*future*) . . . _____

3. (hasta que / llamarnos)
   a. . . . until they call us (*habitual, present*) _____
   b. . . . until they called us (*habitual, past*) _____
   c. . . . until they call us (*future*) _____

4. (después de que / irnos)
   a. After we leave (*habitual, present*) . . . _____
   b. After we left (*last night*) . . . _____
   c. After we leave (*future*) . . . _____

C. Cambiando dinero en México. Restate the following narrative to tell what *will* happen. Remember to use the subjunctive in the dependent clause after conjunctions of time that introduce *future* events.

    MODELO: Salí en cuanto me llamaron. → Saldré en cuanto me llamen.

1.   Cuando viajé a México, llevé solamente dólares y tuve que cambiarlos a pesos. _____

    _____

2.   Fui a la Casa de Cambio Génova, en el Paseo de la Reforma. _____

    _____

3.   Firmé los cheques de viajero (*traveler's checks*) en cuanto entré en el banco.

    _____

    _____

    _____

Casa de Canmbio de Moneda Génova, S.V. de C.V.			
SUCURSAL GENOVA GENOVA Nº 2 Local N-bits			
Paseo de la Reforma Nº 284		Col. Juárez	
06600 México, D.F.		Tels. 528-5414	
R. F. C. CCM-8507111A3		Ced. Emp. 1394652	
		Autorización 299097	

DE DOCUMENTOS Y TRANSFERENCIA

CANTIDAD	DIVISA	TIPO	IMPORTE
Situaciones A deducir (domumentos foraneos)			
Otros			
Impuesto			
Total a deducir			
	A PAGAR		

4.   Hice cola hasta que fue mi turno.

    _____

    _____

5.   Le di mi pasaporte al cajero tan pronto como me lo pidió.

    _____

    _____

6.   Después de que le di 100 dólares, él mi dio un recibo (*receipt*). _____

    _____

7.   Me devolvieron el pasaporte cuando me dieron el dinero. _____

    _____

8.   Fui al restaurante Delmónico's en la Zona Rosa en cuanto salí de la Casa de Cambio.

    _____

D. ¿Qué harán? Tell what the following people will do when the conditions are ideal.

    MODELO: yo / estudiar / cuando / tener tiempo → Yo estudiaré cuando tenga tiempo.

1.   Elena / hacer su viaje / en cuanto / recibir / pasaporte _____

    _____

2. ellos / no casarse / hasta que / encontrar casa _____

_____

3. Roberto / llamarnos / tan pronto como / saber los resultados _____

_____

4. Mario / venir a buscarnos / después de que / volver su hermano _____

_____

5. mi hermana y yo / ir a México / cuando / salir de clases _____

_____

Un poco de todo

A. ¿Qué traerá el futuro? Form complete sentences using the words provided in the order given. Make any necessary changes, and add other words when necessary. Give the future of verbs unless another tense (or the subjunctive mood) is required.

MODELO: (nosotros) ir / Guatemala / próximo / primavera →
Iremos a Guatemala la próxima primavera.

1. en / año / 2050 / ya / no / haber / guerras

_____

2. en dos años / (yo) saber / hablar español / bastante bien

_____

3. ojalá que Uds. / venir / verme / año que viene (¡OJO!)

_____

4. próximo / año / (yo) poder / comprar / mi / propio / computadora

_____

5. (nosotros) comprar / coche / rojo / descapotable / cuando / ganar / lotería (¡OJO!)

_____

6. jubilarme (jubilarse = *to retire*) / cuando / tener /65 años / a menos que / ganar / lotería / antes (¡OJO!)

_____

B. El Banco Hispano Americano. Lea el anuncio del Banco Hispano Americano y conteste las preguntas.

Los clientes del Hispano tienen la clave de todas las ventajas.

Rapidez
El Sr. Díaz dice que no tiene precio el tiempo que le ahorra su 4B del Hispano. Sin colas y sin esperas, realiza sus operaciones bancarias de camino a la oficina. Y cuando viaja, su 4B del Hispano le ahorra el mismo tiempo en cualquier ciudad, con sus 750 telebancos.

Facilidad
A doña Mercedes le parece maravilloso poder sacar dinero con sólo mover un dedo. Y todavía le parece más maravilloso que una tarjeta con tantas ventajas sea gratis.

Comodidad
Paco y Marta piensan que la tarjeta 4B del Hispano es el invento del siglo. Sobre todo cuando les apetece ir a cenar y al cine, y su 4B del Hispano les proporciona dinero a cualquier hora.

Tranquilidad
Y José Miguel, que es un despistado, valora especialmente la seguridad de la 4B del Hispano. Si se pierde, nadie más que él la puede usar, porque sólo él conoce su número clave.

Pida su Tarjeta 4B al Hispano. Y, si ya la tiene, disfrútela. Sus ventajas son clave.

Banco Hispano Americano

---

1. ¿Cuáles son las cuatro ventajas de la Tarjeta 4B? Para contestar, identifique los sustantivos derivados de estos adjetivos:

    rápido _____   fácil _____

    cómodo _____   tranquilo _____

2. ¿Qué le ahorra la tarjeta al Sr. Díaz?

    _____

3. ¿Cuántos telebancos (*automatic teller machines*) tiene el Banco Hispano Americano? (Escriba el número en palabras.)

    _____

4. ¿Qué es lo más maravilloso de esta tarjeta para doña Mercedes?

    _____

5. Para Paco y Marta, ¿qué es lo mejor de tener esta tarjeta?

    _____

6. Y para el distraído José Miguel, ¿cuál es la ventaja?

    _____

❖7. ¿Tiene Ud. una tarjeta bancaria (*ATM card*)? ¿Con qué frecuencia la usa?

    _____

❖8. ¿Siempre paga Ud. sus cuentas lo más rápido posible o con frecuencia acaba Ud. pagando intereses?

    _____

❖C. **Comentarios de un viajero** (*traveler*). Complete las oraciones lógicamente.

1. No fui a _____ hasta que _____

_____.

2. No iré a Europa hasta que _____.

3. Ayer volví a casa en cuanto _____.

4. Saldré para Acapulco en cuanto _____.

5. Me quedé en un hotel muy barato cuando _____

_____.

6. Me quedaré en un hotel elegante cuando _____

_____.

Panorama cultural: Uruguay y Paraguay

A. Llene los espacios en blanco con la información apropiada.

	URUGUAY	PARAGUAY
1. capital	_____	_____
2. población	_____	_____
3. idioma oficial	_____	_____
4. moneda	_____	_____

B. Conteste brevemente las siguientes preguntas.

1. ¿Qué porcentaje de la población vive en la capital del Uruguay? _____.

2. ¿Cuál es la tasa de alfabetización del Uruguay? _____.

3. ¿Qué característica comparten (*share*) el Paraguay y Bolivia? _____.

4. ¿Qué aspecto tiene una gran importancia para la economía del Paraguay? _____

_____

5. ¿Para qué fue construida la represa de Itaipú? _____.

6. ¿Qué porcentaje de paraguayos habla guaraní? _____.

Póngase a prueba

A ver si sabe...

A. Future Verb Forms. Complete la siguiente tabla.

INFINITIVO	YO	UD.	NOSOTROS	ELLOS
llevar	llevaré			
poder		podrá		
saber			sabremos	
salir				saldrán
venir				

B. Subjunctive and Indicative After Conjunctions of Time. Escoja la forma verbal correcta.

1. Me mudaré en cuanto _____ más dinero.

   a. gane   b. gano   c. ganaré

2. Su madre piensa jubilarse cuando _____ sesenta años.

   a. tendrá   b. tiene   c. tenga

3. Siempre cobro mi cheque cuando lo _____.

   a. recibo   b. recibí   c. reciba

4. Tan pronto como _____ a casa, te llamaremos.

   a. volvemos   b. volvamos   c. volveremos

5. No podré sacar mi saldo de cuenta hasta que el banco me _____ el estado de cuenta.

   a. manda   b. mandé   c. mande

6. ¡Antes que _____, mira lo que haces!

   a. te casas   b. te cases   c. te casaste

Prueba corta

A. Complete las oraciones con el futuro del verbo entre paréntesis.

1. Mañana, si tengo tiempo, _____ (ir) a la biblioteca.

2. Elena va a comprar una casa y el lunes _____ (hacer) el primer pago.

3. No quiero ir a ese café. Allí _____ (haber) mucha gente.

4. Cuando reciba mi cheque, lo _____ (poner) en el banco.

5. No le prestes dinero a Enrique. No te lo _____ (devolver) nunca.

B. Complete las oraciones con el indicativo o el subjuntivo del verbo entre paréntesis, según el contexto.

1. Pagaremos la factura tan pronto como la _____ (recibir: *nosotros*).

2. Te daré un cheque después de que _____ (depositar: *yo*) dinero en mi cuenta corriente.

3. No podré comprar un coche hasta que _____ (poder: *yo*) ahorrar más dinero.

4. En el banco me pidieron la licencia de manejar cuando _____ (ir) a cobrar un cheque.

5. Viajaremos a Madrid en cuanto se _____ (terminar) las clases.

6. El verano pasado yo siempre iba a la playa en cuanto _____ (tener) tiempo.

7. Me graduaré cuando _____ (pasar) todos mis exámenes.

Punto final

❖ ¡Repasemos!

Padres e hijos. Escriba una composición de dos párrafos comparando sus ideas con las de sus padres. Use las preguntas como guía.

PÁRRAFO 1

1. Cuando Ud. estaba en la escuela secundaria, ¿qué tipo de hijo/a era Ud.? (¿rebelde, obediente, cariñoso/a, desagradable, quieto/a, egoísta, comprensivo/a, etcétera?)
2. ¿Se llevaban bien Ud. y sus padres o discutían mucho?
3. ¿En qué cosas no estaba Ud. de acuerdo con sus padres? ¿Protestaba mucho o los obedecía por lo general sin protestar?
4. ¿Era fácil o difícil hablar con sus padres?
5. ¿A quién le confesaba sus problemas más íntimos?

PÁRRAFO 2

1. ¿Piensa Ud. casarse y tener hijos? (¿Ya se ha casado? ¿Tiene hijos?)
2. ¿Qué aspectos son importantes en las relaciones entre padres e hijos?
3. ¿Qué querrá Ud. que hagan sus hijos? (¿Qué quiere que hagan sus hijos?)
4. ¿Qué tipo de padre/madre será (ha sido) Ud.?

❖ Mi diario

Escriba en su diario unos párrafos sobre las ventajas y desventajas de la profesión u oficio que piensa seguir. Recuerde usar palabras conectivas.

> **Frases útiles:** en cambio (*on the other hand*), por otra parte (*on the other hand*), sin embargo (*however*), de todas maneras (*anyway*)

Considere los siguientes puntos:

- la satisfacción personal
- las ventajas o desventajas económicas
- las horas de trabajo
- el costo del equipo profesional cuando empiece a trabajar
- la posible necesidad de mudarse para encontrar empleo o para establecer su propia oficina

Si Ud. no ha decidido todavía qué carrera va a seguir, escriba sobre alguien que Ud. conoce (puede entrevistarlo/la), pero haga referencia a los mismos puntos.

CAPÍTULO **17**

◢◣◢◣◢◣ **Vocabulario:** Preparación

Las noticias; El gobierno y la responsabilidad cívica

❖**A.** **¿Cómo se entera Ud. de las noticias?** Indique con qué frecuencia hace Ud. las siguientes cosas.

	SIEMPRE	A VECES	NUNCA
1. Escucho las noticias en el radio.	☐	☐	☐
2. Miro el noticiero de las 6:00 de la tarde en la televisión.	☐	☐	☐
3. Leo periódicos extranjeros.	☐	☐	☐
4. Veo programas en la Televisión Pública.	☐	☐	☐
5. Leo una revista como *Time* o *Newsweek*.	☐	☐	☐
6. Leo un periódico local.	☐	☐	☐
7. Miro un noticiero en español.	☐	☐	☐
8. Me comunico con amigos por el *Internet*.	☐	☐	☐

B. **Definiciones.** Complete las definiciones con la forma apropiada de las palabras de la lista.

1. Un _____ es algo que garantizan la Constitución y las leyes a todos los _____.

2. La libertad de _____ es el derecho de publicar libremente periódicos, revistas y libros.

3. Una _____ es un conflicto armado entre dos o más naciones o grupos.

4. Una _____ es la acción de dejar de trabajar para protestar por algo.

5. Un _____ es un jefe supremo que tiene poder (*power*) absoluto.

6. Un _____ es un crimen violento en el que muere la víctima.

7. El _____ / La _____ es el jefe/la jefa de una monarquía.

8. El _____ es una organización militar que defiende el país.

9. La _____ es el trato (*treatment*) desigual que se le da a una persona.

asesinato
ciudadano
derecho
dictador
discriminación
ejército
guerra
huelga
prensa
reina
rey

❖C. **Ud. y las noticias.** ¿Está Ud. de acuerdo o no con las siguientes declaraciones?

	ESTOY DE ACUERDO	NO ESTOY DE ACUERDO
1. No hay más desastres naturales hoy en día que hace 50 años. La diferencia es que los medios de comunicación traen las noticias más rápidamente hoy.	☐	☐
2. Prefiero enterarme de las noticias por la televisión porque no tengo tiempo para leer el periódico.	☐	☐
3. Seleccionan a los reporteros de la televisión por su apariencia física y no por su habilidad analítica.	☐	☐
4. En este país se da poca importancia a los acontecimientos que ocurren en Latinoamérica.	☐	☐
5. Prefiero no mirar las noticias porque siempre son malas.	☐	☐

❖D. **Preguntas personales.** Conteste con oraciones completas.

1. ¿Votó Ud. en las últimas elecciones?

_____

2. ¿Obedece Ud. la ley de manejar a un máximo de 65 millas por hora en las autopistas?

_____

3. ¿Ha sido Ud. alguna vez testigo o víctima de un crimen violento?

_____

4. ¿Cree Ud. que la libertad de prensa incluye también el derecho de distribuir material pornográfico por el *Internet*?

_____

5. ¿Cree Ud. que el servicio militar debe ser obligatorio en este país?

_____

E. **Las últimas noticias.** Complete con las palabras apropiadas del vocabulario. Algunas palabras se repiten.

Buenas noches. El Canal 25 les ofrece el _____[1] (*news broadcast*) de las ocho, con

nuestros _____[2] (*reporters*) Teresa Frías y Jaime Cienfuegos.

Teresa: París. El _____[3] (*event*) más notable del día es la _____[4]

(*strike*) iniciada por los _____[5] (*workers*) de los transportes públicos, que ha

paralizado casi por completo la vida en la capital francesa. La huelga incluye a los trabajadores de

los ferrocarriles[a] y, por esta razón, los viajeros[b] a muchas ciudades francesas han perdido la

_____[6] (*hope*) de llegar hoy a su destino[c]. El Ministro del Interior ha declarado en

[a]*railroads* [b]*travelers* [c]*destination*

una rueda^d de _____⁷ (*press*) que la huelga significa un _____⁸

(*disaster*) económico de grandes proporciones; espera que no dure más de tres o cuatro días.

Cuando el jefe del Sindicato^e de Trabajadores de Transporte _____⁹ (*found out*) de lo

que había dicho el Ministro, comentó: —La huelga va a durar hasta que se resuelva la

_____¹⁰ (*inequality*) de salarios ahora existente—. Como es de esperar^f en estos

casos, ha habido algunos incidentes de violencia, y Jaime Cienfuegos nos _____¹¹

(*informs*) sobre lo que pasó esta mañana.

    Jaime: Unos obreros en huelga atacaron esta mañana a tres camiones^g de la Compañía

Francesa de Petróleo cerca de la Estación de San Lázaro. Según varios _____¹²

(*witnesses*), los camiones fueron detenidos^h cuando cruzaban las víasⁱ del ferrocarril y fueron

incendiados^j por tres obreros, mientras que los _____¹³ (*others*) aplaudían. El

embotellamiento de tráfico^k que se produjo causó varios _____¹⁴ (*collisions*) de

automóviles. Felizmente no hubo daños personales serios. El público espera que la

_____¹⁵ (*peace*) se restablezca pronto entre los trabajadores y los dueños...

    Teresa: ¡Últimas _____¹⁶ (*news*)! Acabamos de enterarnos del

_____¹⁷ (*assassination*) del último _____¹⁸ (*dictator*) de Maldivia.

No hay detalles todavía pero se teme que este _____¹⁹ (*event*) precipite una

_____²⁰ (*war*) civil entre los militares que apoyaban^l al _____²¹

(*dictator*) y los izquierdistas radicales.

^d*conference* ^e*Union* ^f*Como... As might be expected* ^g*trucks* ^h*detained* ⁱ*tracks* ^j*set on fire* ^k*embotellamiento...
traffic jam* ^l*supported*

Minidiálogos y gramática

48. ¡Ojalá que pudiéramos hacerlo! • Past Subjunctive

A. Formas verbales. Escriba la tercera persona plural (*ellos*) del pretérito y la forma indicada del
imperfecto de subjuntivo.

		PRETÉRITO			IMPERFECTO DE SUBJUNTIVO
	hablar	→ _____hablaron_____	→ yo		_____hablara_____
1.	aprender	_____	yo		_____
2.	decidir	_____	yo		_____
3.	sentar	_____	tú		_____
4.	jugar	_____	tú		_____

		PRETÉRITO		IMPERFECTO DE SUBJUNTIVO
5.	querer	_____	tú	_____
6.	hacer	_____	Ud.	_____
7.	tener	_____	Ud.	_____
8.	poner	_____	Ud.	_____
9.	traer	_____	nosotros	_____
10.	venir	_____	nosotros	_____
11.	seguir	_____	nosotros	_____
12.	dar	_____	Uds.	_____
13.	ser	_____	Uds.	_____
14.	ver	_____	Uds.	_____

❖**B.** **De niño/a.** Ahora Ud. puede tomar sus propias decisiones, pero cuando era niño/a, casi todo lo que hacía dependía de la voluntad de sus padres. Indique si a Ud. le pasaba o no lo siguiente cuando era niño/a.

		SÍ	NO
1.	Era necesario que tomara el autobús para ir a la escuela.	☐	☐
2.	Mis padres insistían en que hiciera mis tareas antes de salir a jugar.	☐	☐
3.	Mi madre insistía en que limpiara mi alcoba antes de acostarme.	☐	☐
4.	Era obligatorio que ayudara con los quehaceres de la casa.	☐	☐
5.	No me permitían que saliera de noche.	☐	☐
6.	A veces permitían que mis amigos pasaran la noche en mi casa.	☐	☐
7.	Mi madre siempre me decía que dijera «Gracias» cuando alguien me regalaba algo.	☐	☐

C. **¿Qué querían todos?** Complete las oraciones con la forma apropiada del imperfecto de subjuntivo de los verbos entre paréntesis.

1. Enrique quería que yo...
   a. _____ (aprender) todo.
   b. _____ (almorzar) con él.
   c. _____ (empezar) la cena.
   d. _____ (hacer) el café.

2. Ellos esperaban que tú...
   a. _____ (poder) ir.
   b. _____ (recordar) la fecha.
   c. _____ (estar) allí.
   d. _____ (venir) hoy.

3. Ellos nos pidieron que...   a. _____ (despertarlos: *nosotros*).

   b. _____ (poner) la mesa.

   c. _____ (sentarnos).

   d. _____ (ir) a verlos.

4. Pepe dijo que no iría (*wouldn't go*) a menos que ellos...

   a. le _____ (ofrecer) más dinero.

   b. le _____ (dar) otro empleo.

   c. le _____ (decir) la verdad.

   d. le _____ (conseguir) otro coche.

D. Más deseos. Escriba lo que cada persona quería que la otra hiciera. Siga el modelo.

MODELO: LUISA: Enrique, cómprame una botella de vino. →
Luisa quería que Enrique le comprara una botella de vino.

1. PEPE: Gloria, tráeme las llaves.

   _____

2. ANA: Carla, dime la verdad.

   _____

3. DAVID: Miguel, acuéstate temprano.

   _____

4. RITA: Ernesto, no te enojes tanto y sé más paciente.

   _____

E. Hablando con su profesor de español. Write the following sentences in Spanish. Use the past subjunctive to express these softened requests and statements. Then add one of your own invention.

1. I would like to see you in your office. _____

2. I would like to see all my grades (**notas**). _____

3. My classmates and I would like to take our last exam again (**otra vez**). _____

   _____

❖4. _____

❖**F.   ¡Ojalá!** Complete las oraciones según sus propios deseos.

1. ¡Ojalá que yo pudiera _____!

2. ¡Ojalá que mis amigos y yo pudiéramos _____!

3. ¡Ojalá que tuvieras _____!

4. ¡Ojalá que hoy fuera _____!

❖G. Antes de empezar mi primer año en la universidad... Haga por lo menos tres oraciones sobre los consejos que le dieron sus padres a Ud. antes de que empezara su primer semestre/trimestre en la universidad. O, si quiere, puede dar los consejos que Ud. le(s) dio a su(s) hijo(s) en la misma situación.

Mis padres me dijeron/pidieron que...   Insistían en que...
Esperaban/Dudaban/Temían que...   (No) Querían que...

Frases útiles: buscar un apartamento bueno pero económico, cuidarse mucho, empezar a fumar / beber alcohol, escribirles dos veces al mes, estudiar mucho, gastar dinero en ropa, tener problemas serios con las clases, volver a casa los fines de semana

1. _____

2. _____

3. _____

   _____

¡RECUERDE!

Adjetivos posesivos
¿Cómo se dice en español?

1. **esperanza** our hope _____

   my hopes _____

2. **huelga** their strikes _____

   their strike _____

3. **derecho** our rights _____

   your (*informal*) right _____

4. **ley** our laws _____

   their laws _____

---

49. More about Expressing Possession • Stressed Possessives

A. Con un grupo de viajeros (*travelers*). Trate de identificar de quién(es) son las siguientes cosas. Cambie el adjetivo a su forma apropiada. Siga el modelo.

MODELO: ¿Es de Ud. esta maleta? (pequeño) → No, no es mía. La mía es más pequeña.

1. ¿Son de Ud. estos zapatos de tenis? (viejo)

   _____

2. ¿Es de Beatriz esta cartera? (negro)

   _____

3. ¿Son de Uds. estas llaves? (grande)

   _____

4.   ¿Es de Pablo esta cámara? (nuevo)

_____

5.   ¿Son de Ud. estas botas? (alto)

_____

B.   ¿Quién lo hizo? Vuelva a escribir las respuestas usando la forma tónica del adjetivo posesivo (*stressed possessive adjective*).

MODELO: —¿Quién te prestó el coche?
          —Me lo prestó mi amigo. → Me lo prestó un amigo mío.

1.   —¿Quiénes vinieron?
     —Vinieron tus amigos. _____

2.   —¿Quién se quejó con el profesor?
     —Se quejaron sus estudiantes. _____

3.   —¿Quién les trajo esa raqueta?
     —Nos la trajo nuestra vecina. _____

4.   —¿Quién me llamó?
     —Te llamó tu amigo. _____

C.   Lectura. Lea la breve lectura y conteste las preguntas.

Noticias de última hora   24 de junio

Los Ángeles. Pepe Crow, artista ecuatoriano, residente en los Estados Unidos desde hace muchos años, lamentaba hoy que la Cámara de Comercio de Hollywood no le hubiera dado —por enésima[a] vez— una estrella en el Paseo de la Fama a Carlos Gardel, compositor e intérprete de tangos argentinos.

Para protestar y conmemorar al mismo tiempo el aniversario de la muerte de Gardel, Crow y los miembros de su comité —y todo el público que quiera asistir— se reunirán hoy lunes, 24 de junio, en la esquina del Bulevar Hollywood y Vine, para manifestar su desacuerdo con la decisión de la Cámara de Comercio.

Artistas de origen latino, como la puertorriqueña Rita Moreno, el cubano Andy García y el mexicano Ricardo Montalbán, ya tienen su estrella en la famosa avenida de las estrellas.

México, D.F. Miles de estudiantes, candidatos al nivel de bachillerato[b] en la Ciudad de México, se presentaron en las instalaciones de la Alberca[c] Olímpica de la capital para tomar el examen único que es requisito para los candidatos. Los estudiantes dijeron que en la zona metropolitana no hay suficientes escuelas preparatorias, colegios de bachilleres y colegios vocacionales para los 262.000 solicitantes que necesitan cumplir con estos estudios para entrar en la universidad.

---

[a]11a   [b]*high school*   [c]Piscina

Comprensión

1.   ¿Por qué protestan hoy Pepe Crow y otros residentes hispánicos de Los Ángeles?

_____

2. ¿Qué se conmemora hoy?

_____

3. ¿Cuántas veces ha pedido Pepe Crow a la Cámara de Comercio de Hollywood que honre a Gardel?

_____

4. ¿Quiénes son algunos de los artistas latinos que ya tienen una estrella en el Paseo de la Fama?

_____

5. ¿Dónde se presentaron miles de estudiantes para tomar el examen para empezar el bachillerato?

_____

6. ¿Es obligatorio o electivo este examen?

_____

7. ¿Cuál es el problema que tienen los estudiantes del D.F. que quieren entrar en la universidad?

_____

8. ¿Es obligatorio que todos los estudiantes en los Estados Unidos tomen un examen para entrar en la universidad?

_____

Un poco de todo

A. Repaso de las noticias. Vuelva a leer «Las últimas noticias» en las páginas 234–235 de este cuaderno y conteste las preguntas con oraciones completas.

1. ¿A qué hora ofrece un noticiero el Canal 25? _____

_____

2. ¿De qué trata (*deals*) la noticia que viene de París? _____

_____

3. ¿Qué temen muchos viajeros franceses por causa de la huelga? _____

_____

4. Económicamente, ¿qué significa la huelga para el país? _____

_____

5. ¿Qué dice el Ministro del Interior acerca del (*about the*) fin de la huelga? _____

_____

6. Y ¿qué comenta el Jefe del Sindicato cuando se entera de lo que ha dicho el Ministro?

_____

_____

7. ¿Qué acontecimiento violento ocurrió cerca de la Estación de San Lázaro? _____

_____

8. ¿Qué hicieron los obreros con los camiones? _____

_____

9. ¿Qué ocurrió como resultado de la congestión de tráfico? _____

_____

10. ¿Qué acaba de pasar en la nación de Maldivia? _____

_____

11. ¿Qué dice la reportera en cuanto a la posibilidad de una guerra en ese país? _____

_____

B. Situaciones. Complete las oraciones con la forma apropiada del verbo entre paréntesis. Use el presente o el pasado (pretérito o imperfecto) de indicativo, o el presente, el presente perfecto o el imperfecto de subjuntivo.

1. (llegar)   ¿Por qué te enojas tanto? Antes, nunca te importaba que nosotros

_____ tarde. Ahora siempre te enojas cuando _____ atrasados. Si

insistes en que _____ a tiempo, lo vamos a hacer.

2. (ir)   De niño/a, (yo) siempre _____ con mis padres a visitar a mis parientes los domin-

gos. Siempre insistían en que _____ con ellos, aunque no me gustaba mucho. Cuando

yo sea padre/madre, no voy a insistir en que mis hijos _____ conmigo de visita.

3. (conocer)   —Ayer (yo) _____ al hermano de tu novia. ¡Qué simpático es!

—¿Ah, sí? Me alegro que lo _____ (haber) conocido, por fin. Yo quería que (tú)

lo _____ en la última fiesta que dimos, pero no pudiste venir.

C. Una fiesta de sorpresa. Complete la narración con la forma apropiada de los verbos en el pretérito, el imperfecto o el imperfecto de subjuntivo.

Enrique _____[1] (llamar) a Elena para que lo _____[2] (ayudar) con una

fiesta de cumpleaños para su hermano Jorge. Le _____[3] (pedir) que ella

_____[4] (hacer) una ensalada de frutas y que _____[5] (traer) unas sillas.

Esperaba que su hermano no _____[6] (saber) que iba a venir mucha gente porque

_____[7] (querer) darle una sorpresa. Les _____[8] (recomendar) a todos

que _____[9] (venir) temprano para que así _____[10] (poder) estar todos

reunidos antes de que Jorge _____[11] (volver) de la oficina.

Panorama cultural: República Dominicana

Conteste brevemente las siguientes preguntas.

1. ¿Cuál es la capital de la República Dominicana? _____

2. ¿Quién la fundó y en qué año? _____

3. ¿Cuántos habitantes tiene el país? _____

4. ¿Qué idiomas hablan los dominicanos? _____

5. ¿Qué moneda se usa en la República Dominicana? _____

6. ¿A qué país cedió España el tercio occidental de lo que se llamaba La Española? ¿Cómo se

   llama esa parte hoy en día? _____

7. ¿Quiénes son dos de los atletas dominicanos que han ganado mucha fama en los Estados

   Unidos? _____

8. ¿Cómo se llama la primera novela de Julia Álvarez, publicada en 1991? _____

9. ¿Qué reflejan sus novelas? _____

Póngase a prueba

A ver si sabe...

A. Past Subjunctive

1. Complete la siguiente tabla.

INFINITIVO	YO	TÚ	NOSOTROS	ELLOS
aprender	aprendiera			
decir		dijeras		
esperar			esperáramos	
poner				pusieran
seguir				

2. Cambie al pasado los verbos indicados.

   a. Quiero que *vayan*.   Quería que _____.

   b. No hay nadie que *pueda* ir.   No había nadie que _____ ir.

   c. Piden que les *demos* más.   Pidieron que les _____ más.

   d. Dudamos que *sea* verdad.   Dudábamos que _____ verdad.

B. More About Expressing Possession. Vuelva a escribir las frases indicadas con la forma tónica del adjetivo posesivo.

   MODELO: Recibimos *una carta de él.* → Recibimos una carta suya.

1 Llamó *un amigo de Uds.*   Llamó _____.

2. Vinieron *unos amigos de Ud.*   Vinieron _____.

3. Me llamó *tu vecina.*   Me llamó _____.

4. Recibirán *una llamada de nosotros.* Recibirán _____.

5. Perdieron *una de mis maletas.* Perdieron _____.

Prueba corta

A. Complete las oraciones con el imperfecto de subjuntivo.

1. El gobierno quería que todos _____ (obedecer) la ley.

2. Perdón, ¿_____ (poder) Ud. decirme a qué hora sale el autobús para Teotihuacán?

3. Era necesario que los reporteros _____ (dar) más importancia a los problemas de los jóvenes.

4. Mis padres siempre insistían en que _____ (decir: *yo*) la verdad.

5. El rey Juan Carlos I prefería que la gente lo _____ (tratar) como a cualquier otro ciudadano.

6. Pedro, ¿_____ (querer: *tú*) acompañarme a la estación de policía?

B. Complete las oraciones con la forma tónica del adjetivo posesivo.

1. Yo sólo quiero defender mis derechos. ¿Por qué no defiendes _____?
             (*yours*)

2. Pedro encontró sus llaves, pero Mario no pudo encontrar _____.
             (*his*)

3. Oye, ¿pudieras prestarme tu computadora portátil? _____ no funciona.
         (*Mine*)

4. Tus noticias no son muy buenas. Afortunadamente, _____ son mejores.
         (*ours*)

Punto final

❖ ¡Repasemos!

El mundo en el nuevo milenio. Lea el artículo y conteste las preguntas.

Al final del milenio anterior, el mundo fue testigo de importantes cambios políticos, sociales y económicos, entre ellos la reunificación de las dos Alemanias y la desintegración de la Unión Soviética. Ambos fueron ejemplos del triunfo de la voluntad popular en sus esfuerzos por la democratización de sus gobiernos y sistemas económicos.

Sin embargo[a], en este nuevo milenio, todavía hay mucho que hacer para convertir a nuestro planeta en un lugar de paz y armonía para todos. El mundo entero continúa siendo testigo de crueles y violentas intervenciones militares en África, en el sur de Asia y en algunas regiones de Hispanoamérica. También, el conflicto entre israelitas y palestinos ha revivido con mayor intensidad y pone en peligro la paz, no sólo en el Medio Oriente sino[b] en el mundo entero. Otra causa de preocupación es la falta de protección suficiente del medio ambiente, y la contaminación industrial del aire y las aguas de los océanos y ríos. Las advertencias[c] sobre la destrucción de la capa de ozono que nos protege de la radiación solar son más alarmantes cada año.

Las frecuentes noticias que vemos en la televisión, leemos en los periódicos y escuchamos en la radio nos advierten[d] que si queremos sobrevivir[e] el nuevo milenio es urgente que los gobiernos y cada uno de nosotros trabajemos para crear un mundo mejor, un mundo en el cual todos podamos vivir en paz, y en armonía con la naturaleza.

[a]*However* [b]*but* [c]*warnings* [d]*warn* [e]*survive*

Comprensión

1. ¿Cuál fue un cambio político importante al final del milenio pasado?

   _____

   _____

2. ¿Dónde ha habido intervenciones militares?

   _____

   _____

3. ¿Qué conflicto pone en peligro la paz del mundo?

   _____

   _____

4. ¿Cuáles son los problemas que afectan negativamente la

   salud de la gente en todo el planeta? _____

   _____

   _____

5. ¿Qué sugiere el dibujo? _____

   _____

   _____

[a]*En... In case of democracy break glass*

❖Mi diario

Escriba en su diario sobre alguna noticia que le haya afectado profundamente a Ud. (o a su familia o amigos). Describa el acontecimiento y los efectos que tuvo sobre Ud. (o sobre su familia o amigos). Mencione si este acontecimiento fue reportado en algún medio de información. Puede comenzar de la siguiente manera:

Un acontecimiento que me ha afectado (que me afectó) profundamente ha sido (fue)...

CAPÍTULO **18**

Vocabulario: Preparación

Lugares y cosas en el extranjero

Consejos a un turista americano en España. Complete las oraciones con la forma apropiada de las palabras de la lista. A veces hay más de una respuesta posible.

1. Si Ud. necesita comprar sellos o sobres, los puede comprar en un _____ o en el _____.

2. El jabón, la pasta dental y el _____ los puede comprar en una _____.

3. Aquí en España es necesario comprar fósforos; no se dan gratis (*free*) cuando se compran cigarrillos, como en los Estados Unidos. Si se le acaban los cigarrillos, los puede conseguir en un _____.

4. Si Ud. quiere tomar un trago o una _____ de vino, vaya a un _____ o a un _____.

5. Si Ud. necesita enviar (*to send*) una carta o un _____, tiene que llevarlos al correo.

6. Si Ud. necesita comprar un periódico o una revista, vaya a un _____.

7. Si Ud. tiene ganas de unos pastelitos o un batido, irá a una _____.

8. Para tomar el metro, hay que ir a la _____ del metro; para tomar el autobús, hay que ir a la _____ del autobús.

bar
café
champú
copa
correo
estación
estanco
farmacia
papelería
paquete
parada
pastelería
quiosco
sello

En un viaje al extranjero; El alojamiento

A. Viajando por el extranjero. Indique si las siguientes declaraciones son ciertas o falsas. Si Ud. nunca ha viajado, consulte con alguien que lo haya hecho.

	C	F
1. Cuando se hace un viaje al extranjero, hay que llevar pasaporte.	☐	☐
2. Siempre es necesario tener visa para entrar a otro país.	☐	☐
3. Hay que declarar en la aduana todas las compras hechas en el extranjero.	☐	☐
4. El inspector de aduanas siempre pide el pasaporte (u otro documento de identificación).	☐	☐
5. Si se declaran menos de $400, no es necesario presentar las facturas.	☐	☐

B. Cruzando la frontera. Complete la narración con la forma apropiada de las palabras de la lista.

Ayer (yo) _____¹ la frontera yendo de España a Francia. El

inspector de _____² primero me pidió el _____³ y

luego me preguntó si tenía algo que declarar. Yo le dije que no y naturalmente

no tuve que pagar _____.⁴ También me preguntó cuánto tiempo

iba a quedarme en Francia. Le contesté que seis semanas. Debo tener cara[a] de

persona honesta porque él apenas[b] examinó mis maletas. Sin embargo[c], una

_____⁵ de _____⁶ francesa que volvía a su país tuvo

muchos problemas. Después de _____le⁷ el pasaporte, el agente la

hizo abrir una maleta y empezó a _____la⁸ cuidadosamente[d]. Cuando encontró

unos artículos que ella seguramente no había declarado en su _____,⁹ le puso una

_____¹⁰ que ella pagó muy descontenta.

aduanas
cruzar
derechos
formulario
multa
nacionalidad
pasaporte
pedir
planilla
preguntar
registrar
viajero

[a]*face* [b]*scarcely* [c]*Sin... However* [d]*carefully*

❖**C. Buscando alojamiento.** Indique con qué frecuencia hace Ud. las siguientes cosas.

	SIEMPRE	A VECES	NUNCA
1. Cuando viajo, me quedo en un hotel de lujo.	☐	☐	☐
2. Hago reservas con anticipación.	☐	☐	☐
3. Prefiero alojarme en una pensión porque son más baratas que los hoteles.	☐	☐	☐
4. Le doy una buena propina al botones que me ayuda con las maletas.	☐	☐	☐
5. Me gusta conocer a los otros huéspedes y conversar con ellos.	☐	☐	☐
6. Si no me gusta la habitación, me quejo en la recepción y pido que me cambien a otra.	☐	☐	☐

D. Viajando por el extranjero. Complete la narración con la forma apropiada de las palabras de la lista.

Antes, cuando viajaba por el extranjero siempre me quedaba en una

_____,¹ nunca en un hotel _____.² La última vez

que fui a Bogotá, le escribí primero al dueño de la pensión Monte Carlo para

reservar una habitación con pensión _____.³ Desgraciada-

mente no había ninguna habitación libre para la fecha que yo necesitaba.

Entonces mandé un *fax* al Hotel Internacional para ver si tenían una

habitación _____.⁴ Muy pronto me contestaron del hotel para

_____⁵ mi reservación para el 18 de agosto.

alojarse
botones
completo
con anticipación
confirmar
de lujo
desocupado
ducha
huésped
pensión
propina
recepción

Cuando llegué al hotel había varios empleados en la _____.⁶ Me dieron una

buena habitación porque la reservé _____.⁷ El _____⁸ llevó mis male-

tas a mi habitación y le di una _____.⁹ Felizmente mi cuarto tenía un baño privado

con _____¹⁰ y una vista preciosa de la ciudad. En la recepción conocí a varios

_____¹¹ del hotel que eran estudiantes chilenos.

Después de _____¹² en ese hotel, creo que prefiero un hotel de lujo a una simple

pensión.

Minidiálogos y gramática

50. Expressing What You Would Do • Conditional Verb Forms

A. ¿Qué haría Ud.? Si Ud. pudiera hacer un viaje a la Península de Yucatán, ¿cuáles de estas actividades serían lógicas y posibles de hacer?

1. ☐ Iría en avión.

2. ☐ Practicaría mi español.

3. ☐ Visitaría las ruinas incaicas.

4. ☐ Nadaría en el Océano Pacífico.

5. ☐ Escucharía tangos en los clubes nocturnos.

6. ☐ Saldría de noche y me divertiría mucho.

7. ☐ Llevaría ropa de invierno porque haría frío.

8. ☐ Sacaría fotos de Chichén Itzá.

B. Formas verbales. Cambie al condicional.

MODELO: ver: yo → vería

1. bajar: yo _____

2. saber: tú _____

3. querer: Ud. _____

4. poder: Jorge _____

5. hacer: nosotros _____

6. ser: nosotros _____

7. decir: Uds. _____

8. poner: ellas _____

C. Si fuera al mar Caribe... Forme oraciones para describir lo que Ud. haría si fuera al Caribe. Haga
todos los cambios necesarios.

Yo...

1. salir / en / crucero (*cruise ship*) / desde / Ft. Lauderdale

_____

2. ir / Puerto Rico / y / visitar / parque / nacional / El Yunque

_____

3. (no) gastar / todo / mi / dinero / en / casinos / de San Juan

_____

4. poder / practicar / francés / Martinique

_____

5. mandarles / tarjetas postales / mi / amigos

_____

6. hacer / mucho / compras / en / St. Thomas / porque / no / tener / pagar / derechos de aduana

_____

_____

D. Hablando por teléfono con Rafael. Dígale a Ana lo que Rafael acaba de decir, según el modelo. Cuidado con los complementos pronominales.

> MODELO: RAFAEL: Los llevaré al cine mañana.
> ANA: ¿Qué dijo?
> UD.: Dijo que nos llevaría al cine mañana.

1. RAFAEL: Saldré del trabajo a las siete.
   ANA: ¿Qué dijo?

   UD.: _____

2. RAFAEL: Tendré que volver a casa antes de buscarlos (a Uds.).
   ANA: ¿Qué dijo?

   UD.: _____

3. RAFAEL: Pasaré por Uds. a las ocho.
   ANA: ¿Qué dijo?

   UD.: _____

4. RAFAEL: Llegaremos al cine a las ocho y media.
   ANA: ¿Qué dijo?

   UD.: _____

5. RAFAEL: No habrá ningún problema en buscarlos (a Uds.).
   ANA: ¿Qué dijo?

   UD.: _____

51. Hypothetical Situations • *What if . . . ?*; **Si** Clause Sentences

> ¡RECUERDE!
>
> Circle the correct answer.
>
> If the statement is *contrary to fact*, the **si** clause uses . . .
>
> a. the present subjunctive   b. the imperfect subjunctive   c. the imperfect indicative
>
> and the subordinate clause uses . . .
>
> a. the present subjunctive   b. the future   c. the conditional

❖**A.** **¿Qué haría Ud.?** Complete las oraciones con información verdadera para Ud.

1. Si yo hiciera un viaje a Latinoamérica, iría a _____.

2. Si yo fuera mi hermano/a, iría de vacaciones a _____.

3. Si estuviera en España, sacaría fotos de _____.

4. Si tuviera suficiente dinero, compraría _____.

5. Si pudiera quedarme en cualquier hotel, haría reservas en _____.

6. Si quisiera ir al cine, vería _____.

B. **¿Adónde iría Ud. si estuviera en España?** Complete las oraciones con el lugar apropiado.

1. Si quisiera comprar aspirinas, las compraría en _____.

2. Si tuviera ganas de tomar un batido, iría a _____.

3. Si necesitara jabón o champú, los encontraría en _____.

4. Si quisiera comprar una revista o un periódico, los conseguiría en _____.

5. Si tuviera que tomar el autobús, lo esperaría en _____.

6. Si necesitara sellos, me los venderían en _____ o en _____.

C. **Consejos apropiados.** ¿Qué consejos les daría Ud. a estas personas famosas? Complete Ud. las oraciones con la forma apropiada del condicional del verbo indicado.

1. A Jodie Foster: Si yo fuera Ud., no _____ (aceptar) una invitación para cenar con Anthony Hopkins.

2. A Julio César: Si yo fuera Ud., no _____ (confiarse [*to trust*]) de Bruto.

3. A Ana Bolena: Si yo fuera Ud., no _____ (casarse) con Enrique VIII.

4. A Abraham Lincoln: Si yo fuera Ud., no _____ (ir) al Teatro Ford.

5. A Alejandro Magno: Si yo fuera Ud., no _____ (volver) a Babilonia.*

6. A Janet Leigh: Si yo fuera Ud., no _____ (ducharse) en el Motel Bates.

_____

*Alejandro Magno murió de una fiebre en Babilonia.

D. Situaciones. ¿Qué haría Ud. si estuviera en estas situaciones? Complete las oraciones con la forma apropiada del verbo entre paréntesis.

1. Si _____ (ser) testigo de un robo (*robbery*)...

    a. _____ (tratar: *to try*) de parar al criminal.

    b. no _____ (decir) nada.

    c. _____ (llamar) a la policía.

2. Si _____ (haber) un terremoto (*earthquake*)...

    a. me _____ (sentar) debajo de la mesa del comedor.

    b. no _____ (saber) qué hacer.

    c. no me _____ (mover).

3. Si _____ (ser) presidente/a del país...

    a. _____ (cortar) las relaciones con todas las dictaduras del mundo.

    b. _____ (ayudar) a los pobres.

    c. _____ (tratar) de eliminar la desigualdad.

    d. _____ (hacerme) millonario/a.

E. ¿Qué quería hacer? Imagínese que Ud. pensaba hacer algunas cosas hoy y mañana, pero las circunstancias no se lo permiten. Cambie las oraciones según el modelo. **¡OJO!** Observe que las cláusulas con **pero** cambian a cláusulas con **si**.

> MODELO: Pensaba *divertirme* esta noche, pero *tenemos* un examen mañana. →
> *Me divertiría* esta noche *si no tuviéramos* un examen mañana.

1. Pensaba *salir* esta noche, pero no *me siento* bien. _____

    _____

2. Me gustaría *terminar* este trabajo, pero *me duelen* los ojos. _____

    _____

3. Quisiera *guardar* cama mañana, pero el profesor nos *da* un examen. _____

    _____

4. Quisiera *hacer* ejercicio, pero no *tengo* tiempo. _____

    _____

5. Pensaba *ponerme* este traje, pero *está* sucio. _____

    _____

❖F. Preguntas personales. Conteste con oraciones completas.

1. Si Ud. pudiera vivir en cualquier ciudad del mundo, ¿dónde viviría? ¿Por qué?

    _____

    _____

2. Si Ud. recibiera una herencia (*inheritance*) de 25.000 dólares, ¿qué haría con el dinero? (Mencione por lo menos dos cosas.)

_____

_____

Un poco de todo

A. Situaciones. Complete este resumen de dos situaciones que tratan sobre (*deal with*) viajes. Use el pasado (pretérito, imperfecto o imperfecto de subjuntivo). Cuando se den dos posibilidades, escoja la correcta.

En la aduana argentina

En la aduana, una viajera colombiana le _____[1] (entregar) su pasaporte al inspector

y le aseguró que su maleta _____[2] (contener) sólo objetos de uso personal y que no

_____[3] (tener) _____[4] (nada / algo) que declarar. De todos modos,ª él

le _____[5] (pedir / preguntar) que _____[6] (abrir) su maleta. Como no

encontró nada ilegal, el inspector le permitió _____[7] (salir).

En la fila de inmigraciones, Uruguay

El inspector le _____[8] (preguntar / pedir) a un viajero argentino cuánto tiempo

_____[9] (pensar) quedarse. Cuando el viajero le dijo que dos semanas, el inspector le

_____[10] (dar) un mes.

ªDe... *Nevertheless*

❖**B. ¿Dónde se alojaría Ud.?** Lea los tres anuncios y conteste las preguntas. Note Ud. que los hoteles en España están clasificados de una a cinco estrellas, siendo cinco la categoría superior.

Monte Real Hotel

UN LUJOSO HOTEL DE CAMPO DENTRO DE LA CIUDAD

MONTE REAL

EN LA COLONIA PUERTA DE HIERRO A 7 MINUTOS DEL CENTRO. AMBIENTE SELECTO Y TRANQUILO
PISCINA, TENIS, AIRE ACONDICIONADO
GARAGE · SAUNA · NIGHT CLUB · RESTAURANTE
ARROYOFRESNO, 1. CIUDAD PUERTA DE HIERRO
T Nº 216 21 10 · MADRID 20

1. Si Ud. fuera a Madrid, ¿en cuál de los tres hoteles se quedaría?

   _____

2. ¿De cuántas estrellas es el hotel que Ud. eligió en el número 1? _____

3. Dé por lo menos tres razones para explicar por qué se quedaría en ese hotel.

   _____

   _____

   _____

C. ¿Cómo se dice en español? Siga las indicaciones.

   tener tiempo / leer el periódico

1. If I have time, I'll read the newspaper.

   _____

2. If I had time (but I don't), I would read the newspaper.

   _____

3. If I had time, I used to read the newspaper.

   _____

   poder / ir por la noche

4. If I can, I'll go at night.

   _____

5. If I could (but I can't), I would go at night.

    _____

6. If I could, I used to go at night.

    _____

D. Diálogo. Complete este diálogo entre un inspector de aduanas y Ud.

INSPECTOR: ¿Su nacionalidad?

UD.: _____

INSPECTOR: Déme su pasaporte, por favor.

UD.: _____

INSPECTOR: ¿Tiene Ud. algo que declarar?

UD.: _____

INSPECTOR: ¿Qué trae Ud. en esa maleta pequeña?

UD.: _____

INSPECTOR: ¿Me hace el favor de abrirla?

UD.: _____

INSPECTOR: Todo está en orden. Muchas gracias.

Panorama cultural: España

Conteste brevemente las siguientes preguntas.

1. Además del español, ¿qué otras lenguas se hablan en Cataluña, Galicia y el País Vasco?

    _____

2. ¿Durante qué años dominaron los romanos en España? _____

3. ¿Qué lenguas se derivan del latín en la Península Ibérica? _____

4. ¿Qué evento importante en la historia de España tuvo lugar en 1492? _____

    _____

5. ¿Cuántos siglos duró el dominio (*reign*) de los árabes en España? _____

6. ¿En qué año fueron expulsados? _____

7. ¿Qué temas satiriza el cineasta Pedro Almodóvar en sus películas? _____

Póngase a prueba

A ver si sabe...

A. Conditional Verb Forms

1. Complete la siguiente tabla.

INFINITIVO	YO	UD.	NOSOTROS	ELLOS
comer		comería		
decir				
poder			podríamos	
salir				
ser				serían

2. Complete las oraciones con la forma apropiada del condicional.

a. Dije que _____ (ir: *yo*) con ellos el sábado.

b. Dije que _____ (hacerlo: *nosotros*) mañana.

c. Dije que _____ (volver: *Uds.*) a las cuatro.

d. Dije que no _____ (tener: *yo*) tiempo.

B. *Si* **Clause Sentences.** Complete las oraciones con el imperfecto de subjuntivo o el condicional, según las indicaciones.

1. Si yo _____ (ser) Ud., me mudaría.

2. Si yo _____ (tener) tiempo, iría.

3. Si (yo) supiera su número del teléfono, _____ (llamarlo).

4. Si no _____ (hacer) tanto frío, podríamos sentarnos afuera.

5. Si _____ (querer: *yo*) quedarme, me quedaría.

Prueba corta

Complete las oraciones con el indicativo (incluyendo el futuro y el condicional) o el subjuntivo.

1. Si él tenía tiempo, _____ (ir) al cine.

2. Si tengo dinero el verano próximo, _____ (viajar) al Ecuador.

3. Visitarían Florida si allí no _____ (hacer) tanto calor.

4. Si viviera en San Diego, yo _____ (tener) un apartamento en la playa.

5. Si yo fuera ella, _____ (escribir) una novela sobre mi vida.

6. Si ellos tuvieran interés en trabajar, _____ (conseguir) cualquier tipo de trabajo.

7. Si estoy cansado/a, no _____ (hacer) ejercicio.

8. Si estudiaran más, _____ (salir) mejor en los exámenes.

Punto final

❖ ¡Repasemos!

Planes frustrados. Complete la narración con la forma apropiada de los verbos indicados. Use el presente o el pasado de indicativo o de subjuntivo, o el condicional.

Ayer, unos amigos me llamaron para preguntarme si _____[1] (tener) tiempo para ir

con ellos a un restaurante argentino y luego al cine. Yo les dije que yo _____[2] (hacer)

todo lo posible por terminar mi trabajo antes de que _____[3] (ser) hora de salir. Les

pedí que _____[4] (pasar) por mi casa, pues era probable que _____[5]

(acabar: *yo*) a tiempo. Desgraciadamente no pude hacerlo, y cuando _____[6] (tocar)

el timbre[a], todavía me faltaba mucho por hacer[b]. Yo les prometí que _____[7] (ir) en

mi propio coche más tarde y que los _____[8] (encontrar) después para ir juntos al

cine. Cuando finalmente _____[9] (terminar: *yo*) mi trabajo, _____[10]

(ser) tan tarde que _____[11] (decidir) quedarme en casa. _____[12]

(Llamar: *yo*) al restaurante para avisarles[c] que no _____[13] (poder) ir. Les dije que

sería mejor que _____[14] (salir: *yo*) con ellos otro día.

Mis amigos son personas muy interesantes y si yo no _____[15] (tener) que

trabajar tanto, me _____[16] (encantar) pasar más tiempo con ellos.

[a]tocar... *they rang the doorbell*   [b]me... *I had a lot left to do*   [c]*tell them*

❖ Mi diario

Imagínese que Ud. es uno de «los ricos y famosos» y que le gustaría hacer un viaje espléndido. Planee su viaje, incluyendo los siguientes datos:

- adónde iría
- a quién invitaría
- cómo viajaría

- dónde se alojaría
- la ropa que llevaría
- las cosas que haría en ese lugar

Answers

ANTE TODO

Primera parte

Saludos y expresiones de cortesía **Ejercicio A.** 1. Hola. ¿Qué tal? 2. Buenas noches, señora Alarcón. 3. Buenas tardes, señor Ramírez. 4. Buenos días, señorita Cueva. **¡RECUERDE!** 1. usted 2. tú 3. ¿Cómo te llamas? 4. ¿Cómo se llama usted? **Ejercicio B.** 1. ¿Qué tal? (¿Cómo estás?) 2. ¿Y tú? 3. hasta 4. Hasta luego. (Hasta mañana.) **Ejercicio C.** 1. Buenas 2. está used 3. gracias 4. se llama usted 5. Me llamo _____. 6. gusto 7. Mucho gusto. (Igualmente. / Encantado/a.) **Ejercicio D.** 1. Gracias. 2. Con permiso. 3. Perdón. 4. No hay de qué. (De nada.) **El alfabeto español** **Ejercicio A.** 1. rr, ñ 2. h **Ejercicio B.** 1. ge 2. ve (uve) 3. equis 4. zeta 5. ce 6. i 7. con hache **Los cognados** **Ejercicio B. Paso 2.** 1. C 2. C 3. F 4. F 5. C **¿Cómo es usted?** **Ejercicio B.** (*Possible answers*) 1. extrovertida, importante, sincera 2. romántico, extrovertido, sincero 3. impulsiva, ambiciosa, extrovertida 4. atlético, generoso, extraordinario 5. cómico, extrovertido, importante **Spanish in the United States and in the World** **Ejercicio A.** Northeast d; Southwest a, c; Southeast a, b

Segunda parte

Más cognados 1. es una bebida 2. es un lugar 3. es una nación 4. es una cosa 5. es un instrumento musical 6. es un animal 7. es un deporte 8. es una persona 9. es una comida 10. es una emoción **Los números 0–30;** *hay* **Ejercicio A.** 1. seis 2. once 3. quince 4. dieciséis (diez y seis) 5. veintidós (veinte y dos) 6. veintiséis (veinte y seis) 7. treinta **Ejercicio B.** 1. una 2. cuatro 3. siete 4. trece 5. once 6. un 7. veinte 8. veintitrés (veinte y tres) 9. veintiséis (veinte y seis) 10. veintiún (veinte y un) 11. veintiuna (veinte y una) 12. treinta **Ejercicio C.** 1. 8 / ocho 2. 11 / once 3. 5 / cinco 4. 6 / seis 5. 7 / siete 6. 22 / veintidós (veinte y dos) 7. 30 / Treinta **Gustos y preferencias** **Ejercicio A.** (*Possible answers*) 1. ¿le gusta jugar a la lotería? Sí, (No, no) me gusta. 2. ¿le gusta la música jazz? Sí (No, no) me gusta. 3. ¿te gusta esquiar? Sí, (No, no) me gusta. 4. ¿te gusta beber café? Sí (No, no) me gusta. 5. ¿te gusta el programa «Who Wants To Be A Millionaire»? Sí, (No, no) me gusta. 6. ¿te gusta el chocolate? Sí, (No, no) me gusta. **Lectura: El mundo hispánico (Part 1)** **Ejercicio A.** 1. México. 2. Guatemala 3. Nicaragua 4. Panamá 5. el Perú 6. Chile 7. Cuba 8. la República Dominicana 9. Colombia 10. el Uruguay 11. la Argentina 12. España **Ejercicio B.** 1. En la América Central. 2. La Habana. 3. Cuba y la República Dominicana. 4. En nueve. 5. En el Brasil. 6. Hay 24 millones. 7. Colombia. 8. España y Portugal.

Tercera parte

¿Qué hora es? **Ejercicio A.** 1. c 2. f 3. d 4. a 5. e 6. b **Ejercicio B.** 1. Son las doce y veinte de la mañana. 2. Es la una y cinco de la tarde. 3. Son las dos de la mañana. 4. Son las siete y media de la noche. 5. Son las once menos diez de la mañana. 6. Son las diez menos cuarto (quince) de la noche. 7. Es la una y media de la mañana. **¡OJO!** a. 4:05 P.M. b. 8:15 P.M. c. 10:50 P.M. **Palabras interrogativas** **Ejercicio A.** 1. Cuánto 2. A qué hora (Cuándo) 3. Cómo 4. Cuál 5. Dónde 6. Quién 7. Cuándo 8. Qué **Ejercicio B.** 1. Cómo 2. Quién 3. Cómo 4. Cuánto 5. Dónde 6. A qué hora 7. Qué **Lectura: El mundo hispánico (Parte 2)** 1. a 2. c 3. b 4. e 5. d **Póngase a prueba. A ver si sabe...** **Ejercicio A.** 1. soy 2. eres 3. es **Ejercicio B.** 1. Hola 2. Buenos / Buenas / Buenas 3. te llamas 4. De nada / No hay de qué **Ejercicio C.** 1. gusta 2. me gusta **Ejercicio D.** 1. Qué hora es 2. Es / son **Ejercicio E.** 1. ¿Dónde? 2. ¿Cómo? 3. ¿Cuándo? 4. ¿Quién? 5. ¿Qué? 6. ¿Por qué? **Prueba corta.** 1. ¿Cómo se llama usted? 2. ¿Cómo te llamas? 3. Gracias. 4. De nada. / No hay de qué. 5. (*Possible answer*) Eres simpático/a, sincero/a, generoso/a, cómico/a. 6. ¿Le gusta el jazz? 7. ¿Te gusta el chocolate? 8. seis / doce / quince / veintiuno / treinta 9. Son las once y quince (cuarto) de la noche.

Vocabulario: Preparación   En la clase   Ejercicio A. 1. el edificio 2. la librería 3. la oficina 4. la secretaria 5. el escritorio 6. el bolígrafo 7. el lápiz 8. el papel 9. el estudiante 10. el escritorio 11. la calculadora 12. el cuaderno 13. la mochila 14. la ventana 15. la clase 16. la profesora 17. la pizarra 18. la puerta 19. el libro (de texto) 20. la silla 21. la biblioteca 22. el bibliotecario 23. el diccionario 24. la mesa   **Ejercicio B.** 1. La calculadora, porque es una cosa. No es una persona. 2. La mochila, porque es una cosa. No es un lugar. 3. El hombre, porque es una persona. No es una cosa. 4. El edificio, porque es un lugar. No es una cosa. 5. La bibliotecaria, porque es una persona. No es un lugar.   **Ejercicio C.** 1. el lápiz (el bolígrafo) 2. la calculadora 3. la mochila 4. la pizarra 5. el escritorio (la mesa) 6. la silla 7. el libro de texto 8. el diccionario 9. el papel 10. la universidad   **Las materias   Ejercicio A.** 1. Cálculo 1, Contabilidad, Trigonometría, Computación 2. Gramática alemana, La novela moderna, Francés 304 3. Antropología, Sociología urbana, Sicología del adolescente 4. Astronomía, Biología 2, Química orgánica, Física   **Pronunciación: Diphthongs and Linking.   Ejercicio A.** 1. five 2. a, e, o 3. i, u 4. strong, weak, weak   **Ejercicio B.** 1. es-tu-dian-te 2. dic-cio-na-rio 3. puer-ta 4. cua-der-no 5. bi-lin-güe 6. gra-cias 7. es-cri-to-rio 8. sie-te 9. seis   **Minidiálogos y gramática   Grammar Section 1.   Ejercicio A.** 1. la 2. la 3. la 4. el 5. el 6. la 7. la 8. el   **Ejercicio B.** 1. un 2. una 3. un 4. una 5. un 6. una 7. una 8. un   **Ejercicio C.** 1. (No) Me gusta la clase de español. 2. (No) Me gusta la universidad. 3. (No) Me gusta la música de Bach. 4. (No) Me gusta el Mundo de Disney. 5. (No) Me gusta la limonada. 6. (No) Me gusta la comida mexicana. 7. (No) Me gusta la física. 8. (No) Me gusta el programa «Friends».   **Grammar Section 2.   Ejercicio A.** 1. las amigas 2. los bolígrafos 3. las clases 4. unos profesores 5. los lápices 6. unas extranjeras 7. las universidades 8. unos programas   **Ejercicio B.** 1. el edificio 2. la fiesta 3. una cliente 4. un lápiz 5. el papel 6. la universidad 7. un problema 8. una mujer   **Ejercicio C.** 1. Hay unos libros. 2. Hay un cuaderno. 3. Hay unos lápices. 4. Necesita una mochila. 5. Necesita unos bolígrafos. 6. Necesita un diccionario. 7. Necesita una calculadora.   **Grammar Section 3. Ejercicio A.** 1. ellas 2. él 3. yo 4. ellos 5. ellos 6. nosotros/as   **Ejercicio B.** 1. tú 2. vosotros / Uds. 3. Uds. 4. Ud. 5. tú / tú   **Ejercicio C.** 1. hablo / canta / bailan / toman / paga / trabaja 2. escuchamos / busca / necesita 3. enseña / estudian / practican / regresa   **Ejercicio D.** 1. Él canta. 2. Él toca la trompeta. 3. Nosotros deseamos cantar (escuchar). 4. Yo estudio en la biblioteca (en casa). 5. Yo tomo Coca-Cola (cerveza). 6. Ellos toman Coca-Cola (cerveza) también. 7. Nosotros practicamos español.   **Ejercicio E.** 1. Él no trabaja en una oficina. 2. Ella no canta en japonés. 3. No tomamos cerveza en la clase. 4. Ella no regresa a la universidad por la noche. 5. Ellos no bailan en la biblioteca. 6. No enseño español.   **Nota comunicativa: The Verb *estar*.** 1. Raúl y Carmen están en la oficina. 2. Yo estoy en la biblioteca. 3. Tú estás en la clase de biología. 4. Uds. están en el laboratorio de lenguas.   **Ejercicio F.** 1. estamos 2. bailan 3. cantan 4. toco 5. toma / escucha   **Grammar Section 4.   Ejercicio A.** 1. ¿Trabajas por la noche? 2. ¿Miras telenovelas con frecuencia? 3. ¿Tomas café por la mañana? 4. ¿Deseas tomar una Coca-Cola ahora?   **Ejercicio B.** 1. (Martín) Compra libros en la librería. 2. Sí, hay libros en italiano. 3. Hay cuadernos, bolígrafos y lápices. 4. Compra dos libros. 5. No, hablan inglés. 6. No, paga veintidós dólares.   **Un poco de todo   Ejercicio A.** (*Possible answers*) 1. Sí, estudiamos español. 2. El Sr. (La Sra./Srta.) _____ enseña la clase. 3. Hay _____ estudiantes en la clase. 4. Sí, me gusta. 5. No, no habla inglés en la clase. 6. No, no necesitamos practicar en el laboratorio todos los días. 7. (La clase) Es a la (las) _____.   **Ejercicio B.** 1. ¿Hay un programa interesante en la televisión? 2. ¿Hay unos problemas en la pizarra? 3. ¿Hay una mochila en la silla? 4. ¿Hay una residencia en la universidad? 5. (*Possible answer*) ¿Hay unos cuadernos en la mesa?   **Panorama cultural.** 1. C 2. F 3. C 4. F   **Póngase a prueba.   A ver si sabe...   Ejercicio A.** 1. el / los 2. la / las 3. un / unos 4. una / unas   **Ejercicio B.** 1. busco 2. buscas 3. busca 4. buscamos 5. buscáis 6. buscan   **Ejercicio C.** 1. Yo no deseo tomar café. 2. No hablamos alemán en la clase.   **Prueba corta.   Ejercicio A.** 1. el 2. la 3. la 4. el 5. la 6. los 7. los   **Ejercicio B.** 1. una 2. unos 3. unos 4. un 5. una 6. unas 7. una   **Ejercicio C.** 1. estudian 2. practico 3. hablamos 4. Toca 5. enseña 6. Necesito 7. regresa

Vocabulario: Preparación   La familia y los parientes; Las mascotas   Ejercicio A. 1. Joaquín es el abuelo de Julián. 2. Julio es el primo de Julián. 3. Miguel y Mercedes son los tíos de Julián. 4. Estela y Julio son los primos de Julián. 5. Josefina es la abuela de Julián. 6. Pedro y Carmen son los padres de Julián. 7. Chispa es el perro de Julián. 8. Tigre es el gato de Julián.   **Ejercicio B.** 1. sobrino 2. tía 3. abuelos 4. abuela 5. nieta 6. parientes 7. mascota   **Adjetivos   Ejercicio B.** (*Possible answers*) 1. pequeño y nuevo 2. grande y viejo 3. viejo, gordo y perezoso 4. joven, moreno y trabajador   **Ejercicio C.** 1. bajo, feo, listo, trabajador 2. soltero, viejo, simpático, moreno   **Ejercicio D. Paso 1.** (*Possible answers*) 1. Billy Crystal es simpático, cómico, delgado y bajo. 2. Arnold Schwarzenegger es alto, grande, casado, serio y valiente. 3. Madonna es rica, rubia, extrovertida, independiente, rebelde y arrogante. 4. Gloria Estefan es morena, guapa, inteligente, delgada y rica.   **Los números 31–100. Ejercicio A.** 1. cien 2. treinta y una 3. cincuenta y siete 4. noventa y un 5. setenta y seis   **Nota cultural: Hispanic Last Names** 1. c 2. b   **Ejercicio C.** 1. No, Diana es joven y morena. 2. No, Luis tiene 48 años. 3. No, Carlos es soltero y delgado. 4. No, a Luis le gusta la música clásica. 5. No, es el siete, catorce, veintiuno, setenta y siete.   **Pronunciación: Stress and Written Accent Marks (Part 1)** ¡RECUERDE! 1. a 2. b   **Ejercicio** 1. doctor 2. mujer 3. mochila 4. actor 5. permiso 6. posible 7. general 8. profesores 9. universidad 10. Carmen 11. Isabel 12. biblioteca 13. usted 14. libertad 15. origen 16. animal   **Minidiálogos y gramática   Grammar Section 5.   Ejercicio A.** 1. soy de Barcelona 2. son de Valencia 3. eres de Granada 4. somos de Sevilla 5. son de Toledo 6. sois de Burgos   **Ejercicio C.** 1. El programa de «Weight Watchers» es para Rosie O'Donnell. Es gorda. 2. La casa grande es para los señores Walker. Tienen cuatro niños. 3. El dinero es para mis padres. Necesitan comprar un televisor nuevo. 4. Los discos compactos de las sinfonías de Haydn son para mi hermano Ramón. Le gusta la música clásica.   **Ejercicio D.** 1. —¿De quién son los libros? —Son de la profesora. 2. —¿De quién es la mochila? —Es de Cecilia. 3. —¿De quién son los bolígrafos? —Son del Sr. Alonso. 4. —¿De quién es la casa? —Es de los Sres. Olivera.   **Grammar Section 6** ¡RECUERDE! 1. (Ella) Es la hermana de Isabel. 2. (Ellos) Son los parientes de Mario. 3. (Ellos) Son los abuelos de Marta.   **Ejercicio A.** 1. Mi 2. Nuestra 3. mis 4. mis 5. Mis 6. mi   **Ejercicio B.** 1. Sí, es su suegra. 2. Sí, es nuestro hermano. 3. Sí, son sus padres. 4. Sí, somos sus primos. 5. Sí, es su sobrina. 6. Sí, soy su nieto (nieta).   **Grammar Section 7.   Ejercicio A.** 1. bonita, grande, interesante 2. delgados, jóvenes, simpáticos 3. delgada, pequeña, trabajadora 4. altas, impacientes, inteligentes   **Ejercicio B.** 1. generosos 2. simplistas 3. trabajadores 4. prácticos y realistas 5. racistas 6. materialistas   **Ejercicio D.** 1. alemana 2. italiano 3. norteamericano 4. inglesa 5. mexicana 6. ingleses 7. francesas   **Ejercicio E.** 1. Ana busca otro coche italiano. 2. Buscamos una motocicleta alemana. 3. Paco busca las otras novelas francesas. 4. Busco el gran drama inglés *Romeo y Julieta*. 5. Jorga busca una esposa ideal.   **Grammar Section 8.   Ejercicio A.** 1. Luis come mucho. 2. Gloria estudia francés. 3. José y Ramón beben Coca-Cola. 4. Inés escribe una carta. 5. Roberto mira un vídeo. 6. Carlos lee un periódico.   **Ejercicio C.** 1. vivimos 2. asisto 3. hablamos 4. leemos 5. escribimos 6. aprendemos 7. abren 8. comemos 9. debemos 10. prepara   **Un poco de todo   Ejercicio B.** 1. come un sándwich. 2. estudian. 3. escribe en el cuaderno. 4. lee el periódico. 5. toma (bebe) café y mira (la) televisión. 6. habla por teléfono. 7. toca la guitarra. 8. abro el refrigerador.   **Panorama cultural: México** 1. F 2. C 3. F 4. F 5. C 6. C   **Póngase a prueba.   A ver si sabe...   Ejercicio A.** 1. c 2. a 3. b 4. d   **Ejercicio B.** 1. mi hermano 2. su tío 3. nuestros abuelos 4. su casa   **Ejercicio C.** 1. a. casada b. casados 2. a. grandes b. sentimentales 3. mexicano / mexicanas / mexicanos // francesa / francés / francesas // española / español / españoles   **Ejercicio D.** *leer:* leo / leemos / leéis // *escribir:* escribes / escribe / escriben   **Prueba corta   Ejercicio A.** 1. es 2. soy 3. son 4. eres 5. somos   **Ejercicio B.** 1. mi 2. mi 3. Mis 4. su 5. nuestra 6. sus 7. su (tu)   **Ejercicio C.** 1. italiano 2. francesa 3. alemán 4. inglesas   **Ejercicio D.** 1. comprendemos / habla 2. Escuchas / estudias 3. lee 4. venden 5. recibe 6. bebo 7. asistimos

CAPÍTULO 3

Vocabulario: Preparación   De compras: La ropa   Ejercicio A. 1. a. un traje b. una camisa c. una corbata d. unos calcetines e. unos zapatos f. un impermeable 2. a. un abrigo b. un vestido c. unas medias d. una bolsa e. un sombrero   **Ejercicio B.** 1. centro 2. almacén 3. venden de todo 4. fijos 5. tiendas 6. rebajas 7. mercado 8. regatear 9. gangas   **Ejercicio C.** 1. algodón 2. corbatas / seda 3. suéteres / faldas / lana   **Ejercicio D.** 1. Necesitas comprar ropa nueva, ¿verdad? (¿no?) 2. Buscas una camisa de seda, ¿verdad? (¿no?) 3. No trabajas esta noche, ¿verdad? 4. No necesito llevar corbata, ¿verdad? 5. Esta chaqueta es perfecta, ¿verdad? (¿no?)   **¿De qué color es?   Ejercicio A.** 1. verdes 2. verde, blanca y roja 3. roja, blanca y azul 4. anaranjada / amarillo 5. rayas 6. gris 7. morado 8. rosado 9. pardo 10. cuadros   **Más allá del número 100   Ejercicio A.** 1. 111 2. 476 3. 15.714 4. 700.500 5. 1.965 6. 1.000.013   **Ejercicio B.** 1. dieciocho mil seiscientas / mil cincuenta 2. setenta y dos mil novecientas sesenta y una / cuatro mil doscientos veintiún 3. tres millones seiscientas mil quinientas / doscientos diez mil setecientos   **Pronunciación: Stress and Written Accent Marks (Part 2)   ¡RECUERDE!** 1. a 2. b 3. b   **Ejercicio A.** 1. doctor 2. mujer 3. mochila 4. inglés 5. actor 6. permiso 7. posible 8. Tomás 9. general 10. profesores 11. universidad 12. Bárbara 13. lápices 14. Carmen 15. Isabel 16. López 17. Ramírez 18. biblioteca 19. sicología 20. usted   **Ejercicio B.** 3. matrícula 4. bolígrafo 7. Pérez 9. alemán   **Minidiálogos y gramática   ¡RECUERDE!** 1. Este 2. Estos 3. esta 4. estas   **Grammar Section 9.   Ejercicio A.** (*Possible answers*) 1. Este 2. ese 3. aquel 4. este (*possible answer*) es económico.   **Ejercicio B.** 1. Sí, esta chaqueta es de Miguel. 2. Sí, esos calcetines son de Daniel. 3. Sí, ese impermeable es de Margarita. 4. Sí, estos guantes son de Ceci. 5. Sí, este reloj es de Pablo. 6. Sí, esos papeles son de David.

Grammar Section 10.   Ejercicio A. Paso 1. 1. Quieres 2. puedo 3. tengo 4. Prefiero 5. vengo 6. quiero   **Paso 2.** (*Verb forms*) Quieren / podemos / tenemos / Preferimos / venimos por Uds. / queremos   **Ejercicio B.** LUIS: ¿A qué hora vienes a la universidad mañana? MARIO: Vengo a las ocho y media. ¿Por qué? LUIS: ¿Puedo venir contigo? No tengo coche. MARIO: ¡Cómo no! Paso por ti a las siete y media. ¿Tienes ganas de practicar el vocabulario ahora? LUIS: No. Ahora prefiero comer algo. ¿Quieres venir? Podemos estudiar para el examen después. MARIO: Buena idea. Creo que Raúl y Alicia quieren estudiar con nosotros.   **Ejercicio C.** 1. Tengo sueño. 2. Tengo que estudiar mucho. 3. Tengo miedo. 4. Tengo prisa. 5. Tengo razón.   **Grammar Section 11.   Ejercicio A.** 1. va 2. van 3. vas 4. vamos 5. voy   **Ejercicio B.** 1. Eduardo y Graciela van a buscar... 2. David y yo vamos a comprar... 3. Todos van a ir... 4. Ignacio y Pepe van a venir... 5. Por eso vamos a necesitar... 6. Desgraciadamente Julio no va a preparar...   **Ejercicio C.** 1. Vamos a estudiar esta tarde. 2. Vamos a mirar en el Almacén Juárez. 3. Vamos a buscar algo más barato. 4. Vamos a descansar ahora.

Un poco de todo   Ejercicio A. 1. Galerías / rebajas 2. Señoras / Hombres / Juvenil / Niños / Complementos / b 3. dos mil novecientas noventa y cinco pesetas 4. dos mil quinientas noventa y cinco pesetas 5. mil trescientas noventa y cinco pesetas 6. quinientas noventa y cinco pesetas 7. nueve mil novecientas cincuenta pesetas 8. "Run . . . because they're going fast."   **Ejercicio B.** 1. Beatriz no quiere ir a clase. Prefiere ir de compras. 2. Isabel Suárez no puede asistir a clases por la tarde porque tiene que trabajar. 3. ¡Mi profesor siempre lleva chaquetas de lana y calcetines rojos! 4. Marcos no es un buen estudiante. Con frecuencia no lee las lecciones y llega tarde a clase. 5. Creo que la Sra. Fuentes es una gran profesora.   **Ejercicio C.** 1. Tengo 2. ganas 3. miedo 4. razón 5. sueño   **Ejercicio D.** 1. estás 2. estos 3. tus 4. esos 5. nuestro 6. vas 7. voy 8. vamos 9. nosotras 10. tu 11. esta 12. queremos 13. prisa 14. Adiós   **Panorama cultural: Nicaragua** 1. Managua 2. Córdoba 3. Cristóbal Colón 4. el Lago de Nicaragua 5. William Walker / derrotado 6. historia / conservadoras y liberales 7. Violeta Barrios de Chamorro   **Póngase a prueba.   A ver si sabe...   Ejercicio A.** 1. este 2. estos 3. esa 4. esos 5. aquella 6. aquellos   **Ejercicio B.** 1. *poder:* puedo / puede / podéis / podemos // *querer:* quiero / quiere / queréis / queremos // *venir:* vengo / viene / venís / venimos 2. a. tener miedo (de) b. tener razón (no tener razón) c. tener ganas (de) d. tener que   **Ejercicio C.** 1. Ellos van a comprar... 2. ¿No vas a comer? 3. Van a tener... 4. Voy a ir de...   **Prueba corta.   Ejercicio A.** 1. Quiero comprar ese impermeable negro. 2. ¿Buscas este traje gris? 3. Juan va a comprar esa chaqueta blanca. 4. Mis padres trabajan en aquella tienda nueva.   **Ejercicio B.** 1. venimos / tenemos 2. prefieres (quieres) / prefiero (quiero) 3. tiene 4. pueden   **Ejercicio C.** 1. Roberto va a llevar traje y corbata. 2. Voy a buscar sandalias baratas. 3. Vamos a tener una fiesta. 4. ¿Vas a venir a casa esta noche?

CAPÍTULO 4

Vocabulario: Preparación: ¿Qué día es hoy? Ejercicio A. (*Possible answers*) 1. El lunes también va a hablar (tiene que hablar) con el consejero. 2. El martes va (tiene que ir) al dentista. 3. El miércoles va a estudiar (tiene que estudiar) física. 4. El jueves va (tiene que ir) al laboratorio de física. 5. El viernes tiene un examen y va a cenar con Diana. 6. El sábado va (a ir) de compras y (por la noche) va a un concierto. 7. El domingo va (a ir) a la playa. **Ejercicio B.** 1. fin / el sábado / el domingo 2. El lunes 3. miércoles 4. jueves 5. viernes 6. el / los 7. próxima **Los muebles, los cuartos y otras partes de la casa Ejercicio A.** 1. la sala 2. el comedor 3. la cocina 4. la alcoba 5. el baño 6. el garaje 7. el patio 8. la piscina 9. el jardín **Ejercicio B.** En la alcoba hay... 1. una cama 2. una cómoda 3. un escritorio 4. una silla 5. un estante 6. un armario. En la sala hay... 1. un sofá 2. una mesita 3. una lámpara 4. una alfombra 5. un sillón 6. un televisor **¿Cuándo? Preposiciones.** (*Possible answers*) 1. Tengo sueño antes de descansar. 2. Regreso a casa después de asistir a clase. 3. Tengo ganas de comer antes de estudiar. 4. Preparo la comida después de ir al supermercado. 5. Lavo los platos después de comer. **Pronunciación: *b* and *v* ¡RECUERDE!** m/n 2. un vestido 4. hombre 7. también 8. bien 9. Buenos días, Víctor. 10. Violeta baila bien, ¿verdad? 11. ¡Bienvenido, Benito! **Minidiálogos y gramática Grammar Section 12. Ejercicio A.** 1. veo 2. salimos 3. Pongo 4. traigo 5. oyen 6. hago 7. Salgo **Ejercicio B.** 1. pongo 2. hago 3. trae 4. salimos 5. vemos 6. salimos **¡RECUERDE!** *querer:* quiero / quieres / quiere / quieren *preferir:* prefiero / prefiere / preferimos / prefieren *poder:* puedo / puedes / podemos / pueden **Grammar Section 13. Ejercicio B.** 1. piensan / pensamos / piensas 2. volvemos / vuelve / vuelven 3. pide / piden / pedimos **Ejercicio C.** 1. Sale de casa a las siete y cuarto. 2. Su primera clase empieza a las ocho. 3. Si no entiende la lección, hace muchas preguntas. 4. Con frecuencia almuerza en la cafetería. 5. A veces pide una hamburguesa y un refresco. 6. Los lunes y miércoles juega al tenis con un amigo. 7. Su madre sirve la cena a las seis. 8. Hace la tarea por la noche y duerme siete horas. **Grammar Section 14. Ejercicio B.** 1. me / se 2. se 3. te 4. Se 5. nos / nos 6. te **Ejercicio C. Paso 1.** 1. despertarse 2. levantarse / afeitarse 3. ducharse / Daniel: vestirse / ponerse 4. sentarse / divertirse 5. quitarse / dormirse **Paso 2.** (*Possible answers*) 2. Carlos se levanta de la cama y Daniel se afeita en el baño. 3. Carlos se ducha en el baño y Daniel se viste. Se pone una camisa. 4. Daniel se sienta y se divierte en un café. 5. Daniel se quita la chaqueta en la sala y Carlos se duerme en el sofá. **Ejercicio D.** 1. Nos despertamos... 2. Nos vestimos después de ducharnos. 3. Nunca nos sentamos... 4. ...asistimos... y nos divertimos. 5. ...hacemos la tarea. 6. ...tenemos sueño, nos cepillamos los dientes y nos acostamos. 7. Nos dormimos... **Un poco de todo. Ejercicio A.** 1. me levanto 2. tengo 3. despertarme 4. quiero 5. jugar 6. empieza 7. pongo 8. salgo 9. puedo 10. almorzamos 11. pierde 12. tiene 13. pierdo 14. tengo 15. vuelvo **Panorama cultural: Costa Rica. Ejercicio A.** 1. San José 2. el colón 3. tres millones 4. el Premio Nóbel 5. la paz y el progreso humano **Ejercicio B.** 1. C 2. F 3. F 4. F **Póngase a prueba. A ver si sabe... Ejercicio A.** *hacer:* hago / haces / hacen *traer:* traigo / traes / traemos *oír:* oigo / oímos / oyen **Ejercicio B.** 1. a. e > ie b. o > ue c. e > i 2. nosotros / vosotros 3. a. ¿Qué piensas servir? b. Ahora empiezo a entender. c. ¿Uds. van a volver a entrar? d. Voy a pedir otra Coca-Cola. **Ejercicio C.** 1. a. me b. te c. se d. nos e. os f. se 2. a. Yo me acuesto tarde. b. ¿Cuándo te sientas a comer? c. Yo me visto en cinco minutos. **Prueba corta. Ejercicio A.** 1. se duermen 2. sentarme 3. me divierto 4. levantarte 5. se pone 6. haces 7. salimos **Ejercicio B.** (*Possible answers*) 1. me despierto, me levanto y me visto 2. me baño, me afeito, me cepillo los dientes 3. el sofá, el sillón, la mesa 4. un escritorio, una lámpara y una cama 5. Almuerzo en la cocina. / Duermo en la alcoba. / Estudio en la sala.

CAPÍTULO 5

Vocabulario: Preparación ¿Qué tiempo hace hoy? Ejercicio A. 1. Hace sol. 2. Hace calor. 3. Está nublado. 4. Hace fresco. 5. Llueve. 6. Hace viento. 7. Nieva. 8. Hace frío. 9. Hay mucha contaminación. **Ejercicio B.** 1. Llueve. 2. Hace (mucho) frío. 3. Hace calor. 4. Hace fresco. 5. Hace buen tiempo. 6. Hay mucha contaminación. **Ejercicio C.** (*Possible answers*) 1. tengo ganas de quedarme en casa. 2. hace ejercicio. 3. vamos a la playa. 4. me pongo otro suéter. 5. tienen que agarrar el sombrero. 6. juegan en la nieve. 7. almuerzo en el parque. **Los meses y las estaciones del**

año Ejercicio A. 1. el primero de abril 2. junio, julio y agosto 3. invierno 4. llueve 5. otoño
6. cuatro de julio 7. nieva 8. enero / mayo **Ejercicio B.** 1. el dieciséis (diez y seis) de marzo de mil novecientos treinta y tres 2. el catorce de junio de mil novecientos veinticinco (veinte y cinco)
3. el quince de septiembre de mil quinientos sesenta y seis 4. el siete de agosto de mil novecientos noventa y ocho 5. el primero de enero de mil setecientos setenta y siete **¿Dónde está? Las preposiciones Ejercicio B.** 1. entre 2. al norte 3. al sur 4. al este 5. al oeste 6. lejos 7. cerca
8. en 9. al oeste **¡RECUERDE!** r / rr **Pronunciación: *r* and *rr*** **¡RECUERDE!** r / rr 1. R̲osa 3. per̲ro
4. R̲oberto 5. r̲ebelde 6. un horrible er̲ror 7. una persona r̲ara 8. R̲aquel es r̲ubia **Minidiálogos y gramática Grammar Section 15. Ejercicio A.** 1. c 2. a 3. d 4. f 5. b 6. e **Ejercicio B.**
1. durmiendo 2. pidiendo 3. sirviéndose 4. jugando 5. almorzando / divirtiéndose **Ejercicio C.**
1. están despertándose (se están despertando) 2. está afeitándose (se está afeitando) / está levantándose (se está levantando) 3. está poniéndose una camisa (se está poniendo una camisa) / está vistiéndose (se está vistiendo) / está duchándose (se está duchando) 4. está charlando y divirtiéndose 5. está quitándose la chaqueta (se está quitando) / está durmiendo **Ejercicio D.** 1. Mis padres están jugando al golf, pero yo estoy corriendo en un maratón. 2. Mis padres están mirando la tele, pero yo estoy aprendiendo a esquiar. 3. Mis padres están leyendo el periódico, pero yo estoy escuchando música. 4. Mis padres están acostándose (se están acostando), pero yo estoy vistiéndome (me estoy vistiendo) para salir. **Grammar Section 16. ¡RECUERDE!** 1. estar / están 2. ser / es 3. ser / es
4. ser / son / es 5. estar / está / estás / Están 6. ser / somos / es 7. ser / Son **Ejercicio A.**
1. eres / Soy 2. son / son 3. son / están 4. es / estar / es 5. está / Estoy / está 6. es / es
Ejercicio B. (*Possible answers*) 1. estoy aburrido/a 2. estoy contento/a 3. estoy nervioso/a 4. estoy preocupado/a 5. estoy furioso/a 6. estoy cansado/a 7. estoy triste **Ejercicio C.** 1. estás 2. estoy
3. son 4. están 5. Son 6. Son 7. es 8. es 9. estar **Grammar Section 17. Ejercicio A.** 1. Ceci es más delgada que Laura. 2. Ceci es más atlética que Roberto. 3. Roberto es más introvertido que Laura.
4. Ceci es tan alta como Laura. 5. Roberto es tan estudioso como Laura. 6. Roberto es tan moreno como Ceci. **Ejercicio C.** 1. Sí, el cine es tan alto como la tienda. 2. El café es el más pequeño de todos. 3. El hotel es el más alto (de todos). 4. No, el cine es más alto que el café. 5. No, el hotel es más grande que el cine. **Un poco de todo Ejercicio A.** 1. Carmen está ocupada y no puede ir al cine esta noche. 2. Esa camisa está sucia. Debes usar otra. 3. Esas tiendas están cerradas ahora. No podemos entrar. 4. Debemos llevar el paraguas. Está empezando a llover. 5. Mis primos son de Lima; ahora están visitando a sus tíos en Texas, pero su madre está enferma y ahora tienen que regresar a su país. **Ejercicio B.** 1. Sí, uno puede nadar porque hace calor y sol. 2. Debemos llevar impermeable (y botas) porque llueve. 3. Está contaminado en México, D.F. 4. Tenemos que usar abrigo y botas porque nieva (hay nieve). **Ejercicio C.** 1. veintiún 2. diecinueve 3. ese 4. que 5. que 6. que 7. tanto
8. como 9. de 10. doscientos dólares 11. porque 12. estar 13. de 14. ciento cincuenta dólares
15. pagar **Panorama cultural: Guatemala** 1. la Ciudad de Guatemala 2. 23 3. millones 4. mayas
5. escritura / calendario 6. Tikal 7. 1978 / 1985 8. familia 9. Premio Nóbel de la Paz **Póngase a prueba. A ver si sabe... Ejercicio A.** cepillándose / divirtiéndose / escribiendo / estudiando / leyendo / poniendo / sirviendo **Ejercicio B.** 1. f 2. a 3. c 4. i 5. h 6. b 7. g 8. e 9. d **Ejercicio C.** 1. más / que 2. tantos / como 3. mejor 4. tan / como 5. menos / que **Prueba corta Ejercicio A.** 1. Estoy mirando un programa. 2. Juan está leyendo el periódico. 3. Marta está sirviendo el café ahora. 4. Los niños están durmiendo. 5. ¿Estás almorzando ahora? **Ejercicio B.** 1. Arturo tiene tantos libros como Roberto. 2. Arturo es más gordo que Roberto. 3. Roberto es más alto que Arturo.
4. Roberto es menor (tiene dos años menos) que Roberto. 5. Arturo tiene menos perros que Roberto. **Ejercicio C.** 1. está / Estoy 2. eres / Soy 3. están / Estamos 4. Estás / estoy 5. está

CAPÍTULO 6

Vocabulario: Preparación La comida Ejercicio A. 1. jugo / huevos / pan / té / leche
2. camarones / langosta 3. patatas fritas 4. agua 5. helado 6. carne / verduras 7. queso 8. lechuga / tomate 9. zanahorias 10. arroz 11. galletas 12. sed **Ejercicio C.** 1. Torre del Oro 2. Sevilla 3. vino blanco 4. gazpacho 5. Sí (No) 6. cuatro mil cuatrocientas cincuenta y dos pesetas **¿Qué sabe Ud. y a quién conoce? Ejercicio B.** 1. Sabes 2. Conocemos 3. conozco 4. sé 5. sabemos 6. conocer

Ejercicio C. 1. conocen 2. sé 3. Sabes 4. saber 5. Conocemos / conozco 6. conocer **Ejercicio D.** 1. al 2. a 3. A 4. a 5. Ø 6. al 7. Ø 8. a **Pronunciación:** *d* 2. a<u>d</u>ónde 3. uste<u>d</u>es 5. Buenos <u>d</u>ías. 6. De na<u>d</u>a. 7. venden de to<u>d</u>o 8. dos ra<u>d</u>ios 9. universi<u>d</u>ad 10. a<u>d</u>iós 11. posibili<u>d</u>ad 12. Per<u>d</u>ón. **Minidiálogos y gramática   Grammar Section 18.   Ejercicio B.** 1. Yo lo preparo. 2. Yo voy a comprarlos. / Yo los voy a comprar. 3. Dolores va a hacerlas. / Dolores las va a hacer. 4. Juan los trae. 5. Yo los invito. **Ejercicio C.** 1. Los despierta a las seis y media. 2. El padre lo levanta. 3. La madre lo baña. 4. Su hermana lo divierte. 5. Lo sienta en la silla. 6. El padre lo acuesta. **Ejercicio D.** (*Possible answers*) 1. Acaba de cantar y bailar. 2. Acabamos de comer. 3. Acaba de traer la cuenta. 4. Acaba de enseñar. **Grammar Section 19.   Ejercicio B.** 1. No, no voy a hacer nada interesante. 2. No, nunca (jamás) salgo con nadie los sábados. 3. No, no tengo ninguno (ningún nuevo amigo). 4. No, ninguna es mi amiga. 5. No, nadie cena conmigo nunca (jamás). **Ejercicio C.** 1. Pues yo sí quiero (comer) algo. La comida aquí es buena. 2. Pero aquí viene alguien. 3. Yo creo que siempre cenamos en un restaurante bueno. 4. Aquí hay algunos platos sabrosos. **Ejercicio D.** 1. Yo tampoco. 2. Yo tampoco. 3. Yo también. 4. Yo también. **Grammar Section 20.   Ejercicio A. Paso 1.** Título: acostumbre 1. compruebe 2. encargue 3. no lo haga / déjelas 4. no comente / deje 5. no los deje **Paso 2.** 1. your house is well locked 2. your mail 3. someone you know 4. when you will return 5. in your house. **Ejercicio B.** (*Possible answers*) 1. Entonces, coman algo. 2. Entonces, beban (tomen) algo. 3. Entonces, estudien. 4. Entonces, ciérrenlas. 5. Entonces, lleguen (salgan) (más) temprano. 6. No sean impacientes. **Ejercicio C.** 1. empiécenla ahora. 2. no la sirvan todavía. 3. llámenlo ahora. 4. no lo hagan todavía. 5. tráiganlas ahora. 6. no la pongan todavía. **Un poco de todo   Ejercicio A.** 1. conoces 2. al 3. lo 4. conozco 5. sé 6. siempre 7. tampoco 8. El **Ejercicio B.** (*Possible answers*) 1. Voy a prepararla (La voy a preparar) este sábado. 2. Sí, pienso invitarlos (los pienso invitar). 3. Sí, puedes llamarlas (las puedes llamar) si quieres. 4. Sí, me puedes ayudar (puedes ayudarme). 5. Sí, las necesito. **Panorama cultural: Panamá** 1. el dólar estadounidense 2. Tierra de muchos peces 3. La Carretera Panamericana 4. Mireya Moscoso / 1998 5. el emperador Carlos V (de España) 6. ochenta y cinco años 7. Tenían que darle vuelta a América del Sur. 8. La República de Panamá **Póngase a prueba.   A ver si sabe...   Ejercicio A.** 1. te / lo / la / nos / las 2. a. Yo lo traigo. b. ¡Tráigalo! c. ¡No lo traiga! d. Estamos esperándolo. / Lo estamos esperando. e. Voy a llamarlo. / Lo voy a llamar. **Ejercicio B.** 1. nadie 2. tampoco 3. nunca / jamás 4. nada 5. ningún detalle **Ejercicio C.** piense Ud. / vuelva Ud. / dé Ud. / vaya Ud. / busque Ud. / esté Ud. / sepa Ud. / diga Ud. **Prueba corta.   Ejercicio A.** 1. conozco 2. conoces 3. sé 4. sabe **Ejercicio B.** 1. Quiero comer algo. 2. Busco a alguien. 3. Hay algo para beber. 4. —Yo conozco a algunos de sus amigos. —Yo también. **Ejercicio C.** (*Possible answers*) 1. No, no voy a pedirla. (No, no la voy a pedir.) 2. Sí, las quiero. 3. No, no lo tomo por la noche. 4. Yo la preparo. **Ejercicio D.** 1. Compren 2. hagan 3. Traigan 4. tomen 5. Llámenlo 6. lo sirvan

CAPÍTULO 7

Vocabulario: Preparación   ¡Buen viaje!   Ejercicio B. 1. boleto 2. ida y vuelta 3. asiento / fumar 4. bajar / escala 5. equipaje 6. pasajeros 7. guarda 8. vuelo / demora 9. salida / cola / subir 10. asistentes **Ejercicio C.** (*Possible answers*) 1. En la sala de espera (En la sección de no fumar) un hombre está durmiendo; en la sección de fumar dos pasajeros están fumando y una mujer está leyendo el periódico. 2. Los pasajeros están haciendo cola para facturar su equipaje. El vuelo 68 a Madrid hace una parada en Chicago. 3. Está lloviendo. Un hombre está corriendo porque está atrasado. Los otros pasajeros están subiendo al avión. 4. Los asistentes de vuelo están sirviendo algo de beber. Los pasajeros están mirando una película. **Other Uses of *se*.** 1. c 2. b 3. c 4. b 5. a **Pronunciación: *g*, *gu*, and *j*** 1. [x] 2. [x], [g] 3. [x] 4. [x] 5. [g] 6. [x], [g] 7. [g] 8. [x], [g] **Minidiálogos y gramática   Grammar Section 21.   Ejercicio A.** *dar:* 1. damos 2. da 3. dan 4. das 5. doy *decir:* 6. digo 7. dice 8. dicen 9. dices 10. decimos **Ejercicio C.** 1. Te compro regalos. 2. Te mando tarjetas postales. 3. Te invito a almorzar. 4. Te explico la tarea. **Ejercicio D.** 1. ¿Le presto el dinero? 2. ¿Le digo la verdad? 3. ¿Les doy una fiesta? 4. ¿Le pido ayuda al profesor? 5. ¿Les doy más? **Grammar Section 22.   Ejercicio A.** 1. te gusta 2. les gusta 3. me gustan 4. nos gusta / le gusta 5. les gusta **Ejercicio B. Paso 1.** 1. A su padre le gustan las vacaciones en las montañas. 2. A su madre le encantan los cruceros. 3. A sus hermanos les gustan los deportes acuáticos. 4. A nadie le gusta viajar en autobús. 5. A Ernesto le gusta sacar fotos. **Grammar Section 23.** **Ejercicio C.** *hablar:* hablaste / habló / hablamos / hablaron *volver:* volví / volvió / volvimos / volvieron *vivir:* viví / viviste / vivimos / vivieron *dar:* di / diste / dio / dieron *hacer:* hice / hiciste / hizo / hicimos *ser/ir:* fuiste / fue / fuimos / fueron *jugar:* jugué / jugó / jugamos / jugaron *sacar:* saqué / sacaste / sacamos / sacaron *empezar:* empecé / empezaste / empezó / empezaron **Ejercicio D.** *yo:* 1. volví 2. Me hice 3. comí 4. Recogí 5. metí 6. di *tú:* 1. asististe 2. Te acostaste 3. empezaste 4. fuiste 5. Saliste 6. volviste *Eva:* 1. se casó 2. fue 3. se matriculó 4. empezó 5. regresó 6. viajó 7. vio 8. pasó *Mi amiga y yo:* 1. pasamos 2. Vivimos 3. asistimos 4. hicimos 5. Visitamos 6. caminamos 7. comimos 8. vimos *Dos científicos:* 1. fueron 2. Salieron 3. llegaron 4. viajaron 5. vieron 6. tomaron 7. gustaron 8. volvieron **Un poco de todo** **Ejercicio A.** (*Possible answers*) 1. Les mandé tarjetas postales a mis abuelos. (No le mandé tarjetas postales a nadie. / Nadie me mandó tarjetas postales a mí.) 2. Le regalé flores a mi madre. (No le regalé flores a nadie. / Nadie me regaló flores a mí.) 3. Les recomendé un restaurante a mis amigos. (No le recomendé un restaurante a nadie. / Nadie me recomendó un restaurante a mí.) 4. Le ofrecí ayuda a una amiga. (No le ofrecí ayuda a nadie. / Nadie me ofreció ayuda a mí.) 5. Le presté una maleta a mi hermano. (No le presté una maleta a nadie. / Nadie me prestó una maleta a mí) 6. Le hice un pastel a un amigo. (No le hice un pastel a nadie. / Nadie me hizo un pastel a mí.) **Ejercicio B.** 1. Salí / me quedé / Almorcé / fui / Volví / Cené / miré / subí / me quejé / hice / dormí 2. fueron / hicieron / dio / fue / se hizo / escribieron / volvieron 3. Busqué / dieron / perdí / pagaron / gasté / hice / descansé 4. Pasamos / Comimos / vimos / jugamos **Panorama cultural: Honduras y El Salvador** 1. Tegucigalpa / 5.000.000 2. San Salvador / 6.000.000 3. parque nacional 4. El Salvador 5. 1980 6. líderes / las condiciones económicas y sociales del país **Póngase a prueba.** **A ver si sabe...** **Ejercicio A.** 1. a. Siempre le digo... b. Le estoy diciendo... / Estoy diciéndole... c. Le voy a decir... / Voy a decirle... d. Dígale... e. No le diga... 2. *dar:* doy / da / damos / dais / dan *decir:* digo / dices / dice / decís / dicen **Ejercicio B.** 1. ¿Les gusta viajar? 2. A mí no me gustan los tomates. 3. A Juan le gustan los aeropuertos. **Ejercicio C.** *dar:* di / dio / dimos / disteis / dieron *hablar:* hablé / hablaste / hablamos / hablasteis / hablaron *hacer:* hice / hiciste / hizo / hicisteis / hicieron *ir/ser:* fui / fuiste / fue / fuimos / fueron *salir:* salí / saliste / salió / salimos / salisteis **Prueba corta** **Ejercicio A.** 1. le 2. nos 3. les 4. me 5. te **Ejercicio B.** 1. les gustan 2. le gusta 3. me gusta 4. nos gustan 5. te gusta **Ejercicio C.** 1. mandaste 2. empecé 3. hizo 4. Fueron 5. Oíste 6. volvieron 7. dio

CAPÍTULO 8

Vocabulario: Preparación **Los días festivos y las fiestas** **Ejercicio B.** 1. el Día de Año Nuevo 2. la Navidad 3. La Pascua 4. la Nochebuena 5. el Cinco de Mayo **Ejercicio C.** 1. Es el primero de abril. 2. Les hace bromas. 3. Significa *lion*. **Emociones y condiciones.** **Ejercicio A.** (*Possible answers*) 1. me pongo avergonzado/a 2. se enojan (se ponen irritados) 3. se enferman / se quejan 4. se portan 5. discutir **Ejercicio B.** 1. Sí, me parece larguísima. 2. Sí, son riquísimos. 3. Sí, me siento cansadísimo/a. 4. Sí, es carísima. 5. Sí, fueron dificilísimas. **Ejercicio C.** (*Possible answers*) 1. Me enojo. 2. Me río. 3. Me pongo avergonzado/a. 4. Lloro. 5. Me quejo. 6. Sonrío y me pongo contentísimo/a. 7. Me enojo. **Minidiálogos y gramática.** **Grammar Section 24.** **Ejercicio A. Paso 1.** 1. C 2. F 3. C 4. F 5. F 6. C 7. F 8. F 9. F **Paso 2.** 2. La Unión Soviética puso un satélite antes que los Estados Unidos. 4. En 1492... 5. Hitler sí quiso dominar Europa. 7. Los españoles llevaron el maíz y el tomate a Europa. 8. John Kennedy dijo: «Yo soy un berlinés». 9. Muchos inmigrantes irlandeses vinieron en el siglo XIX. **Ejercicio B.** *estar:* estuve / estuvo / estuvimos / estuvieron *tener:* tuvo / tuvimos / tuvieron *poder:* pude / pudimos / pudieron *poner:* puse / puso / pusieron *querer:* quise / quiso / quisimos *saber:* supe / supo / supimos / supieron *venir:* vino / vinimos / vinieron *decir:* dije / dijimos / dijeron *traer:* traje / trajo / trajeron **Ejercicio C.** *Durante la Navidad:* 1. tuvo 2. estuvieron 3. Vinieron 4. trajeron 5. dijeron 6. fueron 7. comieron 8. pudieron *Otro terremoto...* 1. supimos 2. hubo 3. oí 4. leí 5. se rompieron 6. hizo 7. dijo 8. fue **Ejercicio D.** 1. estuvo 2. pude 3. tuve 4. viniste 5. Quise 6. estuve 7. hizo 8. Supiste 9. tuvo 10. vino 11. dijo 12. puse 13. trajiste 14. traje **Grammar Section 25.** **Ejercicio A.** *divertirse:* me divertí / te divertiste / se divirtió / nos divertimos / se divirtieron *sentir:* sentí / sentiste / sintió / sentimos / sintieron *dormir:* dormí / dormiste / durmió / dormimos / durmieron *conseguir:* conseguí / conseguiste / consiguió / conseguimos / consiguieron *reír:* reí / reíste / rió / reímos / rieron *vestir:* vestí / vestiste / vistió / vestimos / vistieron **Ejercicio B.** 1. me senté / me dormí 2. se sentaron / nos dormimos 3. se durmió 4. nos reímos / se rió 5. sintieron / se sintió **Ejercicio C.** 1. entró 2. se sentó 3. Pidió 4. sirvió 5. se sintió 6. se levantó 7. se despidió 8. Volvió 9. durmió 10. entré 11. me senté 12. Pedí 13. me la sirvió 14. me sentí 15. me levanté 16. me despedí 17. Volví 18. dormí **Ejercicio D.** 1. ¿Adónde fueron? 2. ¿Consiguieron un hotel cerca de la playa? 3. ¿Se divirtieron mucho? 4. ¿Jugaron al tenis y nadaron? 5. ¿Cuánto tuvieron que pagar por la habitación? 6. ¿Cómo estuvo la comida? 7. ¿Conocieron a alguien interesante? 8. ¿A qué hora volvieron hoy? 9. No durmieron mucho anoche, ¿verdad? **¡RECUERDE!** 1. Yo le traigo el café. (O.I.) 2. Yo lo traigo ahora. (O.D.) 3. Ellos nos compran los boletos. (O.I.) 4. Ellos los compran hoy. (O.D.) 5. No les hablo mucho. (O.I.) 6. No las conozco bien. (O.D.) 7. Queremos darles una fiesta. (O.I.) 8. Pensamos darla en casa. (O.D.) **Grammar Section 26.** **Ejercicio B.** 1. ¿El dinero? Te lo devuelvo mañana. 2. ¿Las fotos? Te las traigo el jueves. 3. ¿La sorpresa? Nos la van a revelar después. 4. ¿Los pasteles? Me los prometieron para esta tarde. 5. ¿Las fotos? Se las mando a Uds. con la carta. 6. ¿La bicicleta? Se la devuelvo a Pablo mañana. 7. ¿El dinero? Se lo doy a Ud. el viernes. 8. ¿Los regalos? Se los muestro a Isabel esta noche. **Ejercicio C.** (*Possible answers*) 1. Se lo dejó a Cristina. 2. Se la dejó a Memo. 3. Se los dejó a la biblioteca. 4. Se los dejó a la Cruz Roja. 5. Se la dejó a Ernesto y Ana. 6. ¡Me los dejó a mí! **Un poco de todo** **Ejercicio A. Paso 1.** 1. hice 2. tuve 3. estuve 4. quise 5. supe 6. di 7. estuvimos 8. pedí **Paso 2.** 1. Fue porque tuvo una reunión con su agente de viajes. 2. No, no tuvo mucho tiempo libre. (No, estuvo ocupadísimo.) 3. Lo supo porque se lo dijo su amigo Luis Dávila. 4. Se las dio a Luis. **Ejercicio B.** (*Possible answers*) 1. Se la mandé a mi novio/a. 2. Se los di a mi familia y a mis amigos. 3. Nadie me las trajo. 4. Mi hermano me lo pidió. 5. Mis amigos me la hicieron. **Panorama cultural: Cuba** 1. 1898 2. (la) Florida 3. porque Fidel Castro todavía gobierna a Cuba 4. Es difícil. 5. Refleja la influencia africana. 6. La injusticia social y una crítica al colonialismo 7. Los mitos y las leyendas afro-cubanas **Póngase a prueba. A ver si sabe...** **Ejercicio A.** 1. estuve 2. pudiste 3. puso 4. quisimos 5. supieron 6. tuve 7. viniste 8. trajo 9. dijeron **Ejercicio B.** *él/ella/Ud.:* durmió / pidió / prefirió / recordó / se sintió *ellos/Uds.:* durmieron / pidieron / prefirieron / recordaron / se sintieron **Ejercicio C.** 1. se lo 2. se la 3. se lo **Prueba corta** **Ejercicio A.** 1. nos reímos 2. se puso / durmió 3. conseguí 4. se despidió 5. se vistió / se divirtió 6. hicimos / trajeron **Ejercicio B.** 1. a 2. a 3. c 4. b 5. a 6. b

CAPÍTULO 9

Vocabulario: Preparación **Pasatiempos, diversiones y aficiones** **Ejercicio B.** 1. el golf 2. el basquetbol 3. el fútbol 4. el ciclismo 5. el tenis 6. el béisbol **Ejercicio D.** 1. a. hacer *camping.* b. juegan a las cartas c. dan un paseo 2. a. juegan al ajedrez b. Teatro c. Museo 3. ELSA: divertido LISA: Cine / la película ELSA: pasarlo bien **Trabajando en casa** **Ejercicio A.** 1. La mujer está sacudiendo los muebles. 2. El chico está sacando la basura. 3. El hombre está lavando (limpiando) la ventana. 4. El hombre está barriendo el suelo. 5. El niño está haciendo la cama. 6. La mujer está poniendo la mesa. **Ejercicio B.** 1. Se usa la estufa para cocinar. 2. Se prepara el café en la cafetera. 3. Lavamos y secamos la ropa. 4. Usamos el lavaplatos. 5. Pasamos la aspiradora. 6. Tostamos el pan en la tostadora. 7. Usamos el microondas. **Minidiálogos y gramática** **Grammar Section 27.** **Ejercicio A.** 1. celebraba 2. se llenaba 3. debíamos 4. Corríamos 5. comíamos 6. cortábamos 7. era 8. me molestaba 9. era 10. era **Ejercicio B.** 1. tenía 2. vivíamos 3. Iba 4. volvía 5. prefería 6. venían 7. era 8. celebrábamos 9. hacía 10. cocinaba 11. visitaban 12. se quedaban 13. dormíamos 14. nos acostábamos 15. había 16. pasábamos 17. eran **Ejercicio C.** 1. éramos / veímos / venían / íbamos 2. estábamos / daban / saludaban / despedían 3. almorzaba / Servían / veían / llevaban / traían / comía **Ejercicio D. Paso 1.** 1. Antes tenía menos independencia. Ahora se siente más libre. 2. Antes dependía de su esposo. Ahora tiene más independencia económica. 3. Antes se quedaba en casa. Ahora prefiere salir a trabajar. 4. Antes sólo pensaba en casarse. Ahora piensa en seguir su propia carrera. 5. Antes pasaba horas cocinando. Ahora sirve comidas más fáciles de preparar. 6. Antes su esposo se sentaba a leer el periódico. Ahora (su esposo) la ayuda con los quehaceres domésticos. **Grammar Section 28.** **Ejercicio A.** 1. (*Possible answers*) El béisbol es el más emocionante de todos los deportes. 2. Shaquille O'Neal es el mejor jugador del equipo. 3. El equipo de los Dallas Cowboys es el peor equipo de todos. 4. El estadio de Río de Janeiro es el más grande del mundo. **Ejercicio B.** 1. La ciudad más interesante de los Estados Unidos es _____. 2. La mejor (peor) película del año pasado fue _____. 3. El deporte más violento de todos es _____. 4. El programa de televisión más divertido es _____. **Grammar Section 29.** **Ejercicio A.** 1. ¿Cómo se llama Ud.? 2. ¿De dónde es Ud.? 3. ¿Dónde vive Ud.? 4. ¿Adónde va Ud. ahora? 5. ¿Qué va a hacer? 6. ¿Cuáles son sus pasatiempos favoritos? 7. ¿Cuándo empezó a jugar? 8. ¿Quiénes son sus jugadores preferidos? 9. ¿Por qué (son sus preferidos)? 10. ¿Cuánto gana Ud. al año? **Ejercicio B.** 1. Cómo 2. Qué 3. Quién 4. De dónde 5. cuántos 6. Cómo 7. Cuándo 8. Por qué 9. cómo 10. Qué **Un poco de todo** **Ejercicio A.** 1. pasaba 2. esquiando 3. conoció 4. visitaba 5. vivían 6. esquiaba 7. estaba 8. vio 9. Dobló 10. perdió 11. se puso 12. Te hiciste 13. esperando 14. sacudiéndose 15. sonriendo 16. se hicieron **Ejercicio C.** 1. Ahora Amada está jugando al basquetbol. Ayer jugó... De niña jugaba... 2. Ahora Joaquín está nadando. Ayer nadó... De niño nadaba... 3. Ahora Rosalía está bailando. Ayer bailó. De niña bailaba. 4. Ahora Rogelio está paseando en bicicleta. Ayer paseó... De niño paseaba... 5. Ahora David está haciendo ejercicio. Ayer hizo... De niño hacía... **Panorama cultural: Colombia** **Ejercicio A.** 1. España / 1819 / Simón Bolívar 2. oro / café 3. africano / español **Ejercicio B.** 1. Gabriel García Márquez 2. el Premio Nóbel de literatura 3. *Cien años de soledad* 4. el realismo mágico 5. periodista **Póngase a prueba.** **A ver si sabe...** **Ejercicio A.** 1. *yo:* cantaba / iba / leía / era / veía *nosotros:* cantábamos / íbamos / leíamos / éramos / veíamos 2. 1. d 2. e 3. c (a) 4. b 5. f 6. a **Ejercicio B.** 1. Soy la persona más feliz del mundo. 2. Son los mejores jugadores del equipo. 3. Es el peor estudiante de la clase. **Ejercicio C.** 1. Qué 2. Cuál 3. Cuáles 4. Qué 5. Cuál **Prueba corta** **Ejercicio A.** 1. era 2. asistía 3. estaba 4. ayudaba 5. vivían 6. iban 7. jugaban 8. servía 9. se cansaban 10. volvían **Ejercicio B.** 1. Adónde 2. Quién 3. Cómo 4. Dónde 5. Cuál 6. Cuánto

CAPÍTULO 10

Vocabulario: Preparación **La salud y el bienestar** **Ejercicio A.** 1. la boca / el cerebro 2. los ojos / los oídos 3. los pulmones y la nariz 4. el corazón 5. la garganta 6. el estómago 7. los dientes **Ejercicio B.** 1. a. Hace ejercicio. b. Lleva una vida sana. c. Sí (No, no) hago tanto ejercicio como ella. 2. a. No, no se cuida mucho. b. Debe dejar de tomar y fumar y comer carne. c. Es mejor que coma las verduras. d. Debe caminar más. **En el consultorio** **Ejercicio A.** 1. a. La paciente tose. b. Le ausculta los pulmones. 2. a. Está en el consultorio del doctor. b. Acaba de ponerle una inyección. c. Debe guardar cama. 3. a. Se resfrió. b. La tiene congestionada. c. Le duele la cabeza. d. Acaba de tomarse la temperatura. **Ejercicio B.** 1. Tengo fiebre. 2. Tenemos que abrir la boca y sacar la lengua. 3. Debemos comer equilibradamente, cuidarnos, dormir lo suficiente y hacer ejercicio. 4. Cuando tenemos un resfriado, estamos congestionados, tenemos fiebre y tenemos tos (tosemos). 5. (El doctor) Receta un jarabe. 6. Es necesario llevar lentes. 7. Nos da antibióticos. 8. Prefiero tomar pastillas (jarabe). **Ejercicio C.** (*Possible answers*) 1. Lo bueno es poder nadar. (Lo malo es que siempre hay mucha gente / mucho tráfico.) 2. Lo mejor de dejar de fumar es no toser (tener mejor salud). 3. Lo peor de resfriarse es no poder respirar bien (toser mucho). 4. Lo malo es el dolor. **Minidiálogos y gramática** **¡RECUERDE!** **Ejercicio A.** 1. nos cuidábamos / nos cuidamos 2. comíamos / comimos 3. hacía / hice 4. eras / fuiste 5. decían / dijeron 6. sabía / supe 7. jugaba / jugué 8. iba / fue 9. ponía / puso 10. venías / viniste **Ejercicio B.** 1. I 2. I 3. I 4. P **Grammar Section 30.** **Ejercicio A. Paso 1.** 1. imperfect 2. preterite 3. imperfect 4. preterite 5. imperfect 6. preterite / imperfect **Paso 2.** 1. tenía 2. vivía 3. asistía 4. trabajaba 5. se quedaba 6. viajaron 7. nos quedamos 8. iba 9. se rompió 10. supieron 11. querían 12. aseguró 13. estaba **Ejercicio B.** 1. supimos / tuvo 2. sentía / iba 3. podía (pudo) / fue 4. pude / tenía 5. estuve / estaba 6. iba **Ejercicio C.** 1. se despertó 2. dijo 3. se sentía 4. pudo 5. dolía 6. hizo 7. Estaba 8. temía 9. examinó 10. dijo 11. era 12. estaba 13. debía 14. dio 15. llegó 16. se sentía **Grammar Section 31.** **Ejercicio A.** 1. que 2. que / que 3. quien 4. quienes 5. quienes 6. que / quien 7. lo que **Ejercicio B.** 1. Esa es la doctora que me cuidó cuando me resfrié gravemente. 2. Aquella es la paciente de quien te hablaba ayer. 3. Esa es Susana Preciado con quien compartí mi cuarto. 4. Estas son las flores que me mandaron al hospital. 5. ¡Esta es la cuenta que recibí hoy! **Grammar Section 32.** **Ejercicio B.** 1. Se miran mucho. 2. Los novios se besan y se abrazan mucho. 3. Ana y Pili se conocen bien, se escriben mucho y se hablan con frecuencia. 4. Nos damos la mano y nos saludamos. **Un poco de todo** **Ejercicio A.** 1. fue 2. tuve 3. estuve 4. me levanté 5. sentía 6. quería (quise) 7. se puso 8. dolía 9. dormí 10. empecé 11. llamaste 12. los 13. conocía 14. llamé 15. a 16. llamó 17. llevaron 18. lo 19. despertaba 20. lo 21. el 22. hablaba 23. el **Ejercicio B.** enfermaba / cuidaba / comía / hacía / dormía / llevaba / / sentía / dolían / dolía / quería / decidí / Miré / vi / eran / Llamé / venía / dije / iba / Tomé / acosté **Ejercicio C.** 1. Los niños se estaban pegando cuando su madre los vio. 2. Graciela estaba durmiendo cuando sonó el teléfono. 3. Estaba despidiéndome de Raúl cuando entraste. **Panorama cultural: Venezuela** **Ejercicio A.** 1. varios idiomas indígenas 2. Caracas 3. el bolívar 4. el 24 de julio 5. Rousseau 6. las colonias estadounidenses 7. el Libertador **Ejercicio B.** 1. variado y agradable 2. Es la más alta del mundo 3. En la isla Margarita y la costa caribeña **Póngase a prueba.** **A ver si sabe...** **Ejercicio A.** a. I b. P c. I d. I e. I **Ejercicio B.** 1. a. quien(es) b. que c. lo que 2. 1. c 2. b 3. a 4. a 5. b **Ejercicio C.** 1. Mi novio/a y yo nos queremos. 2. Mi mejor amigo y yo nos conocemos bien. 3. Marta y sus padres se llaman todos los domingos. **Prueba corta** **Ejercicio A.** 1. era 2. tenía 3. pagaban 4. preguntó 5. quería 6. pude 7. me dieron 8. creían 9. era 10. cumplí 11. conseguí 12. empecé **Ejercicio B.** 1. que 2. quien 3. lo que 4. quien 5. que **Ejercicio C.** 1. se despiden / se dan 2. se hablan 3. se respetan 4. se ven 5. se ayudan

CAPÍTULO 11

Vocabulario: Preparación **Las presiones de la vida estudiantil.** **Ejercicio C.** 1. torpe 2. me caí 3. me lastimé 4. duele 5. no se equivoca 6. rompí 7. aspirinas 8. se siente 9. Qué mala suerte 10. me acuerdo **Ejercico D.** (*Possible answers*) 1. Estudia fotografía. 2. Tiene dos clases muy temprano por la mañana y otra por la noche. 3. Porque hay mucho tráfico y no encuentra dónde estacionarse. 4. Tiene que sacar las fotos. 5. Porque no quiere sacar malas notas. 6. a. Es difícil. b. Puede tomar menos clases. **Ejercicio E.** 1. el cuerpo 2. la cabeza 3. el brazo 4. la mano 5. la pierna 6. el pie 7. los dedos **More on Adverbs** **Ejercicio A.** 1. fácilmente 2. inmediatamente 3. impacientemente 4. lógicamente 5. totalmente 6. directamente 7. aproximadamente 8. furiosamente **Ejercicio B.** 1. tranquilamente 2. finalmente 3. Posiblemente 4. aproximadamente 5. sinceramente 6. solamente **Minidiálogos y gramática** **Grammar Section 33.** **Ejercicio B.** 1. Hace dos semanas que visito México. 2. Hace un semestre que estudio español. 3. Hace una semana que estoy aquí. **Ejercicio C.** 1. ¿Cuánto tiempo hace que estudias español? 2. ¿Cuánto tiempo hace que asistes a esta universidad? 3. ¿Cuánto tiempo hace que vives en el mismo lugar? 4. ¿Cuánto tiempo hace que no vas al cine? 5. ¿Cuánto tiempo hace que no recibes dinero de tu familia? **Ejercicio D.** (*Possible answers*) 1. —¿Cuándo fue la última vez que te enfermaste? —Fue hace dos meses. 2. —¿Cuándo fue la última vez que diste una fiesta? —Fue el año pasado (hace un año). 3. —¿Cuándo fue la última vez que estuviste en un restaurante elegante? —Fue hace tres años. 4. —¿Cuándo fue la última vez que hiciste un viaje? —Fue hace un mes. **Grammar Section 34.** **Ejercicio A.** 1. b 2. d 3. a 4. c 5. e **Ejercicio B.** 1. Juan perdió el dinero. 2. Mi hermano rompió una ventana. 3. Olvidé los libros. (Me olvidé de los libros.) 4. ¿Olvidaste traer dinero? (¿Te olvidaste de traer dinero?) 5. ¿Dejaste los boletos en casa? **Ejercicio C.** 1. olvidaron 2. cayó 3. acabó 4. rompieron **Grammar Section 35.** **Ejercicio A.** 1. Por Dios (Por favor) / por 2. por primera 3. por eso / por ejemplo 4. por si acaso 5. Por lo general 6. por 7. por lo menos 8. por / Por fin **Ejercicio B.** 1. Mi hermano y yo fuimos a Europa por primera vez en el verano de 1992. 2. Visitamos España por las Olimpíadas. 3. Viajamos de Los Ángeles a Barcelona por avión. 4. Fuimos (Pasamos) por Nueva York. 5. Pasamos por lo menos trece horas en el avión. **Ejercicio C.** 1. Lo necesita para ir a recoger a María Rosa. 2. Viene para esquiar. 3. No, son para ella. 4. Sí, es muy lista para su edad. 5. Estudia para (ser) sicóloga. 6. Sí, trabaja para la compañía de teléfonos. **Ejercicio D.** 1. por 2. por 3. por 4. para 5. para 6. por 7. para 8. para 9. por 10. para 11. para 12. para 13. por **Un poco de todo** **Ejercicio A.** 1. a 2. está 3. le 4. perdió 5. dimos 6. su 7. supo 8. se escapó 9. se despertó 10. se vistió 11. salió 12. encontró 13. hizo

14. pudo 15. se olvidó 16. por 17. se sintió 18. durmió 19. para **Ejercicio B.** 1. Ayer mientras pelaba las patatas, me corté y me lastimé el dedo. 2. Cuando sacaba mi coche del garaje, choqué con el coche de papá. 3. Cuando el mesero traía el vino, se le cayeron los vasos. 4. Mientras Julia esquiaba, se cayó y se rompió el brazo. 5. Mientras Carlos caminaba, se dio contra una señora y le pidió disculpas. **Ejercicio C.** 1. ¿Cuánto tiempo hace que vives en tu apartamento? 2. ¿Cuánto tiempo hace que no compras ropa? 3. ¿Cuánto tiempo hace que no visitas al médico? 4. ¿Cuánto tiempo hace que no vas al cine? 5. ¿Cuánto tiempo hace que aprendiste a tocar la guitarra? 6. ¿Cuánto tiempo hace que hiciste un viaje a México? 7. ¿Cuánto tiempo hace que conociste a tu mejor amigo? 8. ¿Cuánto tiempo hace que supiste del accidente de Mario? **Ejercicio D.** 1. Ud. habla muy bien para principiante. 2. Necesitamos terminar esta lección para el viernes. 3. Debemos repasar los mandatos, por si acaso. 4. Vamos a pasar por la biblioteca. 5. Necesito sacar unos libros para mi hermano. **Panorama cultural: Puerto Rico** 1. Estado Libre Asociado de Puerto Rico 2. el español y el inglés 3. el dólar estadounidense 4. desde 1952 5. No pueden votar por el presidente. 6. Es un parque nacional y es el único bosque tropical del sistema de Bosques Nacionales de los Estados Unidos. 7. Es la primera novela del Nuevo Mundo. **Póngase a prueba. A ver si sabe... Ejercicio A.** 1. a. Hace diez años que vivimos en esta casa. b. ¿Cuánto tiempo hace que estudias español? 2. a. Hace dos días que entregué mi trabajo. b. Hace una hora que recogieron los documentos. **Ejercicio B.** 1. Se me perdió... 2. Se nos perdió... 3. (A Juan) Se le rompieron... 4. Se les olvidó poner... **Ejercicio C.** Usos de *para:* a. 3 b. 4 c. 1 d. 2 Usos de *por:* a. 3 b. 1 c. 2 d. 4 **Prueba corta Ejercicio A.** 1. Fui a ver al doctor hace una semana. 2. Tomé mis píldoras hace una hora. 3. Hace tres semanas que estoy enfermo/a. 4. Hace dos días que me siento mejor. **Ejercicio B.** 1. b 2. b 3. a 4. a 5. a **Ejercicio C.** 1. por 2. para 3. para 4. por 5. para 6. para

CAPÍTULO 12

Vocabulario: Preparación Tengo... Necesito... Quiero... Ejercicio B. (*Possible answers*) 1. Le gusta (interesa) a ella. 2. Le gusta a él. 3. Les gusta a los dos. 4. Les gusta (interesa) a los dos. 5. Le gusta a ella. 6. Le gusta a él. 7. Le gusta a él. 8. Le gusta a él. **Ejercicio C.** 1. a. a todas partes b. cassette y gozar con el Compact c. de AM y de FM Stéreo 2. b 3. a **Ejercicio D.** 1. jefa / aumento / cambiar de trabajo / conseguir 2. gano / parcial 3. falló 4. manejar **La vivienda.** 1. alquilar 2. dirección 3. vecindad 4. alquiler 5. piso 6. vista 7. centro 8. afueras 9. luz 10. dueños 11. portero 12. planta baja 13. vecinos **Minidiálogos y gramática ¡RECUERDE! Ejercicio A.** 2. Escríbanlo / lo escriban 3. Juéguelo / lo juegue 4. Dígamelo / me lo diga 5. Dénselo / se lo den **Ejercicio B.** 1. No se equivoque. 2. No se hagan daño. 3. No se ría tanto. 4. Consiga otro puesto (trabajo). **Grammar Section 36. Ejercicio B.** 1. Prende 2. cambies 3. Pon / pongas 4. uses / usa 5. Apaga 6. Arregla 7. Préstame 8. le mandes / mándale 9. Dile / le digas **Ejercicio C.** (*Possible answers*) 1. no juegues en la sala. 2. deja de hablar por teléfono. 3. llega a tiempo. 4. vístete bien (mejor). 5. lávate las manos antes de comer. 6. no seas pesado. 7. no pongas los pies sobre mi cama. 8. no toques el piano todo el tiempo. **Ejercicio D.** 1. ponla / no la pongas 2. sírvesela / no se la sirvas 3. tráemela / no me la traigas 4. lávamelos / no me los laves **Grammar Section 37. Ejercicio A.** lleguemos / empiece / conozcamos / juegue / consigamos / divirtamos / duerma **Ejercicio B.** 1. a, c 2. b, c 3. a, b 4. a, b 5. a, c 6. b, c **Ejercicio C.** 1. pueda / olvide / sepa 2. empiecen / manden / digan 3. llegues / seas / busques 4. vayamos / alquilemos / perdamos **Grammar Section 38. Ejercicio B.** 1. digan la verdad / lleguen a tiempo / acepten responsabilidades / sepan usar... 2. resulte interesante / me guste / no esté lejos de casa / me dé oportunidades para avanzar **Ejercicio C.** 1. veamos 2. compremos 3. paguemos 4. volvamos 5. traigamos **Ejercicio D.** 1. ¿Qué quieres que compre? 2. ¿Qué quieres que traiga? 3. ¿Qué quieres que prepare? 4. ¿Qué quieres que busque? 5. ¿Qué quieres que cocine? **Ejercicio E.** 1. trabajemos / trabajar 2. almorcemos / almorzar 3. traer / traigamos 4. pidamos / pedir 5. consigo / consiga **Un poco de todo Ejercicio A.** *Oye, mira. Abre* los ojos y *ve* todos los detalles del paisaje. *Viaja* a *tu* destino sin preocupar*te* por el tráfico. *Haz tu* viaje sentado cómodamente y *llega* descansado. *Goza* de la comida exquisita en el elegante coche-comedor. *Juega* a las cartas o *conversa* con otros viajeros como *tú.* Y *recuerda:* ¡Esto pasa solamente viajando en tren! **Ejercicio B.** 1. se lo mandes 2. se lo pidas 3. ir 4. buscarlo 5. lo empiece 6. me lo traiga

Ejercicio C. 1. Chicos, vengan aquí. Necesito enseñarles a manejar la nueva lavadora. 2. María, ayuda a tu hermano a barrer el patio. 3. Pepe, recomiendo que hagas tu tarea antes de salir a jugar. 4. María, no te olvides de llamar a Gabriela para darle nuestra nueva dirección. 5. Pepe, ve a tu cuarto y ponte una camisa limpia. **Panorama cultural: Perú** 1. 24.000.000 de habitantes 2. español, quechua y aimara 3. Es el lago más grande de Sudamérica y es la ruta de transporte principal entre Bolivia y el Perú. 4. la papa 5. Se extendía desde Colombia hasta Chile (y desde el Pacífico hasta las selvas del este). 6. Tenían un gobierno de poder absoluto, burocrático y muy complejo. 7. la arquitectura, la ingeniería y las técnicas de cultivo **Póngase a prueba.** **A ver si sabe...** **Ejercicio A.** *decir:* di / no digas *escribir:* escribe / no escribas *hacer:* haz / no hagas *ir:* ve / no vayas *salir:* sal / no salgas *ser:* sé / no seas *tener:* ten / no tengas *trabajar:* trabaja / no trabajes **Ejercicio B.** 1. a. busque b. dé c. escriba d. esté e. estudie f. vaya g. oiga h. pueda i. sepa j. sea k. traiga l. viva 2. *comenzar:* comience / comencemos *dormir:* durmamos *perder:* pierda *sentirse:* sienta / sintamos **Ejercicio C.** 1. prefiere / vengan 2. Es / comience 3. prohíbe / entremos 4. insisten / se queden 5. Es / traigas **Prueba corta** **Ejercicio A.** 1. Ven 2. apagues 3. Llama / dile 4. pongas / ponlo 5. te preocupes / descansa **Ejercicio B.** 1. busques 2. comprar 3. vayamos 4. hablar / hablemos 5. sepas / pierdas

CAPÍTULO 13

Vocabulario: Preparación **Las artes** **Ejercicio C.** 1. Gabriel García Márquez escribió *Cien años de soledad.* 2. Diego Rivera pintó murales. 3. Plácido Domingo cantó óperas italianas. 4. Robert Rodríguez dirigió *Desperado.* 5. Andrés Segovia tocó la guitarra clásica. 6. Judy Garland hizo el papel de Dorothy... 7. Augusto Rodin esculpió *El pensador.* **Ranking Things: Ordinals** **Ejercicio A.** 1. primera 2. cuarto 3. segundo 4. Primero / Quinto 5. Tercero / Cuarto 6. Octavo / segunda / quinta 7. Décimo 8. primer 9. noveno **Ejercicio B.** (*Possible answers*) 1. segundo 2. primera / nueve 3. séptimo / quinto 4. cuarto **Minidiálogos y gramática** **Grammar Section 39.** **Ejercicio A.** 1. Me alegro mucho que el papa me mande más dinero. 2. A los artesanos no les gusta que yo siempre esté aquí. 3. Temo mucho que no podamos terminar... 4. Es mejor que nadie nos visite durante... 5. Espero que esta sea mi... **Ejercicio B.** (*Possible answers*) 1. Siento que mis amigos no puedan salir conmigo esta noche. 2. Es una lástima que los boletos para el «show» se hayan agotado. 3. Me sorprende que no vayas nunca al teatro. 4. Espero que sepas dónde está el cine. 5. ¡Es increíble que las entradas sean tan caras! **Ejercicio C.** 1. Es una lástima que Jon Secada no cante esta noche. 2. Es absurdo que las entradas cuesten tanto dinero. 3. Es increíble que no conozcas las novelas de Gabriel García Márquez. 4. Sentimos no poder ayudarlos a Uds. 5. Me molesta que haya tantas personas que hablan durante una función. 6. No me sorprende que Julia Roberts sea tan popular. **Ejercicio D.** 1. Ojalá que vea a mis amigos en Guadalajara. 2. Ojalá que vayamos juntos a Mérida. 3. Ojalá que lleguemos a Chichén Itzá para la celebración del solsticio de verano. 4. Ojalá que encuentre un objeto bonito de artesanía para mis padres. 5. Ojalá que tenga suficiente tiempo para ver el Museo de Antropología en el D.F. **Grammar Section 40.** **Ejercicio A.** 1. Dudo que a mis amigos les encante el jazz. 2. Creo que el museo está abierto los domingos. 3. No estoy seguro/a de que todos los niños tengan talento artístico. 4. No es cierto que mi profesora vaya a los museos todas las semanas. 5. No creo que mi profesor siempre exprese su opinión personal. **Ejercicio B.** (*Possible answers*) 1. Creo que a mi profesor le gusta este autor. 2. Es verdad que este libro tiene magníficas fotos... 3. Es probable que las novelas de García Márquez se vendan aquí. 4. Dudo que ésta sea la primera edición de esta novela. 5. No creo que acepten tarjetas de crédito en esta librería. 6. Estoy seguro/a de que hay mejores precios en otra librería. **Ejercicio C.** 1. Creo que hoy vamos a visitar el Museo del Prado. 2. Es probable que lleguemos temprano. 3. Estoy seguro/a de que hay precios especiales para estudiantes 4. Es probable que tengamos que dejar nuestras mochilas en la entrada del museo. 5. Dudo que podamos ver todas las obras de Velázquez. 6. Creo que los vigilantes van a prohibir que saquemos fotos. 7. ¿Es posible que volvamos a visitar el museo mañana? **Grammar Section 41.** **Ejercicio A.** 1. vayamos 2. sean 3. sepas 4. haya 5. permitan / paguemos 6. empaqueten **Ejercicio B.** 1. apagues / pagar 2. es / sepa / es 3. estés / te sientas 4. hablemos / tratemos / hacerlo 5. estudies / guste / hagas 6. estaciones / caminar 7. empieza / recuerde **Ejercicio C.** (*Possible answers*) 1. Dudo que todos saquemos «A» en el próximo examen. 2. No es probable que el profesor (la profesora) se olvide de venir a clase mañana. 3. Espero que no tengamos tarea para mañana. 4. Dudo que aprendamos todo sin estudiar.

5. ¡Ojalá que nos divirtamos mucho! 6. ¡Ojalá que el profesor (la profesora) nos dé una fiesta! **Un poco de todo   Ejercicio A.** 1. desee estudiar para ser doctora. 2. vuelvan tarde de las fiestas. 3. juegue en la calle con sus amigos. 4. vaya de viaje con su novia y otros amigos. 5. busque un apartamento con otra amiga. 6. quiera ser músico. 7. los amigos sean una influencia positiva.   **Ejercicio B.** (*Possible answers*) 1. Está esculpiendo un huevo de mármol. (Está haciendo una escultura de mármol.) 2. La escultura empieza a rajarse. 3. Al final (la escultura) se rompe y Cándido descubre que es un huevo de verdad. 4. Se siente contento (feliz). Al final, se siente asombrado (muy sorprendido).   **Panorama cultural: Bolivia y El Ecuador A.** 1. Quito / La Paz 2. 11 millones / 8 millones 3. el sucre (el dólar) / el peso boliviano 4. español, quechua / español, aimara y quechua   **B.** 1. del imperio inca 2. 55 por ciento 3. de Simón Bolívar 4. El Ecuador 5. en 1535 6. Oswaldo Guayasamín   **Póngase a prueba.   A ver si sabe...** **Ejercicio A.** 1. llegues 2. estén 3. veamos 4. puedan 5. salgamos 6. se aburran   **Ejercicio B.** 1. sea 2. es 3. sepas 4. guste 5. dicen   **Prueba corta   Ejercicio A.** 1. Me alegro que Uds. vayan con nosotros al concierto. 2. Es una lástima que Juan no pueda acompañarnos. 3. Es probable que Julia no llegue a tiempo. Acaba de llamar para decir que tiene que trabajar. 4. Ojalá que consigas butacas cerca de la orquesta. 5. Es cierto que Ceci y Joaquín no van a sentarse con nosotros. 6. Me sorprende que los otros músicos no estén aquí todavía. 7. Es extraño que nadie sepa quién es el nuevo director.   **Ejercicio B.** 1. tercer 2. primera 3. segunda 4. séptimo 5. quinto

CAPÍTULO 14

Vocabulario: Preparación   El medio ambiente   Ejercicio B. 1. Más de la tercera parte del papel fue reciclado. 2. Reciclar es la única forma.   **Ejercicio C.** 1. C 2. F 3. C 4. C   **Ejercicio E.** 1. puro / bella 2. fábricas / medio ambiente 3. ritmo 4. escasez / población 5. transportes 6. destruyen 7. proteja / desarrollar   **Los coches   Ejercicio B.** (*Possible answers*) 2. Revise la batería. 3. Cambie el aceite. 4. Revise los frenos. 5. Arregle (Cambie) la llanta. 6. Llene el tanque. 7. Limpie el parabrisas. **Ejercicio C.** 1. manejar (conducir) / funcionan / parar 2. doblar / seguir (sigue) 3. gasta 4. estacionar 5. licencia 6. arrancar 7. conduces (manejas) / carretera / chocar 8. circulación / semáforos 9. autopistas   **Minidiálogos y gramática   Grammar Section 42.   Ejercicio A.** 1. C 2. F 3. C 4. C 5. F   **Ejercicio B.** 1. preparado 2. salido 3. corrido 4. abierto 5. roto 6. dicho 7. puesto 8. muerto 9. visto 10. vuelto   **Ejercicio C.** 1. Las invitaciones están escritas. 2. La comida está preparada. 3. Los muebles están sacudidos. 4. La mesa está puesta. 5. La limpieza está hecha. 6. La puerta está abierta. 7. ¡Yo estoy muerto/a de cansancio!   **Grammar Section 43.   Ejercicio B.** 1. Ha escrito 2. Ha dado 3. Ha ganado 4. Ha dicho 5. Ha dirigido 6. Se ha hecho   **Ejercicio C.** 1. ¿Has tenido un accidente últimamente? 2. ¿Te has acostado tarde últimamente? 3. ¿Has hecho un viaje a México últimamente? 4. ¿Has visto una buena película últimamente? 5. ¿Has vuelto a ver al médico últimamente? 6. ¿Has roto un espejo últimamente?   **Ejercicio D.** 1. TINA: Raúl quiere que vayas al centro. 2. UD.: Ya he ido. 2. TINA: Raúl quiere que hagas las compras. UD.: Ya las he hecho. 3. TINA: Raúl quiere que abras las ventanas. UD.: Ya las he abierto. 4. TINA: Raúl quiere que le des la dirección de Bernardo. UD.: Ya se la he dado. 5. TINA: Raúl quiere que escribas el informe. UD.: Ya lo he escrito. **Ejercicio E.** 1. Dudo que la hayan arreglado. 2. Es increíble que lo hayan construido. 3. Es bueno que los hayan plantado. 4. Es terrible que lo hayan cerrado. 5. Es una lástima que se hayan ido. 6. Siento que la haya perdido. 7. Me alegro que lo haya conseguido.   **Ejercicio G.** (*Possible answers*) 1. Antes de 1999 (nunca) había tenido una computadora. 2. ...(nunca) había aprendido a esquiar. 3. ...(nunca) había escrito nada en español. 4. ...(nunca) había hecho un viaje a España. 5. ...(nunca) había estado en un terremoto.   **Un poco de todo   Ejercicio A.** 1. preocupados 2. diversos 3. puertorriqueña 4. esta 5. hecha 6. dicho 7. pintado 8. incluido 9. construidos 10. inspirado 11. tratado 12. verdes 13. cubiertas   **Ejercicio B.** (*Possible answers*) 1. a. Ella le ha escrito a su novio. b. Es posible que no lo haya visto en mucho tiempo. 2. a. Él ha vuelto de un viaje. b. Piensa que ha perdido su llave. 3. a. Se le han acabado los cigarrillos. b. Es una lástima que haya fumado tanto. 4. a. Ha comido en un restaurante elegante. b. Es posible que no haya traído bastante dinero. 5. a. Ha llamado a la policía. b. Es terrible que le hayan robado la cartera. 6. a. Se ha roto la pierna. b. Es posible que se haya caído por la escalera.   **Panorama cultural: Argentina** 1. 37 millones de habitantes 2. español 3. Durante los siglos XIX y XX. 4. Estaban acostumbrados a la vida urbana. 5. el 30 por ciento 6. Es el centro cultural, comercial, industrial y financiero. 7. A los habitantes de Buenos Aires 8. la guitarra, el violín y el bandoleón 9. la agresividad machista y la nostalgia 10. Carlos Gardel **Póngase a prueba. A ver si sabe... Ejercicio A.** 1. a. dicho b. ido c. leído d. puesto e. roto f. visto 2. a. cerradas b. abierto c. hecha d. resueltos **Ejercicio B.** *cantar:* que haya cantado *conducir:* has conducido *decir:* hemos dicho / que hayamos dicho *tener:* habéis tenido / que hayáis tenido **Ejercicio C.** 1. había roto 2. Habían contaminado 3. había hecho 4. Habíamos descubierto **Prueba corta Ejercicio A.** 1. la capa de ozono destruida 2. las luces rotas 3. la energía conservada 4. las montañas cubiertas de nieve 5. las flores muertas **Ejercicio B.** 1. b 2. b 3. a 4. c 5. c

CAPÍTULO 15

Vocabulario: Preparación   Las relaciones sentimentales   Ejercicio B. 1. cita 2. boda 3. novia 4. noviazgos / matrimonio 5. esposos 6. cariñosa 7. soltero 8. lleva / divorciarse 9. amistad 10. luna de miel **Ejercicio C.** 1. Rompió con ella hace poco. 2. Ya habían invitado a muchas personas y habían hecho contratos con el Country Club y la florista. 3. Le pide que le devuelva el anillo. 4. Debe guardarlo. 5. a. ella (la novia) b. sus padres / gastos **Etapas de la vida   Ejercicio A.** 1. juventud 2. adolescencia 3. nacimiento / muerte 4. infancia 5. madurez 6. vejez 7. niñez **Ejercicio B. Paso 2.** a. 2 b. 3 c. 4 d. 1 **Minidiálogos y gramática   Grammar Section 44.   Ejercicio A.** 1. C 2. C 3. C 4. F 5. F 6. C 7. F 8. F **Ejercicio B.** a. 1. sea 2. esté 3. tenga 4. cueste 5. encuentren b. 1. sepa 2. pueda 3. fume 4. pase 5. llegue 6. se ponga 7. se enferme c. 1. practiquen 2. jueguen 3. escuchen 4. hagan 5. guste **Ejercicio C.** 1. viven en la playa / viva en las montañas 2. le enseñe a hablar / viene a visitar 3. son bonitos / le hacen / sean cómodos / estén de moda / vayan bien con su falda rosada / le guste 4. podamos alquilar / son razonables / están lejos del centro **Grammar Section 45.   Ejercicio A.** 1. salgamos 2. nos vayamos 3. nos equivoquemos 4. descanses **Ejercicio B.** 1. a. quiera b. sepa c. esté 2. a. volvamos b. le preste c. consiga 3. a. llueva b. haya c. empiece **Ejercicio C.** (*Possible answers*) 1. para 2. para que 3. antes de 4. antes de que 5. sin 6. en caso de que **Ejercicio D.** (*Possible answers*) 1. tengas un buen trabajo 2. te enfermes o haya una emergencia 3. se conozcan 4. se amen y se lleven bien 5. antes de casarte (antes de que se casen) **Un poco de todo** 1. se llevan 2. se odian 3. por 4. sepa 5. ha 6. por 7. hecho 8. se conozcan 9. se encuentran 10. se enamoran 11. los vean 12. se encuentran 13. Por 14. descubren 15. rompan 16. lo obedezca 17. va 18. se termine 19. se escapan 20. lejos 21. han 22. vuelvan 23. acaben **Panorama cultural: Chile** 1. 15 millones 2. el mapuche y el quechua 3. de chilli, una palabra indígena 4. Es largo y estrecho. 5. la producción de cobre y vinos 6. el premio Nóbel de Literatura 7. Fue maestra de escuela. 8. Sufrió el abandono de su padre y el suicidio de su prometido. 9. «Riqueza» **Póngase a prueba.   A ver si sabe...   Ejercicio A.** 1. a. es b. sepa c. conoce d. haga e. vaya **Ejercicio B.** 1. a. 3 b. 4 c. 2 d. 1 2. a. poder b. salga c. tengas d. llamarme **Prueba corta   Ejercicio A.** 1. quiera 2. vaya / viajan 3. nacen 4. acaba 5. sea **Ejercicio B.** 1. casarse 2. puedan 3. necesites 4. hayas 5. consigas 6. se vayan

CAPÍTULO 16

Vocabulario: Preparación   Profesiones y oficios   Ejercicio A. 1. hombre / mujer de negocios 2. obrero 3. plomero/a 4. comerciante 5. enfermero/a 6. abogado/a 7. siquiatra 8. maestro/a 9. ingeniero/a 10. médico/a 11. periodista 12. bibliotecario/a **Ejercicio B.** 1. Viajan de Guayaquil a Quito (Ecuador) en autobús. 2. Los tres son intelectuales. Una es profesora, otro es abogado y el otro es arquitecto. 3. Él es comerciante. 4. No, parece que no ganan lo suficiente. 5. No ganan lo suficiente para mantener a su familia. **El mundo del trabajo: Una cuestión de dinero   Ejercicio A.** 1. currículum 2. escríbelo a máquina 3. empleos 4. entrevista / director de personal 5. empresa / sucursales 6. caerle bien 7. Llena / solicitud 8. renunciar / dejes **Ejercicio B.** (*Possible answers*) 1. a. Busca empleo. b. No, no duda que puede colocarse en esa empresa. Parece que tiene contactos. 2. a. Está despidiéndolo. b. Es necesario que se vista mejor. 3. a . Está llenando una solicitud. b. Espera caerle bien al director (a la directora). **Ejercicio D.** 1. gastado 2. ahorrar 3. presupuesto 4. alquiler 5. corriente 6. facturas 7. devolver 8. te quejas **Ejercicio E.** 1. al contado 2. a plazos 3. préstamo

4. tarjeta de crédito 5. cajera   **Ejercicio F.** 1. Ha decidido abrir una cuenta de ahorros. (Ha decidido dejar de despilfarrar su dinero.) 2. Les pide un cheque o dinero contado. 3. Quiere usar su tarjeta de crédito. 4. Se usa demasiado.   **Minidiálogos y gramática   Grammar Section 46.   Ejercicio B.** 1. buscaré / compraré 2. harás / vivirás 3. vendrá / estará 4. iremos / nos divertiremos 5. tendrán / podrán 6. saldremos / volveremos   **Ejercicio C.** 1. cobrará / lo pondrá 2. querrán / se sentarán 3. sabrá / se quedará 4. les dirá 5. tendremos / iremos / bailaremos   **Ejercicio D.** (*Possible answers*) 1. ...podré comprar un coche. 2. ...habrá mucho tráfico. 3. ...se pondrá furiosa. 4. ...sabré cómo llegar a tu casa.   **Ejercicio E.** 1. Ahora estudiará ingeniería. 2. Ahora será programadora. 3. Ahora estará casada. 4. Ahora jugará con un equipo profesional.   **Grammar Section 47.   Ejercicio A.** 1. a, Habitual 2. b, Futuro 3. b, Futuro 4. a, Habitual 5. a, Futuro   **Ejercicio B.** 1. a. Cuando me casé b. Cuando me case 2. a. Tan pronto como vuelvo b. Tan pronto como volví c. Tan pronto como vuelva 3. a. hasta que nos llaman b. hasta que nos llamaban c. hasta que nos llamen 4. a. Después (de) que nos vamos. b. Después (de) que nos fuimos c. Después (de) que nos vayamos   **Ejercicio C.** 1. Cuando viaje a México, llevaré solamente dólares y tendré que cambiarlos a pesos. 2. Iré a la Casa de Cambio Génova, en el Paseo de la Reforma. 3. Firmaré los cheques de viajero en cuanto entre en el banco. 4. Haré cola hasta que sea mi turno. 5. Le daré mi pasaporte al cajero tan pronto como me lo pida. 6. Después de que le dé 100 dólares, él me dará un recibo. 7. Me devolverán el pasaporte cuando me den el dinero. 8. Iré al restaurante... en cuanto salga...   **Ejercicio D.** 1. Elena hará su viaje en cuanto reciba su pasaporte. 2. Ellos no se casarán hasta que encuentren casa. 3. Roberto nos llamará tan pronto como sepa los resultados. 4. Mario vendrá a buscarnos después de que vuelva su hermano. 5. Mi hermana y yo iremos a México cuando salgamos de clases.   **Un poco de todo   Ejercicio A.** 1. En el año 2050 ya no habrá guerras. 2. En dos años sabré hablar español bastante bien. 3. Ojalá que Uds. vengan a verme el año que viene. 4. El próximo año podré comprar mi propia computadora. 5. Compraremos un coche rojo descapotable cuando ganemos la lotería. 6. Me jubilaré cuando tenga 65 años a menos que gane la lotería antes.   **Ejercicio B.** 1. rapidez, facilidad, comodidad, tranquilidad 2. Le ahorra tiempo. 3. Tiene setecientos cincuenta telebancos. 4. Lo más maravilloso es que la tarjeta sea gratis. 5. Lo mejor es que la tarjeta les porporcione (dé) dinero a cualquier hora. 6. Si se pierde la tarjeta, nadie más que él la puede usar.   **Panorama cultural: Uruguay y Paraguay   Ejercicio A.** 1. Montevideo / Asunción 2. 3 millones / 5 millones 3. español / español y guaraní 4. el peso uruguayo / el guaraní   **Ejercicio B.** 1. 45 por ciento 2. 96 por ciento 3. No tienen costa marítima. 4. los numerosos ríos navegables 5. para producir energía eléctrica 6. el 90 por ciento   **Póngase a prueba.   A ver si sabe...   Ejercicio A.** *llevar:* llevará / llevaremos / llevarán *poder:* podré / podremos / podrán *saber:* sabré / sabrá / sabrán *salir:* saldré / saldrá / saldremos / saldrán *venir:* vendré / vendrá / vendremos / vendrán   **Ejercicio B.** 1. a. 2. c 3. a 4. b 5. c 6. b   **Prueba corta   Ejercicio A.** 1. iré 2. hará 3. habrá 4. pondré 5. devolverá   **Ejercicio B.** 1. recibamos 2. deposite 3. pueda 4. fui 5. terminen 6. tenía 7. pase

CAPÍTULO 17

Vocabulario: Preparación   Las noticias; el gobierno y la responsabilidad cívica   Ejercicio B. 1. derecho / ciudadanos 2. prensa 3. guerra 4. huelga 5. dictador 6. asesinato 7. rey / reina 8. ejército 9. discriminación   **Ejercicio E.** 1. noticiero 2. reporteros 3. acontecimiento 4. huelga 5. obreros 6. esperanza 7. prensa 8. desastre 9. se enteró 10. desigualdad 11. informa 12. testigos 13. demás (otros) 14. choques 15. paz 16. noticias 17. asesinato 18. dictador 19. acontecimiento 20. guerra 21. dictador   **Minidiálogos y gramática   Grammar Section 48.   Ejercicio A.** 1. aprendieron / aprendiera 2. decidieron / decidiera 3. sentaron / sentaras 4. jugaron / jugaras 5. quisieron / quisieras 6. hicieron / hiciera 7. tuvieron / tuviera 8. pusieron / pusiera 9. trajeron / trajéramos 10. vinieron / viniéramos 11. siguieron / siguiéramos 12. dieron / dieran 13. fueron / fueran 14. vieron / vieran   **Ejercicio C.** 1. a. aprendiera b. almorzara c. empezara d. hiciera 2. a. pudieras b. recordaras c. estuvieras d. vinieras 3. a. los despertáramos b. pusiéramos c. nos sentáramos d. fuéramos 4. a. ofrecieran b. dieran c. dijeran d. consiguieran   **Ejercicio D.** 1. Pepe quería que Gloria le trajera las llaves. 2. Ana quería que Carla le dijera la verdad. 3. David quería que Miguel se acostara temprano. 4. Rita quería que Ernesto no se enojara tanto y que fuera más paciente.   **Ejercicio**

E. 1. Quisiera verla/lo (a Ud.) en su oficina. 2. Quisiera ver todas mis notas. 3. Mis compañeros de clase y yo quisiéramos tomar nuestro último examen otra vez. **¡RECUERDE!** 1. nuestra esperanza / mis esperanzas 2. sus huelgas / su huelga 3. nuestros derechos / tu derecho 4. nuestras leyes / sus leyes **Grammar Section 49.** **Ejercicio A.** 1. No, no son míos. Los míos son más viejos. 2. No, no es suya. La suya es negra. 3. No, no son nuestras. Las nuestras son más grandes. 4. No, no es suya. La suya es más nueva. 5. No, no son mías. Las mías son más altas. **Ejercicio B.** 1. Vinieron unos amigos tuyos. 2. Se quejaron unos estudiantes suyos. 3. Nos la trajo una vecina nuestra. 4. Te llamó un amigo tuyo. **Ejercicio C.** 1. Protestan porque la Cámara de Comercio de Hollywood no le dio a Carlos Gardel una estrella en el Paseo de la Fama. 2. Se conmemora el aniversario de la muerte de Gardel. 3. Se lo ha pedido once veces. 4. Son Rita Moreno, Andy García y Ricardo Montalbán. 5. Se presentaron en las instalaciones de la Alberca Olímpica de la capital de México. 6. Es obligatorio. 7. No hay suficientes escuelas preparatorias. 8. No, no es obligatorio (pero casi todos toman el S.A.T. o el College Board). **Un poco de todo** **Ejercicio A.** 1. Ofrece un noticiero a las ocho. 2. Trata de una huelga de trabajadores. 3. Temen no poder llegar a su destino. 4. Significa un desastre económico. 5. Dice que espera que la huelga no dure más de tres o cuatro días. 6. Comenta que la huelga va a durar hasta que se resuelva la falta de igualdad de salarios. 7. Unos trabajadores atacaron a tres camiones de la Compañía Francesa de Petróleo. 8. Los detuvieron y los incendiaron. 9. Ocurrieron varios choques de automóviles. 10. Acaban de asesinar a su último dictador. 11. Dice que teme que ese acontecimiento precipite una guerra civil. **Ejercicio B.** 1. llegáramos / llegamos / lleguemos 2. iba / fuera / vayan 3. conocí / hayas / conocieras **Ejercicio C.** 1. llamó 2. ayudara 3. pidió 4. hiciera 5. trajera 6. supiera 7. quería 8. recomendó 9. vinieran 10. pudieran 11. volviera **Panorama cultural: República Dominicana** 1. Santo Domingo 2. Bartolomé Colón la fundó en 1496. 3. 8 millones 4. el español y el francés criollo 5. el peso 6. Se lo cedió a Francia. / Se llama Haití. 7. Sammy Sosa y Juan Marichal (Roberto y Sandy Alomar) 8. *How the García Girls Lost their Accents* 9. Reflejan su múltiple existencia como mujer, como latina y como americana. **Póngase a prueba.** **A ver si sabe...** **Ejercicio A.** 1. *aprender:* aprendieras / aprendiéramos / aprendieran *decir:* dijera / dijéramos / dijeran *esperar:* esperara / esperaras / esperaran *poner:* pusiera / pusieras / pusiéramos *seguir:* siguiera / siguieras / siguiéramos / siguieran 2. a. fueran b. pudiera c. diéramos d. fuera **Ejercicio B.** 1. un amigo suyo 2. unos amigos suyos 3. una vecina tuya 4. una llamada nuestra 5. una maleta mía **Prueba corta** **Ejercicio A.** 1. obedecieran 2. pudiera 3. dieran 4. dijera 5. tratara 6. quisieras **Ejercicio B.** 1. los tuyos 2. las suyas 3. La mía 4. las nuestras

CAPÍTULO 18

Vocabulario: Preparación **Lugares y cosas en el extranjero** 1. estanco / correo 2. champú / farmacia 3. estanco 4. copa / bar / café 5. paquete 6. quiosco 7. pastelería 8. estación / parada **En un viaje al extranjero; El alojamiento** **Ejercicio A.** 1. C 2. F 3. C 4. C 5. C **Ejercicio B.** 1. crucé 2. aduanas 3. pasaporte 4. derechos 5. viajera 6. nacionalidad 7. pedir 8. registrar 9. planilla 10. multa **Ejercicio D.** 1. pensión 2. de lujo 3. completa 4. desocupada 5. confirmar 6. recepción 7. con anticipación 8. botones 9. propina 10. ducha 11. huéspedes 12. alojarme **Minidiálogos y gramática** **Grammar Section 50.** **Ejercicio A.** 1. 2. 6. 8. **Ejercicio B.** 1. bajaría 2. sabrías 3. querría 4. podría 5. haríamos 6. seríamos 7. dirían 8. pondrían **Ejercicio C.** 1. Saldría en crucero desde Ft. Lauderdale. 2. Iría a Puerto Rico y visitaría el parque nacional El Yunque. 3. (No) Gastaría mi dinero en los casinos de San Juan. 4. Podría practicar el francés en Martinique. 5. Les mandaría tarjetas postales a mis amigos. 6. Haría muchas compras en St. Thomas porque no tendría que pagar derechos de aduana. **Ejercicio D.** 1. Dijo que saldría del trabajo a las siete. 2. Dijo que tendría que volver a casa antes de buscarnos. 3. Dijo que pasaría por nosotros a las ocho. 4. Dijo que llegaríamos al cine a las ocho y media. 5. Dijo que no habría ningún problema en buscarnos. **Grammar Section 51. ¡RECUERDE!** b, c **Ejercicio B.** 1. una farmacia 2. una pastelería 3. una farmacia 4. un quiosco 5. una parada 6. el correo / un estanco **Ejercicio C.** 1. aceptaría 2. me confiaría 3. me casaría 4. iría 5. volvería 6. me ducharía **Ejercicio D.** 1. fuera a. trataría b. diría c. llamaría 2. hubiera a. sentaría b. sabría c. movería 3. fuera a. cortaría b. ayudaría c. trataría d. me haría **Ejercicio E.** 1. Saldría esta noche si me sintiera bien (si no me sintiera mal). 2. Terminaría este trabajo si no me dolieran los ojos.

3. Guardaría cama mañana si el profesor no nos diera un examen. 4. Haría ejercicio si tuviera tiempo.
5. Me pondría este traje si no estuviera sucio. **Un poco de todo** **Ejercicio A.** 1. entregó 2. contenía
3. tenía 4. nada 5. pidió 6. abriera 7. salir 8. preguntó 9. pensaba 10. dio **Ejercicio C.** 1. Si tengo
tiempo, leeré el periódico. 2. Si tuviera tiempo, leería el periódico. 3. Si tenía tiempo, leía el
periódico. 4. Si puedo, iré por la noche. 5. Si pudiera, iría por la noche. 6. Si podía, iba por la noche.
Ejercicio D. (*Possible answers*) Soy norteamericano/a. / Aquí lo tiene. / No, no tengo nada que
declarar. / Sólo traigo objetos de uso personal. / Sí, cómo no. **Panorama cultural: España** 1. Se habla
catalán, gallego y vasco. 2. Entre los años 200 a. C. y 419 d. C. 3. el español, el gallego y el portugués
4. la unificación de España 5. Duró ocho siglos. 6. En 1492 7. Satiriza actitudes tradicionales respecto
a la familia, la religión, el machismo y la moralidad convencional. **Póngase a prueba.** **A ver si
sabe...** **Ejercicio A.** 1. *comer:* comería / comeríamos / comerían *decir:* diría / diría / diríamos /
dirían *poder:* podría / podría / podrían *salir:* saldría / saldría / saldríamos / saldrían *ser:* sería /
sería / seríamos 2. a. iría b. lo haríamos c. volverían d. tendría **Ejercicio B.** 1. fuera 2. tuviera
3. lo llamaría 4. hiciera 5. quisiera **Prueba corta.** 1. iba 2. viajaré 3. hiciera 4. tendría 5. escribiría
6. conseguirían 7. hago 8. saldrían

batteries

50   50
50   75)
50   50   200
50   50) 275
     50

√2̶4̶5   60   ₂/ₕₘ 35ₘ

Me gusta ir a el
cine.
No me gustan el musico
de Yanni.